Hermann Welcker

Dialektgedichte

Sammlung von Dichtungen in allen deutschen Mundarten

Hermann Welcker

Dialektgedichte

Sammlung von Dichtungen in allen deutschen Mundarten

ISBN/EAN: 9783742809674

Hergestellt in Europa, USA, Kanada, Australien, Japan

Cover: Foto ©Thomas Meinert / pixelio.de

Manufactured and distributed by brebook publishing software (www.brebook.com)

Hermann Welcker

Dialektgedichte

Dialektgedichte.

Sammlung
von Dichtungen in allen deutschen Mundarten,

nebst poetischen Proben

aus dem Alt-, Mittel- und Uendeutschen, sowie
den germanischen Schwestersprachen.

Herausgegeben
von
Hermann Welcker,
Professor an der Universität Halle.

Zweite verbesserte und vermehrte Auflage von
„Die deutschen Mundarten im Liede".

Leipzig:
F. A. Brockhaus
1889.

So weit die deutsche Zunge klingt
Und Gott im Himmel Lieder singt:
Das soll es sein!
Das ganze Deutschland soll es sein!

         Ernst Moritz Arndt.

Jede Provinz liebt ihren Dialekt, denn er ist doch eigentlich das Element, in welchem die Seele ihren Athem schöpft.

    Goethe, Dichtung und Wahrheit, Theil II, sechstes Buch.

Wir stehen die Mundarten neben der Schriftsprache da, wie eine reiche Erzgrube neben einem Vorrathe schon gewonnenen und gereinigten Metalles; wie der noch ungelichtete Theil eines tausendjährigen Waldes neben einer Partie desselben, die zum Nutzgehölz durchforstet, zum Lusthain geregelt ist.

    J. A. Schmeller, Die Mundarten Bayerns, S. VIII.

Die Mundarten sind die natürlichen, nach den Gesetzen der sprachgeschichtlichen Veränderungen **gewordenen** Formen der deutschen Sprache, im Gegensatze zu der mehr oder minder **gemachten** und schulmeisterlich zugestutzten Sprache der Schrift.

Aus dem Vorwort zur ersten Auflage.

Der Wunsch, eine Sammlung deutscher Dialektgedichte, die zunächst nur aus Liebe zu unserer deutschen Sprache und aus Freude an ihren verschiedenen Entwickelungsformen zusammengetragen wurde, auch einigen in der Ferne wohnenden Freunden zugänglich zu machen, gab den ersten Gedanken, diese Lieder in der vorliegenden Zusammenfügung dem Drucke zu übergeben.

Es war aber bei vorliegendem Buche keineswegs das zunächst ins Auge gefaßte Hauptziel, eine Sammlung „schöner Gedichte" zu geben, sondern es handelte sich in erster Linie um die Zusammenstellung der Dialekte, für welche diese Gedichte nur die Träger sind. Es galt, in dieser nivellirenden, die Stammescharaktere in Tracht, Sitte und so auch in der Sprache verwischenden Zeit ein Bild des deutschen Dialektconcertes zusammenzufügen, in einer Form, an der ein billiger Beschauer Geschmack finden möchte.

Zahlreiche Wort= und Redeformen des Altdeutschen und der stammverwandten Sprachen, welche in unserm heutigen Schriftdeutsch erloschen sind, leben in den Dialekten fort. Zu ihrem Verständniß möge der beigefügte „Anhang" beitragen, welcher die deutsche Sprache auf den Hauptstaffeln ihrer Hervorbildung aus dem Altdeutschen vorführt, unter Anschluß einiger Musterstücke der übrigen germanischen Idiome. Den nicht sprachgelehrten Leser möge diese anspruchslose Zusammenstellung erkennen lassen, wie etwa die einzelnen Entwickelungsformen der germanischen Sprache nebeneinander sich ausnehmen, wie nahe die durch die politische Selbständigkeit unserer ehemaligen Stammesgenossen und durch die Entwickelung ihrer Literaturen als selbständige Sprachen erscheinenden Schwestern unserer Sprache und ihren Dialekten stehen.

Als die Sammlung dieser Lieder begann — im Sommer 1869 — war Nord- und Süddeutschland durch die Mainlinie getrennt. Es war die Absicht dieses Büchleins, diese Trennung an seinem Theile überbrücken zu helfen. Der Norddeutsche sollte in diesen Liedern die Treuherzigkeit der süddeutschen Brüder, der Süddeutsche die Tüchtigkeit und Gemüthstiefe des Norddeutschen aufs neue erkennen und lieben lernen. Das damals auf den Titel des Manuscriptes gesetzte Motto: „Das ganze Deutschland soll es sein!", die damalige Einreihung der Gruppe IV: „Elsaß und Lothringen", hatten einen andern Sinn, als dies heute für den Leser hervortreten mag.

Jene Verbrüderung ist inzwischen erfolgt, die Mainlinie überschritten! Was vor tausend Jahren der Begründer unserer heutigen Liedform, Otfrid, zu Weißenburg von einem der besten deutschen Stämme, den Franken, sang:

> Sie sind viel schnelle,
> Vom Feind' sich zu befreien;
> Die dürfen's nur beginnen,
> Und sie sind bezwungen! —
>
> Die lehrten sie's mit Schwertern,
> Mit Schwertern, nicht mit Worten! —
>
> Und Alles, was sie denken,
> Mit Gott sie Alles wirken! —

das ist bei Weißenburg, glorreich und wörtlich, für Deutschland in Erfüllung gegangen.

Aus dem Vorwort zur erſten Auflage.

Heißer Dank denen, die dafür litten! Preis und Ehre allen denen, welchen wir die Einigung des Vaterlandes verdanken!

Möge dies Buch dazu beitragen, den Sinn für die deutſchen Mundarten, die ſo wichtig für das Verſtändniß unſerer Sprache ſind, und die ſo viele Schönheiten enthalten, deren die hochdeutſche Schriftſprache ſich entäußerte oder welche ſie niemals beſaß, zu beleben und zu ſteigern; möge dasſelbe die Liebe für die mundartliche Dichtung, in welcher ein ſo reiches Stück Volksleben und Volkscharakter ſich ſpiegelt, befeſtigen helfen!

Geſchrieben im Auguſt 1875.

Vorwort zur zweiten Auflage.

Die günstige Aufnahme, welche diese Gedichtsammlung gefunden, machte es dem Herausgeber zur Pflicht, die Mängel der ersten Auflage nach Kräften zu beseitigen. Die wesentlichste Aufgabe in dieser Beziehung war eine vollständigere und gleichmäßigere Vertretung der einzelnen Mundarten, zumal der mitteldeutschen Dialekte, und es hat hierbei der Herausgeber, was Reinheit des Dialekts, volksthümliche Fassung und poetischen Werth der aufzunehmenden Stücke anlangt, möglichste Sorgfalt verwendet.

Es ist von einem Recensenten getadelt worden, daß die in der ersten Auflage als „Anhang" gegebenen alt-, mittel- und neudeutschen, sowie die den „Schwestersprachen" entnommenen Proben „ein der deutschen Dialektsammlung fremdartiges Element bildeten". Ganz im Gegentheile schien es mir, daß die Formverschiedenheiten, die unsere Sprache durch Stammesunterschiede und locale, sowie durch politische Einflüsse, oder durch die im Laufe der Jahrhunderte eingetretenen Umformungen gewonnen hat, durchaus nichts wesentlich Verschiedenes seien, und daß viele Leser, die an den lebenden Mundarten ein näheres Interesse finden, naturgemäß sehr gern auch von jenen anderen Entfaltungen der germanischen Sprache Kenntniß nehmen möchten. So ist es denn die Aufgabe dieses Buches, Freunden unserer Sprache und Dichtung das Deutsche in allen seinen sprach-

Vorwort zur zweiten Auflage.

lichen Entwickelungsformen, in allen seinen durch Zeit und Ort bedingten, durch Stammesverschiedenheit und durch politische Scheidungen erzeugten Abänderungen — „alle Sorten Deutsch" — in geeigneten Proben und in engstem Rahmen zugänglich zu machen, — eine Aufgabe, welche, so viele und nach so mannichfachen Gesichtspunkten angelegte Liedersammlungen die deutsche Literatur auch besitzt, meines Wissens keine andere Sammlung sich gestellt hat.*

Ein jeder, der mit Hülfe der beigefügten Noten die modernen Dialekte durchlesen und hierdurch sein Ohr für die hier vorkommenden Lautumwandlungen und Sprachwendungen geschärft und Verständniß für sprachliche Bildungsvorgänge gewonnen hat, wird mit Benutzung der Noten und durch wiederholtes Lesen auch in den beiden letzten Abschnitten dieses Buches sich zurechtfinden und ein gutes Theil der Eigenthümlichkeiten und Schönheiten jener fremderen Idiome kennen und genießen lernen. Es ist dieser Gewinn, wie er uns, denen es nicht vergönnt ist, die Sprachforschung fachmännisch zu betreiben, einzig möglich ist, allerdings nur ein dürftiges Stückwerk, aber dennoch ein köstlicher Gewinn, den uns zu misgönnen mit dem vielgerühmten „homo sum —" in grellem Widerspruch stehen würde.

Wenn bei dieser zweiten Auflage der Herausgeber seinen Namen nennt und der Leser sich erinnert, daß das Fach des Herausgebers ein sehr anderes als Sprachwissenschaft ist, so mag die Erwähnung gestattet sein, daß die ethnologischen Studien des Herausgebers denselben zu einer näheren Beachtung der Dialekte führen mußten und dieses Buch insofern

---

* Eine Vereinigung aller germanischen Idiome — nicht in Liedern, sondern in zweien der h. Schrift entnommenen Polyglotten — gab bereits Rabloj: „Die Sprachen der Germanen in ihren sämmtlichen Mundarten" (Frankfurt a. M. 1817).

als eine Nebenfrucht jener Studien betrachtet werden darf. Es kommt hinzu, daß der „Theuerdank" das Kinderbilderbuch des Herausgebers gewesen ist und ein günstiger Zufall sehr bald nach Lesung der „Ilias" das „Nibelungenlied" ihm in die Hände führte, welches dann (mit Hülfe des Zeune'schen Vocabulariums) mehr als zwölfmal durchlesen wurde, und daß der Herausgeber diesen Neigungen in der Folge stets treu geblieben ist.

Aenderungen im Texte der in diese Sammlung aufgenommenen Stücke wurden, sofern die Aenderung sich nicht auf unzweifelhafte Schreib= oder Druckfehler bezieht, an der betreffenden Stelle — in der Regel mit Angabe der ursprünglichen Lesart — angemerkt. Die erheblichsten dieser Aenderungen finden sich S. 26, Str. 2 bis 5 und S. 27, Str. 1 und 2; S. 36, Str. 5 (in Goethe's Schweizerlied, worüber das Nähere S. XV u. fg. gesagt ist); S. 43, Str. 3 und S. 44, Str. 5; S. 111, Str. 6; S. 179, Str. 5; S. 267, Str. 1; S. 292, Str. 3 und S. 317, Str. 3. Häufig wurden Kürzungen um eine oder mehrere Strophen angewendet, was an betreffender Stelle erwähnt ist. Betreffs der Orthographie, in welcher ich mich den Originalen möglichst anschloß, doch aber allzusehr widersprechende Schreibweisen der verschiedenen Autoren soweit thunlich auszugleichen suchte, vergleiche die folgenden Seiten.

Für so manchen Rath und reiche Belehrung, welche mir durch meinen verewigten Collegen J. Zacher, durch die Herren E. Sievers, H. Gering, O. Bremer, G. Längin, sowie durch mehrere andere Herren geworden ist, spreche ich hier meinen wärmsten Dank aus.

Halle, am 30. September 1888.

H. W.

Schreibung und Aussprache.

Die Schreibung geschah mit möglichster Beibehaltung der im Hochdeutschen üblichen Unterscheidungszeichen.

Schärfung eines Vocals wurde, wo besondere Hervorhebung nöthig schien, durch Verdoppelung des darauf folgenden Consonanten angedeutet.

Dehnung eines Vocals wird (wenn nöthig) durch Verdoppelung desselben oder durch darauf folgendes h, bei i durch ein nachfolgendes e ausgedrückt.

Getrennte Aussprache von ie, ia, ei, äi, oi u. f. f. wird durch Deckung des zweiten Vocals mit ¨ angedeutet (liëb, heïst).

Die nebeneinanderstehenden Vocale ae, oe, ue sind, im Unterschiede von den einlautigen ä, ö und ü, getrennt auszusprechen.

Tonlose Vocale, ebenso kaum hörbar ausgesprochene Consonanten, sind (wenn nöthig) klein gedruckt (Mu'tter, Hea'ʳzl, woanⁿ).

Der bekannte, bald mehr nach a, bald mehr nach o klingende Mischlaut wird durch å angedeutet.

Der nasale Klang eines Vocals (meist neben mehr oder weniger vollständigem Ausfall eines darauf folgenden n) wird durch ˜ angedeutet (Weĩ, schõ).

Ueber mehreres andere, namentlich über die Aussprache des g und ch, des st und sp, enthalten die den Dialektgruppen vorgedruckten Bemerkungen sowie die Fußnoten das Nöthige.

Mehr Unterscheidungszeichen, als die hier genannten, in den Druck aufzunehmen, schien mir nicht rathsam, da größere Häufung derselben (wie solche für die Zwecke des Sprachforschers allerdings unerläßlich ist) den Habitus der Worte entstellt und den Leser verwirrt, ohne die feineren Unterschiede der Aussprache, die nur durch das Hören der Dialekte erfaßt werden, verständlich zu machen.

In den beiden **Schlußabschnitten** des Werkes konnte von Abweichungen in der Schreibung der Texte behufs Verdeutlichung der Aussprache füglich nicht die Rede sein. Es sei hier nur bemerkt, daß im Alt- und Mittelhochdeutschen h niemals Dehnungszeichen ist und am Silbenschluß und vor t und s stets wie ch ausgesprochen wird. Dehnungszeichen ist ^. Es wird ferner ie stets wie ië, in im Mittelhochdeutschen wie lang ü gesprochen. Z wird im Alt- und Mittelhochdeutschen da, wo jetzt z steht, wie z gesprochen; wo jetzt ß oder ff gesprochen wird, wie z̦.

Das n, welches in mehreren, meist oberdeutschen Mundarten zwischen ein mit einem Vocale schließendes und ein mit einem solchen beginnendes Wort, „um den Hiatus zu vermeiden", eingeschoben wird, gibt zu manchen Misverständnissen Veranlassung. Es ist dieses Binde-N bald ein im Dialekt sonst ausfallendes, euphonisch sich erhaltendes n: „scheide-n-und meide, bi-n-i (bin ich)"; bald aber ein den beiden Worten völlig fremdes Einschiebsel, welches an Stelle jedes anderen ausfallenden Consonanten tritt: „mue-n i (muß ich), je meh-n-i (je mehr ich), ho-n-i (hab ich), ma-n-er (mag er), no-n-e (noch ein)"; oder endlich: das n schließt, ohne daß überhaupt ein Consonant ausfiel, eine intervocale Lücke: „bi-n-em (bei ihm), do-n-er (da er), wo-n-üs (wo uns), drum schwiege-n-i (drum schweige ich)". Ganz ähnlich, wie hier das n, so tritt in der bairischen Mundart das r ein: „Bata-r-und Mutta, wia-r-a (wie ein), aa-r-a (auch ein), des thue-r-i (das thue ich)".

Der Nord- oder Mitteldeutsche, der für diese Sprachfeinheit weniger Ohr hat, nimmt das schweizerische „i bitte-n-i" („ich bitte euch" — in dem bekannten: „Han an em Ort e Blümeli g'seh") wol für: „ich bitte nie", oder er zieht in: „'s ischt so schö-n-i frömde Lande" das n zu dem ersten der beiden Worte und liest, wie er es aus der hochdeutschen Sprache gewohnt ist: „'s ischt so schön i frömde Lande", was durchaus falsch wäre. Es ist daher nicht rathsam, die durch Strichlein oder durch Spatien zu trennen den Buchstaben aneinander zu hängen, wie dies u. a. Hebel regelmäßig thut: z. B. „hani g'seit", oder: „Und luegt die lange Stroßen us", statt: „ha-n-i (oder auch ha n-i) g'seit" und „Stroße-n-us (oder Stroße n-us)".

Schreibung und Aussprache.

Aber es ist zu beachten, daß das Binde-N, auch dann, wenn es als ursprüngliches Schluß-N auftritt, überall mehr am zweiten, als am ersten Vocale haftet; es wird wie ein initiales n gesprochen, wie man denn allenthalben im Volke statt guten Abend „gute Nabend" zu hören bekommt, oder wol auch statt ja „nja", statt Ast „Nast" (alemannisch), oder wie in Baiern vor die Vorsilbe „er" oftmals ein b gestellt wird: b'erwarten, b'erjagen u. s. f. Ich glaube sicher zu sein, daß der Schweizer, wenn man genauer zuhört, nicht „bin i gange", sondern „bi ni gange" sagt (wenn das n allerdings auch an das „bi" einigen Anschluß hat); für „ich bitte euch" nicht „ich bitten i" sondern „ich bitte nie".

Auffallenderweise habe ich vor mehreren Jahren bei einem Besuche der Schweiz auf diese Verhältnisse nicht näher geachtet. Doch aber erweisen sich bei dem Drucke alemannischer, schwäbischer und anderer Gedichte diese dem Oberdeutschen selbstverständlichen Dinge für den norddeutschen Leser als nicht ganz gleichgültig. Fallen die durch jenes n verbundenen Worte in die Mitte der Verszeile:

„In Ehre, ha=n=i g'seit",

so ist die Sache von geringer Bedeutung: es ist gleichsam auf Schrauben gestellt, ob das n bei der Aussprache an den ersten oder an den zweiten Vocal enger anzuschließen ist, und der norddeutsche Leser wird durch obige Schreibung mindestens nicht direct zu fehlerhafter Aussprache verleitet. Aber wenn die sich stoßenden Vocale am Ende und Anfang zweier Verse auseinander liegen? — Setzt man hier, wie es bei Kuhn* sich findet:

„Möcht die Firste wieder g'schaue=n=
Und die lutre Gletscher dra" —

so würden viele Leser ohne Zweifel verstehen:

„Möcht die Firste wieder g'schauen";

und ganz so drucken verschiedene Liedersammlungen, entsprechend dem Hebel'schen „e lange Stroßen us" und dem „Drunten im Unterland" (statt drunte=n=im) der meisten Sammlungen.

---

* Sammlung von Schweizer-Kühreihen und Volksliedern (Bern 1818), S. 59. (Der Herausgeber, auf dem Titel nicht genannt, ist der Unterzeichner des Vorworts, G. J. Kuhn, nicht etwa, wie öfters irrthümlich angegeben, J. R. Wyss, der Unterzeichner der dem Vorwort angehängten Bemerkungen.)

Ich habe in diesem Buche, hier und in allen ähnlichen Fällen, wesentlich dem Sprachgefühle vertrauend, gesetzt:

"Möcht die Firschte wieder g'schaue=
n= Und die lutre Gletscher bra —".

Was ich zur Rechtfertigung dieses Verfahrens geltend machen kann, ist neben dem bereits Angeführten Folgendes.

Ich erinnere mich sehr genau, von einem süddeutschen Bauern wiederholt — und scheinbar ganz correct — gehört zu haben: "die Narzisse"; derselbe Bauer sagte aber stets: "Arzisse=n=un Tulpe". Offenbar hatte der Mann, wenn er von Gebildeten "die Narzissen" sagen hörte, das N als Binde=N, und zwar als ein dem zweiten Vocale engangeschlossenes, empfunden, und er ließ daher regelmäßig das n weg, wenn er den Artikel wegließ.

Werfe ich bei den von Kuhn mitgetheilten Schweizerliedern das Binde=N, wo es sich am Schlusse eines Verses (oder Halbverses) findet, auf das Anfangswort des folgenden Verses über, so erhalte ich durchgehends reine Reime, während bei Druck nach Hebel's Weise an vielen Stellen Halbreime entstehen. Gleich in dem ersten Stück, dem Kuhreihen der Oberhasler, dessen dreizehnte Strophe (a. a. O. S. 5) ich hier — die vierfüßigen Langzeilen des Originals in zweifüßige Halbverse spaltend, sonst aber genau in der Schreibung des Originals — mit meiner Schreibung zusammenstelle:

Jitz will's mer de g'falle=n,	Jitz will's mer de g'falle,=
I glaub es werd walle,	n= I glaub es werd walle,
Der Käs muß i labe=n=,	Der Käs muß i labe=,
Es chönt ihm süst schade,	n= Es chönt ihm süst schade,
D's schwerst ist jitze vorab!	D's schwerst ist jitze vorab!
Gang lueg mer eis b's Wetter,	Gang lueg mer eis b's Wetter,
De gib mer b' Käs=Bretter,	De gib mer b' Käs=Bretter,
Bald chönt's asah rüde=n=,	Bald chönt's asah rüde,=
Es schynt es well glüde.	n= Es schynt es well glüde.
Jitz ist es denn am Knab,	Jitz ist es denn am Knab,
Kann b' Multe z'weg stelle=n=	Kann b' Multe z'weg stelle=
Und b' Sirte erwelle=n=	n= Und b' Sirte erwelle=
Und schöpft mer ab.	n= Und schöpft mer ab.

— ist dies mehrfach der Fall. In der abgedruckten Strophe finden sich bei Kuhn dreimal bloße Halbreime: g'fallen, walle — laden, schade — rücken, glücke, und nur an zwei Stellen vollkommene

Reime, während bei meiner Behandlung des n allerwärts gute Reime entstehen. Sieht man Aehnliches in der 7., 8., 12., 14. sowie in der 20., der Schlußstrophe desselben Gedichtes sich wiederholen, so bleibt kein Zweifel, daß der Dichter die hier entstandenen reinen Reime nicht als bloße Halbreime gefühlt, sondern die betreffenden n ganz in derselben Weise, wie oben gedruckt, auf das nachfolgende Wort hinübergeworfen habe.

Diese Hinüberwerfung wird aber ganz bestimmt dargethan durch folgende Stelle bei Kuhn (S. 57):

„Nu tanz, nu tanz, Mareyeli tanz,
 Du hesch es gewonne: =n=e Rosechranz!"

Indem nämlich das Kolon vor und nicht hinter das n gesetzt ist, wird unzweideutig die Lesung vorgeschrieben:

„Du hesch es gewonne: | ne Rosechranz!"

Nach allem Vorstehenden halte ich Schreibungen wie:

„bin i (oder bin=i)" und „Stroßen us",

wenn auf norddeutsche Leser gerechnet wird, für bedenklich,

„bi n=i" und „Stroße n=us"

für diejenige Schreibung, welche ein richtiges Lesen am meisten begünstigt; sie ist zugleich die den Druck am wenigsten belästigende. Die unzweideutigste Schreibung, welche über Aussprache und Herkunft des n gleichzeitig deutliche Auskunft gibt, würde sein:

„bi=n=i" und Stroße=n=us".

Wie große Misverständnisse durch unrichtige Beurtheilung der hier besprochenen Verhältnisse entstehen können, entnehme ich einer in mehrfacher Hinsicht nicht uninteressanten Verhandlung, die bei Vorbereitung des Druckes der Gesammtausgabe von Goethe's Werken geführt wurde. Von Augsburg aus erfolgte unterm 5. Dec. 1826 die Anfrage des Correctors Reichel[*]:

„Im Schweizerlied, S. 155, steht in der ersten Stanze: «hänt gesunge, hänt gesprunge»; in der dritten: «hänt gesoge, hänt

---

[*] Briefwechsel zwischen Goethe und K. Göttling, herausgegeben von Kuno Fischer (München 1880), S. 14 fg., und Goethe's Werke (Weimar Böhlau 1887), I, 402.

gefloge»; in der vierten jedoch: «Wie sie's machen, Und mer lachen».
Sollte nun nicht vermöge des Schweizerdialekts hier auch stehen:

> Wie sie's mache,
> Und mer lache
> Und mache's
> Au so."

Göttling widersprach, weil es sich in der Schlußstrophe nicht wie in den früheren „um Participia handle, welche das n des Schlusses dialektisch verlieren, sondern um den Indicativ Pluralis" (der das n ganz ebenso verliert), „und weil Härten entstehen würden". Etwas von der Sache hatte Göttling, wie der Zusatz zeigt, ganz richtig herausgefühlt. Goethe schrieb dazu: „Hiernach wäre also künftig zu verfahren." „Gleichwol drang Reichel's Vorschlag durch", und die Gesammtausgabe von 1828 und alle folgenden und von dort aus unzählige Wiederholungen haben: „Wie sie's mache, und mer lache". Die süddeutsche Flexionsweise war gerettet, dafür aber ein dem süddeutschen Ohre wenig willkommener Hiatus eingetauscht. Wenn somit in der vierten Strophe das misverstandene n der früheren Ausgaben bei „machen" und „lachen" ausgemerzt war und, wie aus meiner Darlegung hervorgeht, das vorhandene n der alten und das fehlende der neuen, beides ein Fehler ist, so sind andere fehlerhafte n in Strophe 1, 2 und 3 bis in den neuesten Ausgaben verblieben („bin i gesässe, bin i gestande, bin i gange"), die „vermöge des Schweizerdialektes" gleichfalls eine andere Fassung erfordern; der Schweizerdialekt kennt für „bin" nur „bi" („bi so ganz verlore hi") also: „bi ni gesässe" u. s. f. Andererseits enthält das Schweizerlied in sämmtlichen Ausgaben den der Mundart unerträglichen Hiatus: „Und da zeig i em froh", der sich naturgemäß schließt: „Und da¦zeig' i nem froh" — nach Analogie des küßnachter Liedes (S. 54) „Nächtig bi=n=i bi=n=em (bei ihm) g'si". Nicht minder störend ist „de Imbli".

Von einem sprachkundigen Alemannen ist mir bemerkt worden, daß „Wie sie's mache, Und mer lache", da die aufeinandertreffenden Vocale durch ein Versende getrennt seien, wohl auch ohne Binde=N bleiben könnten. Bei längeren Versen und tieferer syntaktischer Trennung würde dies allerdings zutreffen; bei Versen wie die in Frage stehenden dürfte die Einfügung des n, wenn vielleicht nicht unbedingt nothwendig, doch das dialektisch Richtigere sein; vgl. die

Schreibung und Aussprache. XVII

oben aus dem Oberhasler-Kuhreihen abgedruckte Strophe, oder (bei Tobler, S. 280):
— „Menb (müssen)'s Chätzli verchauffa
n'Ond selber musa" —
oder bei Kuhn (S. 59):
„Wieder gseh die brune Hüsi,
Und vor alle Thüre frei
Nachbersslüt die freundlich grüße-n-
Und es lustigs Dorfe hei."

Hier wurde bei vierfüßigen Versen nach „grüße", wie Kuhn's Schreibung zeigt, der Hiatus über das Versende hinaus gefühlt, der nach „Hüsi", indem i und u sich besser vertragen als e und u, und überdies die logische Verbindung lockerer ist, nicht empfunden wird. Es machen sich hier mannichfache und offenbar auch subjective Einflüsse geltend; so findet sich bei Hebel (S. 115) unmittelbar nebeneinander „an allen" und „vo allen", wonach o a — sehr verständlich — als ein erträglicherer Hiatus erscheint als a a. Ich setze: „Vögeli a", während ich zwischen „i em" ein n einfüge.

Goethe's „Schweizerlied" ist großentheils Hochdeutsch, mit einiger schweizerischen Dialektfärbung. In unserer Wiedergabe, S. 36, habe ich — wesentlich an den Stellen, an welchen Goethe den Herren Reichel und Göttling freie Hand ließ — die oben erwähnten, wenig merklichen Aenderungen angebracht. Das höchste Ziel einer Uebertragung des Goethe'schen Liedes in ein etwas strengeres Schweizerdeutsch (wobei kaum ein bestimmter Localdialekt, sondern nur gemein-schweizerische Mundart ins Auge zu fassen wäre) würde dies sein, daß nach Ausscheidung des am auffälligsten gegen den Dialekt Verstoßenden der Leser am wenigsten empfände, daß Aenderungen überhaupt stattfanden. Aber wie fremd bereits klingt dem an den Ton des Originals gewöhnten Ohre:

Uf'm Bergli bi n=i g'sässe,
Ha de Vögeli zueg'schaut;
Hänt g'sunge, hänt g'sprunge,
Hänt's Näschteli baut.

Im=e Garte bi n=i g'stande,
Ha de n=Immli zueg'schaut;
Hänt brummet, hänt g'summet,
Hänt Zelleli baut.

Uf b' Wiese bi n=i gange,
Lueg b' Summervögeli a;
Hänt g'foge, hänt g'floge,
Gar z' schö hänt sie tha.

Welcker. b

XVIII Schreibung und Aussprache.

Und då chunnt nu der Hansel,
Und då zeig i n=em froh,
Wie sie's mache, n= und mer lache
n=Und mache's an n=eso.

Wenn angenommen zu werden pflegt, daß nur der ersten Strophe des Schweizerliedes eine Volksliedstrophe (die S. 36 abgedruckte) zu Grunde liege, die übrigen Strophen aber von Goethe frei, oder wesentlich frei, hinzugedichtet seien, und wenn dieser Meinung namentlich auch v. Loeper beitritt*, so verliert diese Annahme durch nähere Erwägung der berührten Thatsachen an Wahrscheinlichkeit. Wie sollten jene beiden n der Schlußstrophe der älteren Ausgaben in den Text gekommen sein? Der Dichter, der diese euphonischen n einfügte, besaß den süddeutschen horror hiatus; Goethe, als Mitteldeutscher, besaß ihn nicht, ja er hat sich offenbar niemals genauere Rechenschaft über diese Angelegenheit gegeben, und schwerlich ist Goethe der Dichter der Schlußstrophe des Schweizerliedes. Er würde sonst Reichel's durchaus richtigen Einwurf gewürdigt, zugleich aber dem dunklen Gefühle Göttling's, daß „Härten entstehen", entsprochen haben; die schweizerische Verbalflexion würde, sofern mache und lache und nicht machet und lachet gewählt wurde, ohne Entstehung von Härten aufrecht erhalten worden sein. Daß Goethe das n der in die früheren Ausgaben aufgenommenen Worte „machen", „lachen" als ein Binde-N empfunden, wiewol er es in der Hebel'schen Weise behandelt habe (Stroßen us für Stroße=n=us), dies würde sich durch die letzte Zeile „Und machen's an so" widerlegen, aus welcher sich deutlich erkennen läßt, daß jene n der beiden vorangehenden Zeilen von Goethe als hochdeutsche Schluß-N verstanden wurden und daß (von Goethe's oder eines Dritten Hand) der Gleichmäßigkeit halber zwischen „mache" und „'s" ein eben solches n eingefügt wurde.

---

* Goethe's Werke (Berlin 1882), I, 349.

Inhalt.

	Seite
Aus dem Vorwort zur ersten Auflage	V
Vorwort zur zweiten Auflage	VIII
Schreibung und Aussprache	XI
Abkürzungen bei Angabe der benutzten Quellen	XXVIII

Die deutschen Mundarten.

Oberdeutsch.

I. Alemannisch.

Baden.

Freude in Ehren. (Wiesenthal im badischen Oberlande.)		3
Das Herzlein.	desgl.	4
Die Ueberraschung im Garten.	desgl.	6
Wächterruf.	desgl.	8
Der Schreinergesell.	desgl.	9
Das Spinnlein.	desgl.	10
Der zufriedene Landmann.	desgl.	12
Auf einem Grabe.	desgl.	14
Räume=n=um de Rhi. (Hauenstein.)		16
Bürstenbinderlied. (Um den Feldberg.)		17
Der Tanzstritt. (St. Georgen.)		19
Allerseelentag. (Kappler- und Bühlerthal.)		21

Elsaß.

Lied der Kinder am ersten Mai. (Thann im Oberelsaß.)	22
Volksliedchen. (Mülhausen.)	23
Kinder- und Volksreime aus dem Oberelsaß. (Pfirt.)	25
Niederenzener Kinderliedchen.	26
Der Stättkopf. (Münsterthal.)	27
Stimme aus dem Elsaß, 1852. (Straßburg.)	28

Inhalt.

	Seite
Das buckelige Männlein. (Straßburg.)	29
Straßburger Volksreime.	31
Kinderlieder. (Pfaffenhofen im Unterelsaß.)	32
Min Onnemeï. (Kochersberg.)	33
Der König Dagobär. (Straßburg.)	34

Schweiz.

Schweizerlied.	36
Schwizer-Heimweh. (Bern.)	37
Kuhreihen der Oberhasler.	38
Kuhreihen der Emmenthaler.	40
's Blüemeli. (Bern.)	42
Der Simeliberg. (Guggisberg.)	43
Breneli. (Bern.)	45
Basel, wie es ist. (Basel.)	45
Der Dursli bingt z' Thrieg. (Solothurn.)	46
Wenn i scho kei Schatz nit hab. desgl.	48
Die Aargauer Lieben. (Aargau.)	49
Bim Maie stecke. (Luzern.)	50
Am Bizistollebergli. (Zürich.)	51
Wagenfahrt. desgl.	52
So wird's cho. desgl.	53
Maenzi und Bethi. (Küßnacht am Vierwaldstättersee.)	54
Mundart von Appenzell.	56
Mis Büeli. (Graubünden.)	57

Vorarlberg.

Das Försterhaus.	59
Krönlesschlanga.	59

II. Schwäbisch.

Jetz gang i an's Brünnele. (Unterschwäbisch.)	63
Wo e Uoi's Hüttle stoht. desgl.	64
Muß i benn, muß i benn zum Städtele naus. (Unterschwäbisch.)	65
Zum Sterbe bi=n=ich. (Unterschwäbisch.)	66
Mei' Mueder mag mi net. desgl.	67
Dronte=n=em Onterland. desgl.	67
Zwoi Deng. (Neckarthal.)	68
Am Vogelnescht. desgl.	69
Wie's oft kommt. desgl.	70
Mundart von Essingen bei Aalen.	70
Der luschtig Schwob.	72
Tänze aus Schwaben. (Rottenburg bei Tübingen.)	73
Dr bläd Storck. (Oberschwäbisch.)	74
's närrisch Dänbäle. desgl.	76
Mei' Greth. desgl.	77
Stückle. (Schwäbisch Baiern [West=Lech].)	78
Der Wei". desgl.	79
Schwäbische Mundart aus dem Algäu.	80
Wenn i a mål hire. desgl.	81
Mei' Luschtige. (Rhein=schwäbisch.)	82

Inhalt.

III. Bairisch.

Oberbaiern.   Seite
Schaugt's außi, wie's regn't. .   85
's Greterl unta ba Stauan.   86
Oberbairisch. (Zur Melodie des „Hahnfalz".)   88
Bi z'friedn davontwegn.   89
Guat Nacht.   90
Jaagalied.   91
Was gschicht, wann der Lants kimmt und was's bideut'.   93
Nothi is nit lusti.   94
Schutzengl.   96
A Gschichtl.   97
Gedank'n.   98
A Buschn Schnadahüpfl'n.   99
Von' Jaaga-Hannes.   103
Verträuli.   105
A Schicksal.   106
's Dirnd'l.   107
's Lenei.   108

Niederbaiern.
Schiffalfad.   109
Deandl im Gras.   110
Der baierische Hiesel.   111

Oberpfalz.
Spirifankl.   114
Altes oberpfälzisches Hochzeitslied.   115
Zum Geschweigen der Kinder.   115
Oberpfälzische Schnaderhüpfel.   116

IV. Oesterreichisch.

Tirol.
Die Alpenfahrt. (Zillerthal.)   119
Tirolerlied.   120
Da brunt'n af b'r grienigen Au. (Bozen.)   121

Oberösterreich.
Oberösterreichische Schnaderhüpfel. (Salzburg, Ischl, Hallstatt.)   . . .   122
Da Buschn. (Pongau.)   125
D' Muettersprach.   126
's Wundakräutl.   127

Niederösterreich.
A Bußl. (Wien.)   129
G'sangln aus 'n Weana'wald.   . 129
Die menschliche Dankbarkeit. .   132
Dö Stea^rndaln. 133

Mähren und Böhmen.
Hamweh. (Iglau in Mähren.) 134
D' Kilgfölcht. (Oberplan in Südböhmen.)   135

Kärnten und Steiermark.
	Seite
Karntnerische Pleppaliedeln.	137
Steirische Schnaderhüpfl.	142
Da Zweifl. (Steirisch.)	145
Die schöni Schwoagerin. (Steirisch, Eisenerzer Höhe.)	146
Der Mon. (Mürzthal.)	147

Verschiedene in Oesterreich gesprochene Dialekte.
Mundart der Heanzen im westlichen Ungarn.	148
Lied eines Preßburgers.	149
Maria. (Gottschee.)	151
Abschied von der Geliebten. (Mundart der siebenbürgener Sachsen.)	152
Liebchens Grab. (Girtler Dialekt.)	153
Abschied eines Mädchens aus dem Vaterhause. (Girtler Dialekt.)	154

Mitteldeutsch.

V. Schlesisch.
Schlasierlied. (Breslau.)	157
Su gärne! (Gemeinschlesisch.)	160
Allcene. desgl.	161
A Gänsebliemel. desgl.	162
Ock a wing. desgl.	164
Te Bälkesteene. desgl.	165
Anno Eens, wie der grusse Wind war. (Gemeinschlesisch.)	167
Uben naus. (Gemeinschlesisch.)	170
's Stiehufmandel. desgl.	171
Frumme Wünsche. desgl.	174
Gedulb. (Groß-Glogau.)	175
Zum Feierobende. (Schlesischer Gebirgsdialekt.)	176
Der Traum. desgl.	177
Das Mädchen und die Hasel. (Oberau in Mähren.)	178

VI. Obersächsisch.

Sachsen und Umgebung.
Das gebirgige Mädel. (Erzgebirge.)	183
Tschumperliedeln aus dem Egerlande.	184
Schlumperliebel. (Vogtland.)	184
Gleich und gleich. desgl.	189
Te Krone der Schepfungk. (Leipzig.)	190
Truhst. (Altenburg.)	191

Harz.
Bärtmannslied. (Mansfeld.)	192
Te Barkleit. (Oberharz.)	193
Es Tischricken. (Klausthal.)	194

Inhalt. XXIII

Thüringen.

	Seite
Mädchen und Sadebaum. (Von der Unstrut.)	195
Kirmslied. (Weimar.)	196
Hämwich. (Rudolstadt.)	197
Sehnsucht. desgl.	198
Die Ruhl. (Ruhla.)	198
Der Schießplatz. desgl.	199

VII. Hessisch.

E Freuhjuhrschläid. (Südliche Wetterau.)	203
Die Bäckersch-Käth. desgl.	205
Klage eines Liebhabers. (Butzbach.)	206
Wie schreibt man „Zwetschen". (Busecker Thal.)	207
Verdenk mersch net. (Ofleider Grund.)	208
Drei Ruse. desgl.	209
Die Dorfbraut. (Niederhessisch.)	210

VIII. Mitteldeutsch Fränkisch.

Henneberg.

Der ließ Gott is zum Gräserle gange. (Wasungen.)	213
Des betrübt Mädle. (Neubrunn.)	214
Schnitterlied. desgl.	215
Überall die Weth. (Ritschenhausen.)	216
Der geplogt Borsch. (Engdorf.)	217
A Lied. (Hildburghausen.)	218

Mainfranken.

Ner aaner. (Oberfränkisch, Taubach.)	219
Ach frogt mi net! (Bamberg.)	219
Mittelfränkische Schnaderhüpfel.	220
Der Schlosser und sein Gesell. (Nürnberg.)	221
Der Käfer. (Nürnberg.)	222
Die Glocke. desgl.	223
Dr Frankawai". (Unterfranken, Würzburg.)	224

Pfalz.

Loß be Lade nor zu. (Bergstraße.)	225
Leb wohl mei' Haamethland. desgl.	228
's Lob bun Binge. (Oestliche Rheinpfalz.)	228
's helft nig. desgl.	229
Der Mensch. desgl.	229
Als noch 'n Schoppe. desgl.	230
Der Lump. desgl.	231
Bun der Natur. desgl.	233
's Meer. desgl.	234
Vogelnamen.	236
Der Fuhrmann. (Westrich.)	237
Hertebu'. desgl.	238
Das Mühlrad. (Mainz.)	239
Neuyork. (Darmstadt.)	242

Niederdeutsch.

IX. Niederfränkisch.

	Seite
Ům Lŏndebaam. (Trier.)*	247
De Schneï lait ob be Biërger. (Luxemburg.)	249
Mai Schätzen, ech se kranl. desgl.	250
Frühlingslied. (Simmern.)	251
Der Mann von Neuwied. (Neuwied.)	252
Auswanderers Seufzer. desgl.	253
Der Mai, der Mai, der lustige Mai. (Hemmerich.)	255
Müscheßschtell! (Köln.)	256
Jan un Grißt. desgl.	258
Der geprellte Douanier. (Köln.)	260
Allerfühlen. (Obenthal und Schlebusch.)	260
Han on Bruche. (Jülich.)	263
De Paltrock. (Elberfeld.)	264
Dat Mieken goof dem Jan 'ne Wink.	265
Wirb! Wirb! (Aachen.)	267
Der Rommelspott. desgl.	268
Dülkener Fastnachtslied. (Viersen.)	268

X. Niedersächsisch.

Westfalen.

Das Volkslied auf Hermann. (Detmold.)	273
Jehänsken sat im Schoatstein. (Soest.)	273
Sau manig, manig Minske. (Osnabrück.)	274
De erste Hood. (Münster.)	275
Werbung. (Schwelm.)	277
Soll me bä nit lachen? (Iserlohn.)	277
De kranke Sgaiper. (Bielefeld.)	280

Braunschweig, Hannover, Oldenburg, Bremen.

Dat Brunswikesche Mummeleet. (Braunschweig.)	281
Rooken un Snuppen. desgl.	282
De Grossmid. (Göttingen.)	283
Un wenn nu de Pott en Lock hett? (Hannover.)	285
Frou ji scholl'n nå Hule kommen. (Fürstenau.)	286
Die zwei Königskinder. (Ostfriesland.)	287
De Waterkeerl in be Ja. (Jeverland.)	290
It blief siens und he blift miens. desgl.	292
De Snieder und be Rieder. (Butjabingerland.)	293
Platz ba bär'n Spälbisch! (Oldenburg.)	294
Harfstbild. (Obelgönne.)	295
Dat Bogelnest. (Bremen.)	296
Fräg nich. desgl.	297

---

* Wegen Einreihung dieses und der beiden folgenden Stücke in diese Gruppe vergl. S. 246.

Holstein, Schleswig, Vierlande.

		Seite
Min Moderspral. (Ditmarschen.)		297
Orgelbreier.	desgl.	298
Prinzessin.	desgl.	300
Dünjens.	desgl.	301
He sä mi so bel.	desgl.	302
De Dud.	desgl.	302
Leeder för be bütsche Flott. (Holstein.)		303
Gode Nacht. (Schleswig.)		305
De Veerlander Swier. (Vierlande.)		306
Wahrt jo vör de Deerens. desgl.		306

Mecklenburg.

Die sieben Zeichen Rostocks. (Rostock.)		308
Das Plattdeutsch. (Mecklenburgisch-Vorpommersch.)		308
De Kirschbom.	desgl.	310
Wat wull de Kirl?	desgl.	311
De Afgunst.	desgl.	313
Abjüs, Herr Leutnant! desgl.		314
As ick in bat Hus rin kem. (Strelitz.)		316

Mark, Pommern.

Die sieben Städte der Altmark.	319
Märtin, Märtin Vögelken! (Stendal.)	319
Der Eckensteher Nante. (Berlin.)	320
An mine Jung's. (Stralsund.)	322
Plattdütscher Snieberspott. (Rügen.)	323

Preußen, Litauen.

Wenn man bim Bure deent. (Marienburger Werder.)	325
Aus dem Werder.	326
Klook gewählt. (Alt-Pillau.)	326
Anke van Tharaw. (Samland.)	328
Putthöhnke. (Litauen.)	330
Op bö gröne Wese. desgl.	331

Polyglotten.

Matten Has'.	334
Laßt mich gehn!	336
Abendgebet.	340

Alt-, Mittel- und Neudeutsch.

I. Althochdeutsch und Altniederdeutsch.

Vater unser. (Ahd., rheinfränkisch. 8. Jahrh.)	345
Vater unser. (Ahd., alemannisch. 8. Jahrh.)	345
Welcker.	

c

	Seite
Aus dem Hildebrandsliede. (Ahd., 8. Jahrh.) . . .	346
Aus dem Heliand. (And., 9. Jahrh.)	349
Aus Otfrid's Evangelienbuch. (rheinfränkisch, 9. Jahrh.)	351
Zwei Segen. (And., 10. Jahrh.)	355
Altheidnisches Zauberlied. (Ahd., 10. Jahrh.)	356
Weingartner Reisesegen. (Ahd., fränkisch, 11.? Jahrh.)	357

II. Mittelhochdeutsch und Mittelniederdeutsch.

Minnelieder. (Mhd., 12. Jahrh.)	358
Aus dem Nibelungenliede. (Mhd., 13. Jahrh.)	359
Lieder von Walther v. d. Vogelweide. (Mhd., 13. Jahrh.)	364
Aus Gottfried's Tristan. (Mhd., 13. Jahrh.)	366
Van dem manne unde sinem wive. (Mnd., 15. Jahrh.) . . .	371
Weingruß. (Mhd., um 1450.)	374
De seven vroude unser leven vrouwen. (Mnd., 15. Jahrh.)	374
Herr Hinrich und seine Brautfahrt. (Mnd., 16. Jahrh.) . . .	376

III. Neuhochdeutsch und Neuniederdeutsch.

Ain new lied herr Ulrichs von Hutten. (Nhd., 1521.)	378
M. Luther. Der 46. Psalm. (Nhd., 1529.)	380
Die röslein sind zu brechen zeit. (Nhd., 16. Jahrh.)	381
Nu vall, du rip. (Nnd., 17. Jahrh.)	382
Martin Opitz' Aufruf an die Deutschen. (Nhd., um 1630.) . . .	383
Lauremberg's Vorwort zu seinen Scherzgedichten. (Nnd., um 1650.) . .	384
Aus Paul Flemming's erstem Buch der Oden. (Nhd., um 1636.) . . .	385
An Sich. (Nhd., 17. Jahrh.)	386

Germanische Sprachen.

I. Gothisch.

Aus Ulfila's Bibelübersetzung.	389

II. Nordisch.

Das Lied von Olafur Liljuros. (Altisländisch.)	390
Das Lied von Olavur Riddaros. (Färöisch.)	393
Haust. (Neuisländisch.)	396
Paa Fjellet. (Norwegisch, Mundart.)	397
Kristallen dänn fina. (Schwedisch, Mundart von Orsa.)	398
Till svenska Fosterjorden. (Schwedisch, Schriftsprache.)	398
Den norske Qvinde. (Dänisch, Schriftsprache.)	399

III. Angelsächsischer Sprachzweig.

Aus Beowulf. (Angelsächsisch.)	401
Kuckukslied. (Altenglisch.)	403
Liebeslied. (Altenglisch.)	403
Come o'er the sea. (Englisch.)	404
My bonnie Mary. (Schottisch.)	405

Inhalt. XXVII

IV. Friesisch.
Seite
Aus den „XXIV friesischen Landrechten". (Altfriesisch.) 407
Skippers sankje. (Westfriesisch.) 408
Ik konn nit sitte. (Ostfriesisch.) 410
De lukkelke Skapper. (Nordfriesisch.) 411
Uck an fresk Stemm tu a Könnang. (Nordsächsisch.) 412
An hiamelken Braddgung. (Nordsächsisch.) 413

V. Niederländisch.
Wilhelmus van Nassou.................... 415
Van drie ghespeelkens..................... 416
Dansliedje......................... 417
Halewyn en het kleyne kind. (Französisch Flandern.) 419
Het moijelijk kwezeltje. besgl............... 421
't gelukkig boerinnetje. (Holländische Schriftsprache.) 423
Dagelijksch brood. besgl................. 424

Deutsches Schlußwort. 426

Abkürzungen bei Angabe der benutzten Quellen.

Bavaria. — Bavaria, Landes- und Volkskunde des Königreichs Bayern (München 1860—68).

Deutsches Liederbuch. — Liederbuch des deutschen Volkes (Leipzig, Breitkopf und Härtel, 1848).

Erk und Irmer. — Die deutschen Volkslieder mit ihren Singweisen, herausgegeben von Ludwig Erk und Wilhelm Irmer (Leipzig 1843).

Erlach. — Die Volkslieder der Deutschen. Herausgegeben durch Friedrich Karl Freiherrn von Erlach (Mannheim 1835).

Firmenich. — Joh. Matthias Firmenich, Germaniens Völkerstimmen (3 Bde., Berlin 1846—54).

Müllenhoff und Scherer. — Denkmäler deutscher Poesie und Prosa aus dem VIII.—XII. Jahrhundert. Herausgegeben von K. Müllenhoff und W. Scherer (Berlin 1878).

Radlof. — Musterjaal aller teutschen Mundarten. Herausgegeben von Dr. Joh. Gottl. Radlof (Bonn 1821).

Wunderhorn. — Des Knaben Wunderhorn, von Achim von Arnim und Clemens Brentano, neu bearbeitet von A. Birlinger und W. Crecelius (Wiesbaden 1874).

Zeitschrift für Mundarten. — Die deutschen Mundarten, eine Monatsschrift für Dichtung, Forschung und Kritik, begründet von J. A. Pangkofer, fortgesetzt (seit Band V als „Vierteljahrsschrift", seit Band VII als „Zeitschrift") von K. Frommann (Nürnberg 1854—77).

Die deutschen Mundarten.

I.
Alemannisch.

Vor allen andern oberdeutschen Mundarten ist die alemannische ausgezeichnet durch die Erhaltung des altdeutschen langen î („min, bin, fri, Zit") und des altdeutschen langen u („Hus, .us"), sowie des altdeutschen ü („Lüt" = Leute).

Die sehr geschmeidige und melodische Mundart wirft Consonanten aus: „li(g)t, bli(b)t"; sie tauscht um: „Kilche (Kirche), chunnt (kommt)"; sie wirft Schlußconsonanten ab: „sage(n), hei(m), meh(r), i(ch)", ja ganze Silben: „si (seine), la (lassen), wei (wollen), ge (gegeben)".

Eigenthümlich den oberdeutschen Mundarten ist die Vermeidung des Zusammentreffens von Vocalen zweier Worte; sie geschieht meist durch Erhaltung eines sonst ausfallenden, oder durch Einschiebung eines den beiden Worten fremden n: „bi=n=i" (bin ich), „mue=n=i" (muß ich).

Auffällig ist die Aussprache des ch, welches (zumal in der Schweiz, weniger in Baden, nicht im Unterelsaß) nach e und i, ganz wie nach a, hinten am Gaumen gebildet wird und in „ich" wie in „ach" klingt. Es schien nicht nöthig, den „Ach"=Laut im Texte durch die Schreibung („iach", „cha" = kann) überall anzudeuten.

G am Silbenschlusse klingt nahezu wie k: „gütik, Berk".

St und sp werden am Anfange der Silben in allen ober= und mitteldeutschen Mundarten mit dem Zischlaute gesprochen; „Schtein, Schpiel"; es genügt hier, st und sp zu setzen. Im Alemannischen und Schwäbischen haben st und sp auch **auslautend** fast immer den Zischlaut; ich setze „bischt, Eschpe"; wo der Zischlaut fehlt, „bist".

Freude in Ehren.
Mundart des Wiesenthals im badischen Oberlande.

Ne G'sang in Ehre,
Wer will's verwehre?
Singt's Thierli nit in Hurscht[1] und Nascht[2],
Der Engel nit im Sterne-Glascht[3]?
E freie, frohe Muth,
E gsund und fröhlich Blut
Goht über Geld und Gut.

Ne Trunk in Ehre,
Wer will's verwehre?
Trinkt's Blüemli nit si Morgethau?
Trinkt nit der Vogt si Schöppli au?
Und wer am Werchtig[4] schafft,
Dem bringt der Rebesaft
Am Sunntig neui Chraft.

Ne Chuß in Ehre,
Wer will's verwehre?
Chüßt's Blüemli nit si Schweschterli,
Und's Sternli chüßt si Nöchberli?
In Ehre, ha=n=i[5] g'seit,
Und in der Unschuld G'leit,
Mit Zucht und Sittsemkeit.

---
[1] Strauch. [2] Ast. [3] Sternenglanz. [4] Werktag. [5] habe ich.

Ne freudig Stündli,
Isch's nit e Fündli?
Jez hemmers¹ und iez simmer do!
Es chunnt² e Zit, wirb's anderscht goh.
's währt alles churzi Zit,
Der Chilchhof³ ischt nit wit.
Wer weiß, wer bal dört lit?

Wenn b' Glocke schalle,
Wer hilftis⁴ alle?
O gebis Gott e sanfte Tod!
E riteihig Gwisse gebis Gott,
Wenn b' Sunn am Himmel lacht,
Wenn alles blitzt und chracht,
Und in der letschte Nacht!

J. P. Hebel.

Alemannische Gedichte, 1. Auflage, 1803. Der Dialekt dieser Gedichte herrscht nach den Worten Hebel's „in bem Winkel des Rheins zwischen dem Frickthale und ehemaligen Sundgau", b. i. der von der Wiese durchströmte südwestliche Theil des Großherzogthums Baden, mit den Städten Müllheim und Kandern.

Das Herlein.

Und wo=n=i uffem Schmied=Stuhl sitz
Für Basseltang⁵ und Liechtspöhn schnitz,
Se chunnt e Herli wohlgimuth
Und frogt no⁶ frei: „Haut's Messer gut?"

Und seit mer frei no Guete Tag!
Und wo=n=i lueg und wo=n=i sag:
„'s chönnt besser go, und Große Dank!"
Se wird mer's Herz uf eimol chrank.

---

¹ haben wir's. ² kommt. ³ Kirchhof. ⁴ hilft uns. ⁵ zum Zeitvertreib (passer le temps). ⁶ hernach, dann.

I. Alemannisch. — Baden.

Und uf und furt enanderno¹,
Und wo=n=i lueg, isch's nümme do,
Und wo=n=i rüef: „Du Hexli he!"
Se gits mer scho kei Antwort meh.

Und sieder² schmeckt mer's Esse nit,
Stell numme³, was de hesch und witt⁴;
Und wenn e=n=anders schlofe cha,
Se hör=i alli Stunde schlah.

Und was i schaff, das g'rothet nit,
Und alli Schritt und alli Tritt
Se chunnt nim Sinn das Hexli für,
Und was i schwätz, isch hinterfür⁵.

's isch wohr, es het e Gsichtli gha,
's verluegti sie e=n=Engel dra,
Und's seit mit so 'me freie Mueth,
So lieb und süß: „Haut's Messer guet?"

Und leider ha=n=i's g'hört und g'seh,
Und sellemols und nümme meh.
Dört isch's an Hag und Hurscht⁶ verbei
Und witers über Stock und Stei.

Wer spöchtet⁷ mer mi Hexli us,
Wer zeigt mer siner Muetter Hus?
I lauf no, was i laufe cha,
Wer weiß, se triff' i's doch no a!

I lauf no alli Dörfer us,
I such und frog vo Hus zu Hus,
Und wiird mer nit mi Hexli chund⁸,
Se wiird=i ebe nümme g'sund.

                                    Hebel.

---

¹ allsogleich („einandernach"). ² seitdem. ³ stelle nur hin, d. i. tische nur auf. ⁴ hast und willst. ⁵ verkehrt. ⁶ Horst. ⁷ spähet. ⁸ bekannt.

Die Ueberraschung im Garten.

„Wer sprützt mer alli Früteih mi Rosmeri?
Es cha doch nit der Thau vom Himmel fi;
Suscht hätt der Mangold au si Sach,
Er stoht doch au nit unterm Dach.
Wer sprützt mer alli Früteih mi Rosmeri?

„Und wenn i no so früteih ins Gärtli spring
Und unterwegs mi Morgeliedli sing,
Isch näumis[1] g'schafft. Wie stöhn jez reihewis
Die Erbse wieder do am schlanke Ries
In ihrem Bluescht![2] I chumm nit us dem Ding.

„Was gilts, es sin die Jumpfere=n= usem See!
Me meint zwor, 's chöm, wie lang scho, keini meh.
Suscht sin sie in der Mitternacht,
Wenn niemes meh as b' Sterne wacht,
In b' Felder use g'wandlet=n=usem See.

„Sie hen im Feld, sie hen mit frummer Hand
De[3] brave Lütte g'schafft im Garteland,
Und isch me früteih im Morgeschimmer cho[4],
Und het jez welle=n=an si Arbet go,
Isch alles ferig[5] g'si — und wie scharmant!

„Du Schalk dört hinte, meinsch, i seh bi nit?
So buck di numme nieder, wie de witt!
I ha mers vorgstellt, du würsch's si.
Was falle der für Jeschte=n[6]=i? —
O lueg, vertritt mer mini Setzlig[7] nit!"

„„O Kätterli, de hesch's nit solle seh!
So, diue Blume ha=n=i z'trinke ge[8],

---

[1] etwas. [2] Blüte. [3] den. [4] gekommen. [5] fertig. [6] Dinge (Gesten).
[7] Setzlinge. [8] gegeben.

I. Alemannisch. — Baden.

Und wenn de wotsch¹, i ging für di dur's Füür
Und um mi Lebe wär mer di's² nit z'thüür,
Und's isch mer, o gar sölli³ wohl und weh!"'

So het zum Kätterli der Friedli g'seit,
Er het e schweri Lieb im Herze treit⁴
Und hets nit könne sage juscht,
Und es het au in siner Bruscht
E schüüchi zarti Lieb zum Friedli treit..

„Lueg, Friedli, mini schöne Blüemli a!
's sin numme=n=alli schöne Farbe dra;
Lueg, wie eis gegenem andre lacht,
In siner holde Frütehligs=Tracht,
Und do sitzt scho ne flißig Immli dra." —

„'„Was helfe mer de Blüemli blau und wiß?
O Kätterli, was hilft mer's Immli's Fliß?
Wärsch du mer hold, i wär im tiefschte Schacht,
I wär mit dir, wo au kei Blüemli lacht
Und wo kein Immli summst, im Paredies."'

Und d'rüber hebt si d' Sunne still in d' Höh,
Und luegt in b' Welt und seit: „Was mueß i seh
In aller Früeih?" — Der Friedli schlingt si=u=Arm
Ums Kätterli, und's wird em wohl und warm.
Druf het em's Kätterli e Schmützli ge.

Hebel.

¹ wollteft. ² beines. ³ sehr. ⁴ getragen.

Wächterruf.

Loset[1], was i euch will sage!
D' Glocke het Zehni gschlage.
  Jez betet und jez göhnt ins Bett,
  Und wer e riteihig G'wisse het,
  Schloft sanft und wohl! Im Himmel wacht
  E heiter Aug die ganzi Nacht.

Loset, was i euch will sage!
D' Glocke het Oelfi gschlage.
  Und wer no an der Arbet schwitzt,
  Und wer no bi de Charte sitzt,
  Dem biet=i iez zum letschtemol, —
  's isch hochi Zit — und schlofet wohl!

Loset, was i euch will sage!
D' Glocke het Zwölfi gschlage.
  Un wo no in der Mitternacht
  E Gmüeth in Schmerz un Chummer wacht,
  Se geb der Gott e riteihige Stund,
  Und mach di wieder froh und gsund!

Loset, was i euch will sage!
D' Glocke het Eis gschlage.
  Und wo mit Satans G'heiß und Roth
  E Dieb uf dunkle Pfade goht,
  — I wills nit hoffe, =n= aber geschieht's —
  Gang[2] heim! Der himmlisch Richter sieht's.

Loset, was i euch will sage!
D' Glocke het Zwei gschlage.
  Und wem schon wieder, ebs[3] no tagt,
  Die schweri Sorg am Herze nagt,

---

[1] horchet, „lauschet". [2] gehe. [3] ehe es.

Du arme Tropf, di¹ Schlof isch hi!
Gott sorgt! Es wär nit nöthig gsi.
Loset, was i euch will sage!
D' Glocke het Drü gschlage.
Die Morgestund am Himmel schwebt,
Und wer im Fried' der² Tag erlebt,
Dank Gott, und faß e frohe Mueth,
Und gang ans G'schäft, und — halt di guet!

Hebel.

Der Schreinergesell.

Mi Hamberch³ hätt=i g'lert⁴, so so, la la,
Doch stoht mer's Trinke gar viel besser a,
As 's Schaffe, sell bikenn=i frei und frank;
Der Rucke bricht mer schier am Hobelbank.

Drum het mer d' Muetter mengmol profezeit:
„Du chunnsch ke Meischter über⁵ wit und breit!"
Z'letscht ha=n=i's selber glaubt und denkt: Isch's so,
Wie wirds mer echterscht⁶ in der Fremdi go?

Wie isch's mer gange? Numme⁷ z' guet! I ha
In wenig Wuche siebe Meischter g'ha.
O Müetterli, wie falsch hesch profezeit!
I chömm kei Meischter über, hesch mer gseit.

Hebel.

¹ dein. ² den. ³ Handwerk. ⁴ gelernt. ⁵ Du überkommst (bekommst)
keinen Meister. Ähnlich: I chum kei Geld über = ich bekomme kein Geld.
⁶ etwa. ⁷ nur.

Das Spinnlein.

Nei, lueget doch das Spinnli a,
Wie's zarti Fäde zwirne cha!
Bas' Gvatter[1], meinsch, chasch's au ne so?
De wirsch mers, trau=i, blibe lo.
Es machts so subtil und so nett,
I wott nit, aß=i's z' hasple hätt.

Wo het's die fini Rischte[2] g'no,
Bi wellem Meischter hechle lo?
Meinsch, wemme's witscht, e mengi Frau,
Sie wär so g'scheit, und holti an!
Jez lueg mer, wie's si Füeßli setzt
Und b' Ermel streift und b' Finger netzt.

Es zieht e lange Fade=n=us,
Es spinnt e Bruck ans Nochbers Hus,
Es baut e Landstroß in der Luft,
Morn hangt sie scho voll Morgeduft;
Es baut e Fußweg nebe dra,
's isch, aß es ehne dure cha[3].

Es spinnt und wandlet uf und ab,
Potz=tausig, im Galopp und Trap!
Jez gohts ring um — was hesch, was gisch?
Siehsch, wie ne Ringli worde=n=isch!
Jez schießt 's die zarte Fäde=n=i;
Wirds öbbe[4] solle gwobe si?

Es isch verstuunt, es haltet still,
Es weiß nit recht, wo's ane[5] will.
's goht weger[6] z'ruck, i sieh's em a,
's mueß nämmis[7] rechts vergesse ha.
Zwor, denkt es, sell pressirt jo nit,
I halt mi numme=n=uf dermit.

---

[1] Base Gevatter, d. i. Base, die zugleich Pathin ist. [2] Hanf oder Flachs am Spinnrad. [3] jenseits hinüber kann. [4] etwa. [5] hin. [6] wahrlich, besser. [7] etwas.

Es spinnt und webt und het kei Rascht,
So glichlig, me verluegt si fascht,
Und's Pfarrers Christoph het no gseit,
's seig jede Fade z'semme gleit [1];
Es mueß ein guti Auge ha,
Wer's zehle=n= und erchenne cha.

Jez putzt es sini Händli ab,
Es stoht und haut der Fade=n= ab.
Jez sitzt es in si Summerhus
Und luegt die lange Stroße=n= us.
Es seit: „Me baut sie halber z'todt,
Doch freut's ein au, wenn 's Hüsli stoht."

In freie Lüfte wogt und schwankt's,
Und an der liebe Sunne hangt's;
Sie schient em frei dur d' Beinli dur,
Und's isch em wohl. In Feld und Flur
Sieht's Mückli tanze, jung und feiß;
's denkt bi =n=em selber: „Hätt=i eis!"

O Thierli, wie hesch mi verzückt!
Wie bisch so chlei und doch so gschickt!
Wer het di au die Sache glehrt?
Denkwol der, wo=n=is [2] alli nährt,
Mit milde Hände=n= alle git —
Bis z'frieden! — Er vergißt di nit.

Do chunnt e Fliege, nei wie dumm!
Sie rennt em schier gar's Hüsli um.
Sie schreit und winslet Weh und Ach!
Du arme Chetzer [3] hesch di Sach!
Hesch keini Auge bi der g'ha?
Was göhn di iise Sache=n= a?

---

[1] zusammengelegt, d. i. aus feineren Fäden zusammengesetzt. [2] welcher uns. [3] „Ketzer", für „Übelthäter", „armer Tropf"; ein durch die Nähe von Constanz verständlicher Sprachgebrauch.

Lueg', 's Spinnli merkt's enanderno¹,
Es zuckt und springt und het sie scho.
Es denkt: „I ha viel Arbet g'ha,
Iez mueß=i au ne Brotis² ha!"
I sags jo, der wo alle git,
Wenn's Zit isch, er vergißt bi nit.

Hebel.

Der zufriedene Landmann.

Denkwol, jez leng=i au in Sack,
Und trink e Pfifli Rauchtuback,
Und fahr jez heim mit Eg und Pflug,
Der Laubi³ meint scho lang, 's seig gnug.

Und wenn der Kaiser usem Roth
In Feld und Forscht uf's Jage goht,
Se lengt er eben=n= au in Sack
Und trinkt e Pfifli Rauchtuback.

Doch trinkt er wenig Freud und Luscht,
Es isch em näume⁴ gar nit juscht;
Die goldne Chrone drucke schwer,
's isch nit, as wenns e Schie=Hut⁵ wär.

Wohl goht em menge⁶ Batze=n= i,
Doch will au menge gfuttert fi;
Und wo=n=er lost isch Bitt und Bitt,
Und alli tröschte cha=n=er nit.

Und wenn er hilst und sorgt und wacht
Vom früteihe Morge bis in d' Nacht
Und meint, jez heig er⁷ alles tho,
Se het er erscht kei Dank dervo.

---

¹ sogleich. ² Gebratenes. ³ Laubi (auch Lobile), Viehname. ⁴ irgendwo.
⁵ Strohhut. ⁶ mancher. ⁷ habe er.

I. Alemannisch. — Baden.

Und wenn, vom Treffe bluetig roth,
Der Jenneral im Lager stoht,
Se lengt er endli au in Sack
Und trinkt e Pfifli Rauchtuback.

Doch schmeckt's em nit im wilde Gwühl,
Bi'm Ach und Weh und Saitespiel;
Er het thurnieret um und um,
Und niemes will en lobe drum.

Und Füürio und Mordio
Und schweri Wetter zieh=n=em no;
Do lit der Granedier im Blut
Und dört e Dorf in Rauch und Glut.

Und wenn in d' Meß mit Gut und Geld
Der Chauffher reis't im wite Feld,
Se lengt er ebe=n= au' in Sack
Und holt si Pfifli Rauchtuback.

Doch schmeckt's der nit, du arme Ma!
Me steht der dini Sorge=n= a,
Und 's Ei mol eis, es isch e Gruus,
Es luegt der zu den Auge=n= us.

De treisch¹ so schwer, es thuet der weh;
Doch hesch nit gnueg und möchtsch no meh,
Und weisch jo nit, woane mit²,—
Drum schmeckt der au bi Pfifli nit.

Mir schmeckt's, Gottlob, und 's isch mer gsund.
Der Weize lit im füechte Grund,
Und mittem Thau im Morgeroth
Und mit si'm Othem segnet's Gott.

---

¹ trägst. ² wohin damit.

Und's Anne Meili[1], flink und froh,
Es wartet mit der Suppe scho,
Und b' Chinderli am chleine Tisch,
Me weiß nit, welles 's fürnehmscht isch.

Drum schmeckt mer au mi Pfifli wohl.
Denkwol, i füll mers no' =n=e mol!
Zum frohe Sinn, zum freie Mueth,
Und heimetzu schmeckt alles guet.
Hebel.

Auf einem Grabe.

Schlof wohl, schlof wohl im chüele Bett!
De liegsch zwor hert uf Sand und Chies;
Doch spürts di müede Rucke nit.
    Schlof sanft und wohl!

Und 's Deckbett lüt der, dick und schwer
In b' Höchi gschüttlet, ussem Herz;
Doch schlofsch im Friede, 's druckt bi nit, —
    Schlof sanft und wohl!

De schlofsch und hörsch mi Bhüet di Gott,
De hörsch mi sehnli Chlage nit.
Wär's besser, wenn de 's höre chönntsch?
    Nei, weger[2] nei!

O 's isch der wohl, es isch der wohl!
Und wenn=i numme[3] bi der wär,
Se wär' scho alles recht und guet;
    Mer tolten is[4].

---

[1] Anne=Mariele. [2] wahrlich. [3] nur. [4] wir buldeten (vertrügen) uns. (Inf. tolen.)

I. Alemannisch. — Baden.

De schlofsch und achtisch's Unrueih[1] nit
Im Chilchethurn die langi Nacht,
Und wenn der Wächter Zwölfi rüeft
    Im stille Dorf.

Und wenns am schwarze Himmel blitzt
Und Gwülch an Gwülch im Donner chracht,
Se fahrt der 's Wetter übers Grab
    Und weckt di nit.

Und was di früeih im Morgeroth
Bis spot in d' Mittnacht b'chlümmert het,
Gottlob, es ficht di nimme=n= a[2]
    Im stille Grab.

Es isch der wohl, o 's isch der wohl!
Und alles, was be g'litte hesch,
Gott Lob und Dank, im chüele Grund
    Thuet's nimme weh.

Drum, wenn=i numme bi der wär,
So wär jo alles recht und gut.
Jez sitz=i do und weiß kei Troscht
    Mi'm tiefe Schmerz.

Doch öbbe[3] bald, wenns Gottswill isch,
Se chunnt mi Samstig z' Obe=n= au[4],
Und druf, se grabt der Nochber Chlaus
    Mir au ne Bett.

Und wenn=i lig und nimme schnuuf,
Und wenn si's Schloflied gsunge hen,
So schüttle sie mer's Deckbett uf,
    Und — Bhüet di Gott!

---

[1] die Unruhe (Ticktack) der Uhr. [2] nicht mehr an. [3] etwa. [4] zu Abend auch.

I schlof derno so sanft wie du,
Und hör im Chilchthurn 's Unrueih nit!
Mer schlofe, bis am Sunntig früeih
    Der Morge thaut.

Und wenn emol der Sunntig tagt,
Und d' Engel singe's Morgelied,
Se stöhn mer mit enander uf,
    Erquickt und gsund.

Und's stoht e neui Chilche do,
Sie funklet hell im Morgeroth;
Mer göh,=u= und singe=n= am Altar
    's Halleluja!

                      Hebel.

Näume-n- um de Rhi.

Hauensteiner Mundart
(am Südabhange des Schwarzwaldes, zwischen Waldshut und Säckingen).

Näume [1]=u= um de Rhi
Imme Dörfli chli
Blüet e Blüemli wunderschö',
Wie=n=i kais ha niene [2] gsäh.

's Blüemli [3] isch mi Fraid
Un mi Augewaid;
Wo=n=i 's gseh', so schlot mer's Herz
Un vergoht mer alle Schmerz.

---
[1] irgendwo.   [2] niemals.   [3] Hier (und unten mehrfach) ein ungeschlossener Hiatus, wie denn kaum eine der in unsern Uebersichten gegebenen allgemeinen Regeln ausnahmslose Gültigkeit beanspruchen kann.

I. Alemannisch. — Baden.

O wie ha=n=i 's gern!
Gwiiß min Augestern
Gäb=i um da Blüemli her,
Wenn's für ewig mine wär!

's Blüemli nue=n=i ha,
Alles wog i dra.
Ohni 's Blüemli gehr=i it [1],
Wa mer suft mi Lebe git.

Jos. Baber.
(Aus J. B. Trenkle, Die alemannische Dichtung, S. 13.)

Bürstenbinderlied.
Mundart um den Feldberg im Hochschwarzwald.

En Bürschtebinder bi=n=i,
Und's freut mi, daß i's bi;
Denn sag' mer nnmme, was de witt,
E so ne Handwerch findt ma nitt, findt ma nitt,
Ma gang b' Welt us und i.

En jede, der will sufer si,
Der brucht mi Fabrikat;
Der Kaiser, wie der Bettelmaa
Mueß zue sim G'häß [2] ne Bürschte ha, ne Bürschte ha,
Die bringt ihm's erst in G'stat [3].

Drum sitz i i mim Stüble
Vom Morge bis i d'Nacht
Und richt b' Bürscht und ziehne i [4]
Und b'schnide eben glatt und si, glatt und si,
No [5] ischt e Bürschtle g'macht.

---
[1] begehr' ich nicht. [2] Kleidung. [3] in Staat, in prächtigen Zustand. [4] ziehe ein, nämlich die Borsten in die Löcher des Bürstenholzes. [5] nachher, dann.

Und ha=n=i mengi fertig,
No gang i fort dermit
In's Elsis, d' Schwitz und Schwobe uus,
Schrei wie=n=i ka von Hus zu Hus, von Hus zu Hus:
„Kauft Bürschte, liebe Lütt!"

Und will i Glück im Handel ha,
So bruch i Mul und Kopf;
Denn nur der lüegt und schwätze ka,
Der ischt en gute Handelsmaa, Handelsmaa,
Und blibt kei arme Tropf.

E luschtig Lebe füehr' i,
Ha=n= immer frohe Mueth;
Wohi=n=i gang und wo i bi,
Bigleitet mi en muntre Si, en muntre Si,
Er ischt mi höchstes Guet.

Doch ha=n=i no mi größte Freud,
Wenn d' Wiehnacht wieder chunt;
Do setz i b' Handelschaft in b' Rueh
Und mach mi wieder Todtnau zue, Todtnau zue,
Es hät sin gwisse Grund.

Denn dert sin Wib und Kinder;
Si blanget grüseli¹,
Bis Einer chunt, sait: grüleß i Gott!
Do hender wieder Geld und Brod, Geld und Brod!
Und seller — bi no i!

Im Handel bi=n=i glückli g'si
Und z' Hus sind alle g'sund.
D'rum setz i mi in Ochse ni
Und trink' e Schöple guete Wi, guete Wi,
Und ha=n=e frohe Stund.

---

¹ sie verlang'n sehr.

I. Alemannisch. — Baden.

Dert bi=n=i denn so fröhli,
So fröhli, wie i ka.
I trink und pfif und sing debi:
Es leb die Bürschtebinderi, Binderi!
Und jede Handelsmaa!

Alois Schreiber (zur Melodie von Hebel's:
„Es g'fallt mer nummen Eini").
(Trenkle, Die alemannische Dichtung, 1881, S. 154.)

Der Tanzstritt.[1]
Mundart der Baar; St. Georgen im Schwarzwald.

Sag miër, mi Chrischtinli, witt
Tanze mit deĩ Scheine[2] nit?
„Hausjörg, ällwil mounscht[3] au du,
Tanze sott mit diër ich nũ!"[4]
Wenn du witt nit älliwiil,
Ai, so sag miër's denn, wië viel?
„Dämmaol tauzi mit diër wohl,
Wië mit and're jedesmaol."
Gschwind denn jez für desmaol kumm,
Tanz mit miër im Ringe rum!
„So für hütt jez honni schoaũ[5]
's oã versproche Tänzli thoaũ."[6]
Däs ischt nints[7] doch ganz un gar,
's muoß uf's wennigst si es Paar.
„Z' Liëb thoaũ hon diër des au no,
Z'fridde kaschst du si jez do."
O ischt's zweit au glih verbi,
Älli guoti Ding sin dri!
„Tanzet heimmiër[8] jez es dritt,
Meh verlange wurscht bo nit."

---

[1] Tanzstreit. [2] deinem Schönen (Schatz). [3] immer meinst. [4] nũ (mit nasalem Klang) nur (andernfalls „nun"). [5] hab' ich schon. [6] gethan. [7] nichts. [8] haben wir.

Dri ischt ugrad, tanz mit miër
Dämmaol nū no, grab ischt biër.
  „Biër fin's, nints meh woaßft ez gwiß!
  Z'fribbe nu emaol doch bis [1]."
Kauft mer nu en Hocke [2] glih,
's fünft noch git mer ällmaol dri.
  „Fünfi fin es jez für oās —
  Witter nu [3] verlang miër koās."
Kumm, jez fehlt nu noch en Tanz
Nao erfcht ifcht 's halb Dozzet ganz.
  „'s fechft au hon biër noch willfahrt!
  Los nit wurr ich [4] uf die Art."
Noch sechs heim=miër denki wohl,
's Dozzet, kumm, miër tanze's vool.
  „Ai, e Dozzet schoan ftatt oām!
  Abber bald jez fott ich hoam."
Mei nu noch in b' Stubbe ni
Zuom e Gläsli Zwölfer=Wi.
  „'s ift miër oās, doch fott=i halt
  Hoam au nao [5] uf ällweg [6] bald."
O, du laufft miër furt nit eh,
B'ftellt jao hon=i schoau Kaffe.
  „Hon miër'n gschmecke loau, fag Dank.
  Nus jez laoß mi ußem Bank."
Monnft fo kripplig [7] gang es us?
Ich bigloat dich vor di Hus.
  „Hansjörg guck, wië hell, wië fcheī
  D' Sternli dort am Himmel fteī!"
's funkle b' Augeli us biër,
Us mim Himmel, heller miër.
  „Vorrem Hus schoau sim=miër, guck!
  Schlaof jez wohl, du wurscht jez z'ruck."
Gib noch b' Hand, herztaufig Kind!
Gelt, en Schmutz [8] druf machchet nint?
      G. Schultheiß. (Trenkle, Die alemannische Dichtung, S. 176.)

---

[1] fei. [2] vier Stück. (In Sachsen: „Anne Hucke Geld" = ein Haufen Geld.)
[3] nun. [4] los (frei) nicht werb' ich. [5] heim auch noch. [6] jedenfalls. [7] knauserig.
[8] Kuß (Schmatz).

Allerseelentag.

Dialekt des Kappler- und Bühlerthals.

D' Blätter welke, b' Blätter falle,
    Un mer walle
Uf de Gottesacker hin,
Bun de Gräber isch jez kais meh grün.

's Fescht der Seele, die do g'schiede
    Us de Lide
Us de Bande schwerer Zit,
Des begin mer still un trurig hit.

Alle hen se b' Ruch jez g'funde;
    Alle Wunde
Höre plötzli z' bluete uf,
Legt mer numme Grund vom Kirchhof druf.

's het e' jeds wol vun de Sine
    Eis z' bewine,
Jed's zündt hit e' Wachsstock an,
Denn au b' Todte müesse Helle han.

Un wu keine Liechtle brenne,
    Alle denne
Schiene d' Sterne uf ihr Grab,
Un e mol grünt jeder Pilgerstab.

D' Glocke klinge hit so truri,
    Un so schuri
Stige b' Nebel uf im Thal,
Un an's Scheide mahnt's jez überal.

Aber b' Nacht kan jo nit währe.
Us de Zähre,
Us de Thräne blüegt e Freudesoot[1],
Un zum Lebe weiß be Weig[2] der Tod.
                    Alois Schreiber.
        (Trenkle, Die alemannische Dichtung, S. 57.)

O sei gegriaßt, dü Haimäthswalt!
Jo sei gegriaßt, dü scheener Namme:
Elsaß! wia teensch so staß em Uhr!
Ferr dich esch staats mi Harz' en Flämme.
Bewähr' di Gott bi Sturm un Gfohr!
            J. Mangold, Kolmerditsche Gedichtler.

Lied der Kinder am ersten Mai.
Mundart von Thann im Oberelsaß.

Maieräsele[3] kehr di dreimol erum,
Loß di b'schäue[4] 'rum u=n=um;
So fähre mir vo Maie in di Rose[5].

Maieräsele, kumm in griane Wäld 'nie,
Mer wälle=n=älli luschtig[6] see!
So fähre mir vo Maie in di Rose.

Wann iehr uns kä Eier wann gäh[7],
So müaß d'r Märder b' Hianer näh[8].
So fähre mir vo Maie in di Rose.

Wann iehr uns kä Wi[9] wann gäh,
So müaß der Stock kä Driewel meh gäh.
So fähre mir vo Maie in di Rose.

---

[1] Freudensaat. [2] Weg. [3] Maienröschen, ein Kind, welches den mit Blumensträußen und Bändern geschmückten Maien trägt. [4] beschauen. [5] Im hochdeutschen Texte (Boehme, 609): „So fahren wir aus dem Maien in die Rosen". [6] „luschtil". [7] wollt geben. [8] Hühner nehmen. [9] Wein.

I. Alemannisch. — Elsaß.

Maieräsele, kehr di dreimol erum,
Loß di b'schäie 'rum u=n=um,
So fähre mir vo Maie in di Rose.

D' Manner dråge hoche Hiat[1],
Se dråge se ehre Wiewre z' liab.
So fähre mir vo Maie in di Rose.

's Mannele käh wohl Schibbele[2] spalde,
's Fraiele käh wohl Kiächele bäche[3].
So fähre mir vo Maie in di Rose.

Maieräsele, kehr di dreimol erum,
Loß di b'schäie 'rum u=n=um!
So fähre mir vo Maie in di Rose!

(A. Stöber, Elsäßisches Volksbüchlein, 1. Aufl., Nr. 127. Original 14 Strophen.
Die eingehende Correctur der nach Stöber und Firmenich gegebenen elsäßischen
Stücke verdanke ich der Güte des Herrn Pfarrers Spieser in Zabern.)

Volksliedchen.
Mundart von Mülhausen, Oberelsaß.

Un wann i emol e Jumpfere well,
Se well i o 'ne rachde[4],
Die spenne käh un wäwe käh
Die blatze[5] käh un flachde!
Heisasa!

Un wann i emol e Jumpfere well,
Se well i o 'ne rachde!
Jehr G'sichtle seig[6] wia Melch un Bluet,
Jehr Hoor vo guldige Flachde.
Heisasa!

---

[1] Hüte. [2] Holzscheite. [3] Kuchen backen. [4] auch eine rechte. [5] flicken. [6] sei.

Mi Brueder esch e dummer Narr,
Der geht un nimmt e latze¹
Bo åldem, growem Zwilch, bi Gott!
En ålder, grower Fatze.
　　Heisasa!

Luschtig, wiel mer lebig sen,
Luschtig, wiel mer säwe!
Wänn die Driewel² zibbig sen,
Gehn mer in die Räwe.
Wänn se-n-awer nid zibbig sen,
Gehn mer in der Käller
Un drinke Muschgedäller.

Luschtig un gedulbig,
Bei alle Wirthe schuldig!
De Stärnewirth bezahl i nebb,
Warum gebb er mer si Dochder nebb?

Un wänn b'mer in mi Gärdle geesch,
Se werf i di met Steine,
Un dreff i bi, se muäsch de 's hå,
En andermol blib b'heime!

D' Ämmerei³ un 's Lisele
Stehn hinder'm Hüüs un schwätze lies
Un müchele⁴ un zwisele⁵
Vom Hånsjerri un vom Schåmbediß⁶.
Der Hånsjerri un der Schåmbediß,
Dia lose⁷, was se schwätze
Un schliche hin verstohlener Wies' —
Wås wird's echt⁸ jetz åbsetze?

---

¹ falsche.　² Trauben.　³ Anne-Marie.　⁴ munkeln.　⁵ flüstern.　⁶ Hans-Georg und Jean-Baptist.　⁷ horchen.　⁸ etwa.

I. Alemannisch. — Elsaß.

Ännele, wo bisch nachde¹ gsi:
„Hinder'm Hüüs im Heesle."
Wer isch åwwer bi der gsi?
„Der im rode Dscheeble²."
Was håt er åwwer bi der g'måcht?
„Zewele jätte nit ellei —
Krüt un Spack isch zweierlei!"

Ännekadrinle heiß i,
Scheen bi=n=i, dås weiß i!
Robi Schialele³ dråg i,
Hundert Dahler vermåg i;
Hundert Dahler isch nidd guile,
Noch e scheene junge Knab berzile!
(A. Stöber, Elsäßisches Volksbüchlein, und Firmenich, II, 513.)

Kinder- und Volksreime aus dem Oberelsaß.

Mundart von Pfirt, im Sundgau.

Dört unde, dört obe,
Wo's Wåsser abläift,
Dört steht e Chapeziner,
Het d' Chutte verkäift.
Het 's Bete vergeße,
Het 's Noster⁴ uffg'henkt,
Het d' Schlurbe⁵ abzoge,
Isch de Maidle no'g'rennt.
(A. Stöber, in „Zeitschrift für Mundarten", V, 111.)

Mundart von Niederenßen.

D'r Häberle= n=isch ä=n=ålde Mann,
Er brait⁶ e Rock mit Schelle;
Wenn er üewwer b' Gåsse geht,
Düän 'ne d' Hund äbelle.

¹ gestern Abend. ² Jöppchen, Wämschen. ³ Schühlein. ⁴ Rosenkranz (pater noster). ⁵ abgetretene Schuhe. ⁶ tragt.

Häberle kumm,
Schlåg m'r bi Drumm,
Füehr m'r mi Bilewle im Wägele 'rum!
Füehr m'r 's erum
Un wirf m'r 's nitt um,
Daß i nitt um mi kleins Bilewele kumm!

(A. Stöber, Elsäßisches Volksbüchlein, S. 9.)

Niederentzener Kinderliedchen.
Oberelsaß.

Blüemle dert im Gräs
Schoï[1], wie schen isch dås!
Müederle, kumm uf d' Mabde 'nüs,
Suech d'r dert e schene Strüß,
Blüemle dert im Gräs.

Äpfele=n=uf 'm Baum,
Zähle ka man's kaum;
Ach, wie sin sie doch so nett,
Wenn i si nurr im Schirzle hätt,
Äpfele=n=uf 'm Baum.

Häsle dert im Wåld,
Gell, de ferchst di hålt?
D' Hindle kumme, jetz gieb Acht!
D' Jägher schieße, buff! aß 's kracht —
Häsle, dert im Wald!

Veghele=n=uf 'm Nast[2],
Scheni Feddighle[3] hast!
Kleiner Schelm, blib an dim Ort,
Fligh m'r nit gli widder furt,
Veghele=n=uf 'm Nast!

[1] schau. [2] Ast. [3] Flügelein.

I. Alemannisch. — Elsaß.

Schäfle, eins, zwei, drei,
Springe-n-am Hüs v'rbei.
's isch so guet im Sunneschin
Springe-n-un hupfe-n-um lustig sin,
Schäfle, eins, zwei, drei!

Bädderle, du bisch lieb,
Gib m'r e Batsche[1], gieb!
Gesch zuer Dode[2], i bitt, i bitt,
Bring m'r au e Guedle[3] mit!
Bädderle, du bisch lieb.

(A. Stöber, Elsäßisches Volksbüchlein, S. 37.)

Im Original ist die erste Strophe vierzeilig, die letzte sechszeilig, indem die Schlußzeile jeder unserer Strophen, offenbar irrthümlich, zur folgenden Strophe gezogen wurde. Mit Unrecht nennt Stöber S. 137 das Gedicht, das in jenem Falle allerdings an Chamisso's „Malaiische Form" erinnert, „etwas gesucht, nicht ganz volksthümlich".

Der Stätthopf.[4]

Mundart von Mühlbach im Münsterthal
(von den meisten übrigen Mundarten des Elsaß besonders durch die nasalen
Laute erheblich abweichend).

Klâise[5] Kathrinle däs hät met sim Mä˜
Deschpes u Ha˜bel[6] gär mannichmůol ghâ˜;
Deechdige Wâtsche hät g'fäßt vilůmůol aar[7],
Liewer äm waar's, wänn er ghieriůot[8] net waar.

Åwwer, daukt aar emůol[9], „'s schecht[10] si doch net,
Äs mer mi Froi[11] so vill Üorfiege gett[12]";
Währe well aar si'[13], je kläin äs er esch[14],
Åwwer si Froi werft ne änger[15] de Desch.

---

[1] Hand, „Batschhand". [2] Gehst du zur Pathin („Gote"). [3] etwas Gutes.
[4] Der Starrkopf (erinnert an den bei Pferden gebrauchten Ausdruck „stetig".
Das ä gewöhnlich hell, nur vor m und n dunkel, dem a sich nähernd.)
[5] Klausens. [6] Disput und Händel. [7] Tüchtige Watschen hat gefaßt vielmals
er. [8] verheirathet. [9] denkt er einmal. [10] schlcht. [11] Frau. [12] Ohrfeigen gibt.
[13] Wehren will er sich. [14] ist. [15] unter.

Doch, wu se düsse di Hüßdeer härt giä[1],
Säit se zum Hännes, äs uf aar säll stiä,
„'s waar gâr e Spott[2], wänn däs äbber sätt sa⁻[3],
Wäs bü e deer[4] ferr e Hulber losch ga⁻[5].

Äwwer der Hännes si Stättkopf hâlt hät[6],
Grääb wäs se säit, büut er ärsch. zeläids net[7].
„Gloisch büü 's"[8], säit aar, „äs ich drum e deer ge?[9]
Sa⁻ sälsch, wänn's Arnscht gelt[10], äs ich Märschter be."

(Mitgetheilt von I. Spieser in „Jahrbuch für Geschichte, Sprache und
Litteratur Elsaß-Lothringens", I, 1885, S. 80. Die Transcribirung in die
Schreibweise unserer Sammlung besorgte Herr J. Spieser.)

Stimme aus dem Elsaß, 1852.
Mundart von Straßburg (Strotzburri).

M'r ghöere hiet ze Frankreich wohl
Un theile Noth und Glüeck;
Doch klingt uns b' Muedersprooch nit hohl,
Sie gilt noch großi Stüeck!

M'r drucke gern un herzli b' Hand —
Un nit ellein zuem Schien —
Durch Sprooch un Sitte noob[11] verwandt,
De Brüeder üeww'rm Rhien!

Un dietscher Sinn un Biederkeit,
Die finde=n=Anklang hie,
Denn gueter Grund isch noch gelait,
Verwischt halt ganz sich[12] nie.

---

[1] Doch wie sie draußen die Hausthür hört gehen. [2] Schande. [3] Jemand sollte sehen. [4] Was du bir (der Dativ wird mit e, das ist „in", ausgedrückt). [5] für einen Stoß läßt geben. [6] halt hat. [7] thut er erst zu leide (ihr zu Leibe) nicht. [8] Glaubst du's? [9] daß ich bir gehorche („b'rum ga'" = barum geben, d. i. gehorchen). [10] Sehen sollst du, wenn's Ernst gilt. [11] nahe. [12] Im ganzen Unterelsaß wird ch nach i und e frei von Gutturalton gesprochen.

I. Alemannisch. — Elsaß.

Uß uns'rm Herze steit's¹ Gebett
Noch dietsch zum Himmel nuff,
M'r halte dran als wie e Klett
Un böue Hieser druff.

So lang noch unser Münster steht,
Und diß isch kerneg'sund,
An d' Muedersprooch nit untergeht,
Denn Viel gäng d'noh² zu Grund!

Daniel Hirtz.
(Mitgetheilt im „Weihnachtsbaum für arme Kinder",
11. Jahrg., 1852, S. 121.)

Das buckelige Männlein.

Mundart von Straßburg.

Wenn ich in min Gärdel geh,
Will die Zwwele³ jädde,
Steht e bucklis Männel dä,
Will mi alsfurt⁴ drebbe.
   Ei, ei, ei! was fang ich an?
   's buckli Männel mueß i han!

Wenn ich in min Kichele geh,
Will min Sibbele koche,
Steht e bucklis Männel dä,
Het mer's Häfel⁵ gebroche.
   Ei, ei, ei! was fang ich an?
   's buckli Männel mueß i han!

---

¹ steigt das. ² danach, nachher. ³ Zwiebeln. ⁴ immerfort. ⁵ Töpfchen.

Wenn ich in min Stiwwel¹ geh,
Will min Sibbele esse,
Steht e bucklis Männel da,
Het mer's halwer g'esse.
   Ei, ei, ei! was fang ich an?
   's buckli Männel mueß i han!

Wenn ich an min Rädel geh,
Will die Fädle spinne,
Steht e bucklis Männel da,
Hebt² mer's Rädel inne.
   Ei, ei, ei! was fang ich an?
   's buckli Männel mueß i han!

Wenn ich in min Kämmerle geh,
Will min Beddel mache,
Steht e bucklis Männel da,
Fangt als³ an ze lache.
   Ei, ei, ei! was fang ich an?
   's buckli Männel mueß i han!

(A. Stöber, Elsäßisches Volksbüchlein, 1. Aufl., Nr. 187.
Melodie bei Erk u. Irmer, III, 4.)

Verwandt hiermit ist das „Bunkad Mänberl" (Oesterreichisch):

Wollt i glai in Gca'tn gehn
Und a Bliämrl brock'n,
Kimmt das bunkab Mänberl hea',
Z'tritt ma b' schensti Glock'n.

(Oesterreichische Volkslieder, gesammelt von Ziska und Schottky, S. 18.)

---

¹ Stübchen. ² hält. ³ immer, öfters.

Straßburger Volksreime.

Johanniskäferchen.

's fliejt e fieris[1] Männel 'rum,
Iwwer Hääu[2] un Hecke,
Het e guldi's Labernel, drum
Kann fi's nebb versteck.
Fieris Männel uff'm Haau,
Geb mer dien Labernel au!

Wellemännele im Mond,
Gück e bessel 'runter!
Gück en alli Stuewwe 'nien,
Gell[3] es nemmt di Wunder?

Werf din Leiberle=n=era,
Grabbel drewwer 'nunter,
Vorne 'ra, hinde 'ra,
Iwwer alli Stange;
Wenn de mit spiele witt,
Muesch mr's Lißele fange.

I hab e kleins Herzel,
Diß Herzel isch min,
Un e=n=einziger Bue
Het de Schlüssel derzue.

Ha gemeint, i hab e Schätzel
So klor as wie Gold;
Es het mi verlosse,
Isch me[4] Andere hold!

Jür Sternele am Himmel,
Jür Drepfle=n=im Bach,
Verzähle[5] mim Schätzel
Min Weh un min Ach!

---

[1] feuriges. [2] Haage. „Hääu", Plural von Haau. [3] gelt (nicht wahr?).
[4] einem. [5] erzählet.

D'r Hänsele=n=isch min Dansigslewe,
Dies weiß d'r Hänsele wohl;
Er hat m'r sini Hessele gewe,
Daß ich s'm flicke soll.

Un bät min liewer Hänsele sterwe,
Wer bät denn sini Hessele=n=erwe?
O Schmerz, o Gram, o großi Noth,
Jetz isch min liewer Hänsele todt!

Drink i,
Se hink i;
Drink i nidd, so hink i.
D'rum will i liewer drinke
Un hinke,
Als hinke un nidd drinke.

Lieb hesch mi g'het,
Dies weiß i;
Lieb hesch mi nimm[1],
Dies weiß i!
Awwer 's Vergesse, 's Vergesse,
Dies weiß i no nidd!

(A. Stöber, Elsäßisches Volksbüchlein.)

Kinderlieder.
Mundart von Pfaffenhofen im Unterelsaß.

Ei min Müederle, liewes Müederle,
's Gänsele=n=ischt im Gärde!
„Jauj m'r's nüs, jauj m'r nüs,
's duet m'r große Schade!"

---

[1] nicht mehr.

I. Alemannisch. — Elsaß.

O min Müederle, liewes Müederle,
's Gänsele will mi bisse!
„Nimm e Gärwele, schla's uf's Schnärwele,
's wurd di nimmi bisse!"

's isch emol e kleins kleins Fraïele g'sin,
Diß het e kleins kleins Kitehjele g'het,
Un diß klein klein Kitehjele
Het e kleins, kleins Drepfele Milch gän.
D'rno het diß klein klein Fraïele
Diß klein, klein Drepfele Milch
In e kleins kleins Häfele g'schitt.
D'rno isch e kleins kleins Kätzele kumme
Un het diß klein klein Drepfele Milch g'soffe.
D'rno isch diß klein klein Fraïele kumme
Un het zu dem klein kleine Kätzele gsait:
Gesch furt, du albi Hex!

(A. Stöber, Elsäßisches Volksbüchlein, S. 26 u. 76.)

Min Onnemeï.[1]
Hochersberger Bauernsprache.
(Unterelsaß.)

I hoo=n=a Schotz, 's heeißt Onnemeï,
's isch b' scheenscht in äunserm Ort;
I hoo 's zua liab un meecht's in b' Eih[2]
Un geh em glott uf's Wort.
's Maid isch so frisch, so gesäund, so räund,
I gäb's nit um a rings[3],
Un zennje[4] kinnt i oli Staund
Hianlöufe zua=n=em flings.

---

[1] Anna Marie. [2] Ehe. [3] Geringes. [4] mit Vorsatz, expreß.

Welcker. 3

Am Zischdi[1] z'letscht ho=n=i em g'seit
Wia mer gewändt hänn 's Höu[2]:
Lööi[3], Onnemei, moch mer doch b' Freid
Un wurr amol min Fröu!
Claus, het äs gseit, kummt Zit, kummt Roath,
's will's b' Miader[4] nonuit[5] hon;
Woort riawi[6] drum, friai ober spoot
Wurrst eeinewäi[7] min Mon.

In's[8] richa Jockels[9] Bua im Dorf
Het long um sie gebualt;
Do hoo=n=i em de Buckel schorf
Logschmiart[10] un ho=n=en geschualt[11],
Un hoo ne uf de Bobba frei
Hiangschmissa, un hoo g'seit:
Suach diar a=n=ondri Onnemei
Un loß mer b' min ungheit[12].

J. G. D. Arnold.
(Aus seinem in straßburger Mundart geschriebenen Lustspiele:
„Der Pfingstmontag", 1. Aufl., 1816. Orig. 5 Strophen.)

Der König Dagobär.[13]

Getreji Üwwersetzung vom alte Volkslied:
„Le bon roi Dagobert
Avait sa culotte à l'envers."

Der Kenig Dagobär Het b' Hoße lätz[14] ghet von ungefähr;
Der groß Eloa[15] saat:
Die Sach isch nit grad;
Jehri Majestät
Lätz gebeinkleidt geht.
„Po"[16], saat er, „was seit dräu?
„Ze[17] duen mer uff b' recht Sit sie an."

---

[1] Dienstag. [2] Heu. [3] Siehe (luge). [4] Mutter. [5] noch nicht. [6] Warte ruhig. [7] dennoch. [8] „Ins", Dativzeichen. [9] Jakob's. [10] „gegerbt". [11] hab's ihm beigebracht. [12] mit Frieden (leien=necken). [13] Dagobert I., König von Frankreich, 622—638. [14] verkehrt. [15] Eligius, Bischof von Noyon („St. Eloi"), † 659. [16] Pah, meinetwegen. [17] So.

I. Alemannisch. — Elsaß.

Der Kenig Dagobär Nischt't[1] mitte=u= im Winter sin Heer.
  Der groß Eloa saat:
  Mer henn zwanzig Grad;
  Jehri Majestät
  Jo verfriere dät!
„Meinsch?" — saat der Kinni — „Na,
Ze bstell i be Kriej widder a."

'm Kenig Dagobär Sin Sawel isch unbändi schwer.
  Der groß Eloa saat:
  's wär doch wüethi schad[2],
  Wenn iehr Majestät
  Sich blessiere dät!
„Hm" — saat 'r — „i bin nit stolz;
Ze gem mer[3] e Sawel von Holz."

Der Kenig Dagobär Het au e Geluscht g'het uff's Meer.
  Der groß Eloa saat:
  Wenn e Sturm kämt grad,
  Un iehr Majestät
  Gar versuffe dät!
„Hesch Reecht! diß wär ze thür;
Wer gescheut isch, förcht's Wasser un 's Für."

Der Kenig Dagobär Frißt, ungezahlt, oft wie e Bär.
  Der groß Eloa saat:
  Zu viel Esse schadt,
  Un wenn 's owwe[4] steht,
  Weiß mer, wie's als[5] geht.
„Halt's Muul! 's isch so min Guu!
Ich friß doch noch lang nit, wie du."

'm Kenig Dagobär Isch doch widderfahre viel Ehr.
  Denn von kein'm noch hett
  Mer so lang geredt,

---

[1] rüstet. [2] sehr (wüthig) schade. [3] so gib mir. [4] oben. [5] oftmals.

Un sin Gschicht so breit
Im e Liedel g'sait.
— Po! nooch der Chronik wär
Noch mancher z' bsinge wie er.

(In straßburger Mundart übersetzt
von C. F. Hartmann, Elsäßer Schatzkästel, S. 146.
Original 9 Strophen.)

Schweizerlied.

Uf 'm Bergli bi=n=i gsässe,
Ha de Vögle zugeschaut;
Hänt gesunge, hänt gesprunge,
Hänt's Näschtli gebaut.

In ä Garte bi=n=i gstande,
Ha de Imbli zugeschaut,
Hänt gebrummet, hänt gesummet,
Hänt Zelli gebaut.

Uf b' Wiese bi=n=i gange,
Luegt i Summer=Vögle a;
Hänt gesoge, hänt gefloge,
Gar z' schön hänt' s' gethan.

Un da kummt nu der Hansel,
Un da zeig' i=n=em froh
Wie sies mache, =n= und mer lache=
n= Und mache 's au so.

Goethe (nach einem Volksliebe).

Entspricht in dieser Fassung keiner bestimmten schweizerischen Mundart. Als das zugrundeliegende Volkslied wird bezeichnet:

"Auf'm Bergle bi=n= i gesesse,
  Hab dem Vögele zugeschaut,
  Ist ein Federle abe gefloge,
  Haben Häusle draus baut."

(Wunderhorn, Ausgabe von 1846, III, 428. Vgl. Nablof (1821) I, 308, erlanger Mundart.)

Schwizer-Heimweh.

Mundart von Bern.

Herz, mis[1] Herz, warum so trurig?
Und was soll das Ach u Weh?
's ischt so schö=n= i frömde Lande! —
Herz, mis Herz, was fehlt der meh?

„Was mer fehl'? — Es fehlt mer Alles!
Bi so gar verlohre hie! —
Sig es[2] schö=n= i frömde Lande,
Doch es[3] Heimeth wird es nie!

„Ach i b's Heimeth möcht i wieder,
Aber bald, du Liebe, bald!
Möcht zum Ätti, möcht zum Müeti,
Möcht zu Berg u Fels u Wald!

„Möcht die Firschte[4] wieder g'schaue=
n= Und die lutre Gletscher dra,
Wo die flingge Gemsli laufe=
n= U kei Jäger fürers[5] cha.

„Möcht die Glogge wieder g'höre,
Wenn der Senn uf b' Berge tribt,
Wenn die Chueli freudig springe=
n= U kes[6] Lamm im Thäli blibt.

„Möcht uf Flüeh[7] und Hörner stige,
Möcht am heiterblaue See,
Wo der Bach vom Felse schumet,
Üses[8] Dörfli wieder g'seh!

---

[1] mein. [2] sei es. [3] eine. [4] Berggipfel. [5] weiter. [6] kein. [7] Felswände.
[8] unser.

„Wieder g'seh die brune Hüsi[1],
Und vor alle Thüre frei
Nachberslüt, di fründlich grüße=
n= Und es luschtigs Dorfe hei[2]!
„Keine het is[3] lieb hie=uße,
Keini git so fründlich b' Hand,
U kes Chindli will mer lache,
Wie daheim im Schwizerland.
„Uf u fuhrt! u führ mi wieder
Wo's mer jung so wohl isch gsi!
Ha nit Luscht u ha nit Friede,
Bis ich i mim Dörfli bi!"
Herz, mis Herz, i Gottes Name,
's ischt es[4] Liede, gieb di dri!
Will's der Herr, so cha=n=er helfe,
Daß mer bald im Heimeth si.

     Professor Joh. Rud. Wyß, b. J.; geb. 1781, † 1830.
(G. J. Kuhn, Sammlung von Schweizer=Kühreihen und Volksliedern,
3. Auflage, Bern 1818, S. 58 [dort zuerst mitgetheilt, 1811]).

Kuhreihen der Oberhasler.

Es isch kei söllige[5] Stamme, O weder der Küherstand[6]!
We beh[7] der Maie=n=isch vorhange[8], Da fahre die Küher z'Alp.
Der Mai der isch jetze komme, Die Küher gah=n= uf e Berg;
B'hüt Gott mir alli mini Fromme, Daß keines mer freß der Bär*!

Har Chueli, ho Lobe[9]! Hie unte, hoch obe!
Trieb use, trieb iene, Den Reihe=n= anstimme!
Bring z' erscht die Dreichelkuh[10]!

---

 * Die als Motto benutzten Strophen sind ein alter emmenthaler Kuhreihen,
der sich (nebst 12 hinzugedichteten Strophen) bei Kuhn, a. a. O. S. 16, findet und
von Prof. Studer in Bern als „der Großvater aller Kuhreihen" bezeichnet wird.
[1] Häuschen. [2] ein lustiges Dorsen (d. i. ein trauliches abendliches Zu=
sammenkommen) haben. (Dorf = Besuch. Ähnlich: „tilten", „lichteln".)
[3] uns. [4] ein. [5] kein solcher. [6] als wie der Küherstamm. [7] bey (mit langem
e) bann. (De mit kurzem e: bu ober auch ben.) [8] vorhanden. [9] fromme. [10] Kuh,
welche die Glocke („Dreichle") trägt und meist den Zug anführt („Heerkuh").

I. Alemannisch. — Schweiz.

Die Brämi[1] und Gieger[2], Die Rämi[3] und Stieger[4],
Die Melche[5], die Galte[6], Die Junge, die Alte,
  Trieb oh[7] fri wacker zu!
Die Große, die Chleine, die Glieche[8], die G'meine
  Muscht iene thu!
Ach Schätzeli häb en gute Muth,
Am Frietig wei mer fahre[9];
Es Zieger und Pelzniedeli[10]
Das gchascht beh[11]=n= esse liebeli[12],
A dir will i 's nit spare!

Chüthreihe=n= im Maie! Gang Bub, du muscht reihe[13]!
Bring d' Brändi[14] und d' Häggi[15], D' Hollandi[16] und d'
            Schäggi[17]
  Wohl ab der grüne Weid!
Die Schwarze=n= und Albe[18], Die Rothe=n= und Falbe,
Die Harte=n= und Linde, Die G'mache=n= und G'schwinde;
  Leg an bis[19] Hirtechleid!
Bring b's Kränzli[20] und Pfiffer, Das Schnäpfli[21] und
            Schliffer[22]
  Wohl ab der Weid'.
O angenehmi Sommerszeit!
Uf schöne wilde Heide
Git's schöni grüni Plätzeli;
Mein herzgeliebtes Schätzeli
Von dir mag i nit scheide!

---

[1] röthliche, rußig überlaufene Kuh. [2] Die den Kopf hin= und herbewegende (von geigen, zum Tanz aufspielen). [3] braune Kuh mit schwarzen Streifen. [4] auffsteigende, auffspringende. [5] milchgebende. [6] trockenstehende. [7] auch. [8] gleiche, einfarbige. [9] wollen wir fahren (von den Bergen herabbringen). [10] Käse und Milchrahm. [11] dann. [12] leiblich, genug. [13] reihen (ordnen). [14] dunkelgefärbte, dunkel wie Brändi (Nigritella, mit dunkelpurpurner Blütenähre). [15] Kuh mit zurückgebogenen Hörnern (hägg = krumm). [16] Eine „Holländische Rasse" kommt nach Prof. Anderegg in Bern, dem ich diese Interpretationen verdanke, im Oberhaslithale nicht vor. Hollandi, Pfiffer u. a. Bezeichnungen sind auf die Namen der Besitzer zurückzuführen. [17] klein und regelmäßig gefleckte. [18] gelblich braune. [19] bein. [20] mit kraußem Haarschopf zwischen den Hörnern. [21] Füße nachschleppende („Schlarfgang"). [22] Heckendurchbrechende, durchschlüpfende.

Das isch min Chühreihe,=n= Er wird di nit freue,
Magscht, glaub, ne¹ nit g'höre, Wit gar ne nit lehre²,=
=n= Er isch der z'wider fri³.
So will i jetz schwiege; Das Singe=n= und Giege,
Das Juchze=n= und Johle, Das Lache=n= und Gohle
Will hüt dir gar nit i,
Will hüt dir nit g'falle,=n= Es macht dir nur Galle,
Drum schwiege=n= i.
U bä, wo=n=iis das Lied het g'lehrt,
Der isch o no bi'm Lebe;
Bi=n= äbe erscht no bi=n= ihm gsi,
Er trinkt gar gern e gute Wi:
Mög Gott ne gäng⁴ ihm gebe!

(G. J. Kuhn, Schweizer-Kühreihen. Erste, zweite und letzte Strophe des
S. 1 mit der Melodie gegebenen Reigens, der in 18 Strophen das gesammte
Küherleben schildert.)

Kuhreihen der Emmenthaler.

Chnab.

Mis Lieb isch gar wiet inne,
Dört inne=n= uf der steinige Flueh⁵;
Wenn i scho zue=n= ihm wetti⁶,
O so reuete⁷ mi die Schueh!

Meitschi.

La⁸ du di b' Schueh nit reue,
Leg du dini Pantöffeli a;
We du si deh⁹ hescht broche,
So chascht ja de angeri¹⁰ ha.

---

¹ magst, so glaub ich, ihn. ² lernen. ³ ganz zuwider. ⁴ ihn immer. ⁵ Fels=
wand. ⁶ wollte. ⁷ dauerten. ⁸ laß. ⁹ dann (mit langem e; mit kurzem e
„du" oder auch „die"). ¹⁰ die andern.

I. Alemannisch. — Schweiz.

Chnab.

J ma¹ nit i der Wuche
Uf b' Flueh zu minem Schätzeli ga;
Es gitt ja so=n=e Fürtig²,
Wo=n=i zum Schätzeli cha!

Meitschi.

Mi Schatz cha gar guet horne³,
Cha=n= alli b' Reieli⁴ wohl,
Er hornet mer alli Morge,=
n= O we=n=is ga⁵ melche soll.

Chnab.

Mis Lieb triebt über d' Gasse
Gar d's tūsigs schöns Trüppeli Veh⁶!
O i ha's gar längi Zieti⁷,
We=n=i'S beh⁸ nimme so g'seh'.

Meitschi.

We=n=i beh soll ga melche,
So steit⁹ mer b's Chueli nit recht;
Da stelle=n=i b's Chübli näbed si¹⁰
U gauggle¹¹ mit dem Chnecht.

Chnab.

O b's Chüeli wei mer¹² verchaufe,
U b's Chalbe wei mer no b'ha¹³!
We früeh beh b' Meitscheni melche,
Cha=n=i no zu dir ga.

(**Kuhn**, Schweizer=Kühreihen, 14.)

---

¹ mag. ² es gibt ja doch (ohnedies) einen Feiertag. ³ das Alphorn blasen. ⁴ Reihen, Melodien der Kuhreihen (nicht „Reyeli", wie zahlreiche Sammlungen, so auch die frühern Ausgaben des Wunderhorns, haben). ⁵ ga = gehen. „Ga" vor Infinitiven bezeichnet den Zweck. ⁶ gar ein tausend schönes Trüppchen Vieh. ⁷ lange Weile. ⁸ dann. ⁹ steht. ¹⁰ das Kühlein neben sie (das Kühlein). ¹¹ tändele (Gauch = Schalt). ¹² wollen wir. ¹³ behalten.

's Blüemeli.

Berner Mundart.

Ha=n= an eneu Ort es Blüemeli gseh,
Es Blüemeli rot und wieß;
Das Blüemeli gseh=n=i nimme meh,
Drum tuet es mir im Härz so weh.
   O Blüemeli mi, o Blüemeli mi,
   I möcht geng[1] bi der si!

Ihr chennet mir mis Blüemeli nit,
's git nume=n=eis e so!
's ist leider Gott viel tusig Schritt
Vo hie, i g'seh mis Blüemeli nit.
   O Blüemeli mi, o Blüemeli mi,
   I möcht geng bi der si!

Das Blüemeli blüit — ach, nit für mi,
I darf's nit bräche=n=ab.
Es mueß e=n=andre Kärli si!
Das schmürzt mi drum so grüseli[2].
   O Blüemeli mi, o Blüemeli mi,
   I möcht geng bi der si!

O laßt mi bi mim Blüemeli si,
I gschände[3] 's wäger[4] nit.
Es tröpflet wol es Tränsli dri,
Ach i ma nimme luftig si.
   O Blüemeli mi, o Blüemeli mi,
   I möcht geng bi der si!

---

[1] immer (das in „gäng und gäbe" erhaltene Wort, nicht „gern", wie es in einer verfeinerten, vielverbreiteten Form des Liedchens heißt). [2] schrecklich. [3] beschädige. [4] wahrlich.

I. Alemannisch. — Schweiz.

Und wenn i einisch[1] g'storbe bi
U' b's Blüemeli o verdirbt,
So tüet mer deh[2] mis Blüemeli
Zu mir uf b's Grab, das bitte=n=i.
  O Blüemeli mi, o Blüemeli mi,
  I möcht geng bi der si.
G. J. Kuhn, 1806.

Die Urform des Liedchens, gedichtet von Rosina Rhh, geb. Gehret (1798), beginnt:

Ha=n=am ene Ort es Blüemeli gseh,
Es blüit im Morgeroth;
Das Blüemeli gseh=n=i gäng no meh
Und das vertriebt mir Ach und Weh —
  O Blüemeli mi, o Blüemeli mi,
  I will gäng bi dir si.

Der Simeliberg.
Lied der Guggisberger
(bei Schwarzenburg, Canton Bern).

(Das Wort Simeliberg, sowie die beiden eingerückten Zeilen der ersten Strophe, werden in jeder folgenden wiederholt.)

Isch äbi[3] ä Mensch uf Erde, Simeliberg!
  Und bs Vreneli ab=em[4] Guggisberg,
  Und bs Simes Hans Joggeli[5] änet[6] dem Berg!
Isch äbi ä Mensch uf Erde,
Daß i möcht bi=n=em si?

  U mah=n=er mir nit werde,
  Vor Chummer stirbe=n=i.

  I mines Bütelis Garte
  Da stah zwen Bäumeli.

---

[1] einst. [2] bann. [3] irgend. [4] von bem. [5] Simon's Hans Jakobchen. [6] jenseits.

Das eini treit¹ Muschgate,
Das andri Nägeli.

Muschgate bi si süßi,
U d'Nägeli si räß.²

I gabs nim Lieb z'versueche,
Daß's miner nit vergeß.

„Ha di³ no ni vergesse,
Ha=n= immer a bi denkt."⁴

Dört unte=n=i der Tiefi,
Da geit es Mühlirad.

Das mahlet nüt⁵ als Liebi,
Die Nacht und auch den Tag.

Das Mühlirad isch broche,
Mis Lied das het e=n=End.

(G. I. Kuhn, Schweizer-Kühreihen, S. 34.)

Dort (S. 36) einiges über die Entstehung dieses alten, vielgesungenen, unter dem Namen: „Der Simeliberg" bekannten Liedes. Die Ueberschrift bei Kuhn lautet: „Das Lied der Guggisberger"; die der ältern Ausgaben des Wunderhorns: „Des Hirten Einsamkeit." Der Refrain lautet dort (III, 128):

„Simeliberg,
Un Fräneli ab de Kuggisberg
Un Sibethals Jäggeli äne be Berg";

der Schluß:

„Die Liebi hat än End."

Strophe 3 und 9 bei Kuhn habe ich fortgelassen; in der ersten Strophe statt: „'s ist ebe=n=e Mönsch" mit dem Wunderhorn: „Isch äbi ä Mensch", in der drittletzten Strophe statt: „Da steit" „Da geit" gesetzt.

Dem Simeliberg zu Grunde liegt ein refrainloses Lied, in welchem je zwei der obigen Strophen zusammengehören:

Isch äbi ä Mensch uf Erde, Daß i möcht bi=n=em si?
U mah=n=er mir nit werde, Vor Chummer stirbe=n=i.

I mines Büelis Garte, Da stah zwei Bäumeli,
Das eini treit Muschgate, Das andri Nägeli u. s. f.

---

¹ trägt. ² scharf. ³ habe dich. ⁴ gedacht. ⁵ nichts.

I. Alemannisch. — Schweiz.

Vreneli.[1]
Mundart von Bern.

„Guet=n= Abe, Vreneli!
Chönnt i nit chli weneli,
Chönnt i nit chli weneli
Zu der iene cho[2]?"

„„Chumm mer nit vor mini Thür,
Dll[3] i thu der Riegel für!
Chumm mer nit vor mines Huus,
Dll i la der Pudel uus!""

„„He, so chumm fri z'Abesitz[4]!
D' Leitere=n= isch a d' Laube gestützt,
U=n=e nagelsneui Thür,
U=n=es strauigs[5] Riegeli für[6]""".

(Kuhn, Schweizer=Kühreihen, S. 55.)

Basel, wie es ist.
Baseler Mundart.

Basel isch e scheeni Stadt
Mit Kirche=n= und Paläste,
Nur muesch nit uf der hinter Bach,
Wo Hieser sind mit Preste[7].

Basel isch e riechi Stadt
Mit Millione Gulde,
Wo's Lit gitt, die kai Krizer hend
Und alles volle Schulde.

---
[1] Koseform für Vroni, von Verena (Veronica). [2] hereinkommen. [3] oder.
[4] so komm doch zum Abendbesuch. [5] strohernes (d. i. lockeres). [6] die erste Ant=
wort ist die laut, zum Schein gegebene; die zweite, leise, die wirkliche Antwort.
[7] mit Gebrechen, d. i. baufällige Häuser.

Basel isch e fieni Stadt,
Zuem Handel userkore,
Denn dert wird mit em Aimolais
Scho jedes Kind gebore.

Basel isch e glehrti Stadt
Mit viele Professore,
Doch trotzdem git's au Mensche dert
Mit grisli lange=n=Ohre.

Basel isch e briemti Stadt
Dur iri Zuggersache,
Denn d' Leggerli vo Basel ka
Me niene[1] nochemache.

Ph. Hindermann.
(In Sutermeister, Schwizerdütsch, 13, S. 75.
Orig. 13 Strophen.)

Der Dursli[2] dingt z'Chrieg.
Mundart von Solothurn.

Es het e Bur es Töchterli,
Me sait em nummen 's Babeli[3];
Das het e Paar Züpfe, si si wie Guld,
Drum isch em 's Nochbers Dursli huld.

Der Dursli lauft em Vater no:
„O Vater! weit er mer 's Babeli lo?"
„„Mis Babeli isch no vil zue chlei,
Es muß no bliebe drü Johr allei.""

---

[1] nirgends. [2] Dursle, Dusle, Koseformen für Ursus. [3] Man nennt es nur das Babeli (Bärbchen, von Barbara).

I. Alemannisch. — Schweiz.

Der Dursli lauft in einer Stung[1]
Er lauft wohl abe=n=uff Solothurn,
Er lauft die Gasse=n=i und us,
Bis aß er chunnt vor's Hauptmes Hus.

„O Hauptme, liebe Hauptme mi,
I will mi dinge=n=i Flandere=n=i."
Der Hauptme thuet der Seckel uf
Und git 'em Dursli drei Chrone d'ruf.

Der Dursli geit do wider hei,
Hei zue sim liebe Babeli chlei:
„O Babeli, o lieb's Babeli mi,
I ha mi dunge=n=i Flandere=n=i!"

Das Babeli lauft wohl hinger's Hus,
Es grint em schier sini Augeli us.
„O Babeli, briegg[2] doch nit e so,
I wott jo wider umme cho.

„Und chumme=n=ich über's Johr nit hei,
So schriebe=n=i dir es Briefeli chlei;
Im Briefeli söll's geschribe sto:
I wott mis Babeli nit verlo.

„Und wenn der Himmel papierig wär,
Und jede Stern e Schrieber wär,
Und jede Schrieber hätt sibe Häng'[3],
Sie schriebe doch mir[4] Liebi keis Eng[5]."

Volkslied.
(Nach der in Birlinger's Alemannia, IV, 38, gegebenen Wiederherstellung.)
Die meisten andern, mehrfach verhochdeutschten Fassungen beginnen:
„Es het e Bur es Töchterli, Mit Namen heißt es Babeli" (statt:
„Me sait em numme's Babeli");
so bei Kuhn, Kühreihen, S. 47; Wunderhorn, I, 277; Deutsches Liederbuch, 233 u. a.

---

[1] Stunde. [2] weine. [3] Hände. [4] meiner. [5] Ende.

Wenn i scho kei Schatz nit hab.
Mundart von Solothurn.

Wenn i scho kei Schatz nit hab,
Wett wohl ein finde;
Ging 's Gäßli uuf und ab
Bis zue dr Linde.

Wie ich zu der Linde kam,
Steht mei Schatz danebe;
Grüeß die Gott, herztnsige Schatz!
Wo bischt du g'wese?

Wo=n=ich[1] gewese bi?
Darf's dir wohl sage:
Bin g'wese=n=im frömbde Land,
Ha was erfahre.

Mein Schatz ischt hoch am Berg
Und ich am Bode;
I wett drei Chrüzer gä,
I wär bi=n=ihm obe.

Mein Schatz schickt mir e Grueß
Und ich ihm wieder,
Het mir mein Herz erfreut
Und alli Glieder.

Zweu blaui Blüemeli,
Goldgäli Siede[2],
Und wo mei Schatz nit isch,
Ha=n=ich kei Bliebe.

Bernhard Wyß. (In „Schwizerdütsch",
Solothurn 1863, S. 200. Orig. 10 Strophen.)

---

[1] lies: ich (das Original hat „ig"). [2] Seide.

I. Alemannisch. — Schweiz.

Die Aargauer Liebeu.
Mundart im Aargau.

Im Närgäu sind zweu Liebi,
Die hättet enandere gern.

Und der jung Chnab zog zue Chriegi;
Wenn chunt[1] er wiederum hei?

Uf's Johr im andere Summer,
Wenn d' Stüdeli[2] träge Laub.

Und das Johr und das wär ume,
Der jung Chnab isch wiederum hei.

Er zog dur's Gässeli ufe,
Wo's Schön=Ann im Fenschterli lag.

„Gott grüeß di, du Hübschi, du Feini!
Von Herze g'fallsch mer du wol."

„„Was söll i dir denn noh g'falle?
Ha scho längscht e=n= andere Ma.

Ne hübsche=n= und 'ne rieche,
Der mi wohl erhalte cha.""

Er zog dur's Gässeli abe
Und weinet und truret so sehr.

Do begegnet ihm seinere Frau Mueter:
„„„Was weinisch und trurisch so sehr?"""

„Was sött i nid weine=n= und trure?
I ha jo keis Schätzeli meh!"

---

[1] kommt. [2] Stäudlein.

„„Wärſch du beheime bliebe,
So hättiſch dis¹ Schätzeli noh!″″
(Volkslied, Erk und Irmer, III, 62.)

In Str. 5 hat Kuhn (Kühreihen, S. 66) und ganz ähnlich Rablof (II, 77) die weit weniger paſſende Faſſung:

„Wo b's ſchön Anneli verborge läg."

Bim Maie ſtecke.
Mundart im Canton Luzern.

Schön ſtohd der Maie,
Wenn er für Jumpfre grüent,
Wohl ſchmökt² ſis³ Chränzli,
Wemmes⁴ verdient.

's meint mängi⁵, wie ſi aarig ſeig⁶
Und b' Buebe für 'ne Narre heig;
Ungſinnet⁷ iſcht der Summer do
Und ihre Maie dürr.
  Schön ſtohd der Maie,
  Wenn er für Jumpfre grüent,
  Wohl ſchmökt ſis Chränzli,
  Wemmes verdient.

Und mängi zünglet⁸ Tag und Nacht,
Und iſcht vergäbe⸗n⸗uf⁹ der Wacht;
Und doch, wo's nid vo Härze gohd,
Wird halt ke Maie gſteckt.
  Schön ſtohd der Maie,
  Wenn er für Jumpfre grüent,
  Wohl ſchmökt ſis Chränzli,
  Wemmes verdient.

---

¹ dein. ² riecht. ³ ſein. ⁴ wenn man's. ⁵ manche. ⁶ artig (fein, ſchlau.) ſei. ⁷ unerwartet. ⁸ trägt Verlangen. ⁹ vergebens auf.

I. Alemannisch. — Schweiz.

Und mängi thueb se zümpferli,
Und macht es ordligs jümpferli,
Und wenn sie meint e Maie z'gseeh,
Se=n=isch e Bäsestiel.
 Schön stohd der Maie,
 Wenn er für Jumpfre grüent,
 Wohl schmökt sis Chränzli,
 Wemmes verdient.

Mi Maie stohd am rächte Huus,
Mis Holdi luegt zum Pfeischter [1] uns,
Der Ätti winkt is [2] bi der Thür,
's Moscht stöih schoo usem Tisch.
 Schön stohd der Maie,
 Wenn er für Jumpfre grüent,
 Wohl schmökt sis Chränzli,
 Wemmes verdient.

Es läb der Ätti und sis Chind,
Und die, wo [3] suuber ledig sind;
Nur ihrer Zucht und ihrer Treu
Händ mir [4] dä Maie gsteckt.
 Schön stohd der Maie,
 Wenn er für Jumpfre grüent,
 Wohl schmökt sis Chränzli,
 Wemmes verdient.
(Bei Firmenich, II, 596.)

Am Vizistollebergli.
Züricher Mundart.

Am Vizistollebergli,
Da woned sibe Zwergli,
Die baued a de Räine
Es Stettli under de Steine.

---
[1] Fenster.   [2] uns.   [3] welche.   [4] haben wir.

Am Abig¹ dänn, wänn 's dunklet
Und b' Sternli dobe funklet
Und b' Chindli gönd i's Bettli,
Dänn schlüüffet's us em Stett'li
Und schlüüffed lies wie b' Müüsli
Dur b' Chämi² ab i' b' Hüüsli
Und singed uf der Winde³:
„Guet Nacht, Guet Nacht, ihr Chinde!"
Meta Heusser-Schweizer.
(Aus Sutermeister, Schwizer-Tütsch, 5, S. 47.)

Wagenfahrt.
Züricher Mundart.

Fahre, ja fahre
Mueß 's Chindli jetzt e chli⁴,
Suft, wie=n=i gwahre,
Briëggeti 's gli.⁵

Es faht scho wie=n=en alte Mah
Sis Gsichtli gwaltig z' rümpfle=n=a,
Und b' Händli fechted ohni Rueh,
Und b' Augli druckt es zue.
  Fahre, ja fahre
  Mueß 's Chindli jetzt e chli,
  Suft, wie=n=i gwahre,
  Briëggeti 's gli.

Doch kenn i mänge Herr und Frau,
Staht's Fuhrwerch still, so briëgged s' au;
Drum lached miner chline Muus
Sis Briëtscheli⁶ nüd uus.
  Fahre, ja fahre u. s. f.

---

¹ Abend. ² Kamin. ³ Speicher, oberste Diele des Hauses. ⁴ ein wenig.
⁵ weinte es gleich. ⁶ sein zum Weinen sich verziehendes Mündchen.

I. Alemannisch. — Schweiz.

Lieb Chindli, laß das Treuße¹ ſi,
Und lueg mer froh und fründli dri;
Es Meitſchi eiſtert² lache ſoll,
Denn gfallt's de Lüüte wol.
    Fahre, ja fahre u. ſ. f.

Hütſcht, Hüſcht! — jetzt thuet de Wage gah,
Und 's Chindli faht ſcho z' lächle=n=a,
Wie froh und wohlig luegt 's dri,
Und 's Briëgge=n=is verbi.
    Fahre, ja fahre u. ſ. f.

Das Fahre=n=iſcht e ſchöni Sach,
Es macht eim 's Herz und d' Äugli wach,
Und falleb die denn liesliche zue,
Bliebt doch im Herze d' Rueh.
    Fahre, ja fahre u. ſ. f.

D'rum will i gern mis Chindli zieh,
De Mueterarm ermüdet nië;
Ach, mög's dur's Lebe=n=au', wië da,
So ſanft und gleitli gah!
    Fahre, ja fahre u. ſ. f.

              J. M. Uſteri, geb. Zürich 1763,
Dichter von „Freut euch des Lebens", zu deſſen von Naegeli componirter
Melodie auch dieſes Lied (1793) gedichtet iſt.

So wird's cho³.
Züricher Mundart.

Das Müeterli gaht mit dem Meitſchi in Mert⁴,
Es chauft em es Gilütſchli⁵, es chauft em es Pfert;
Und Güggel und Hüehndli⁶ und Schäfli vo Blei
Und Blättli⁷ und Täßli vo Holz und vo Bei⁸.

---

¹ Verdrießlichſein. ² immer („eiſtert", ohne Ziſchlaut). ³ ſo wird es kom=
men. ⁴ geht mit dem Mädchen auf den Markt. ⁵ ein Kütſchchen. ⁶ Hahn und
Hühnchen. ⁷ Plättchen. ⁸ Knochen.

Und wenn's i fenf Jahre denn wieder wird gah,
So laht's denn, i wette, die Güggeli stah:
Es lis't¹ denn e gar schöns Döcketli² uns
Und macht em es Röckli und pützlet es us.

Und wenn's nach fenf Jahre denn wieder wird gah,
So laht's denn, so mein i, an b' Döcketli stah;
Es chrömlet³ denn Bändel und Spitzli und Schueh
Und schielet be=n= artige Herrlene zue.

Und gaht's nach fenf Jahre denn wieder in Mert,
Denn chauft's wieder Güütschli und Wäge und Pfert
Und Blättli und Täffli vo Holz und vo Bei,
Und bringt sie sim eigene Meitscheli hei!

Usteri.

Maenzi⁴ und Bethi.⁵
Mundart von Küßnacht am Vierwaldstättersee.

Nächtig⁶ bi=n= i bi=n=em gsi,
's ischt mer äbe grüüsli fri⁷;
Mänge⁸ meint, es sig mi G'spusä⁹,
Thätid gäre zsämmen huusä —
Bis am Lauzig¹⁰ chönt's es gä,
Ließ mers sälber nümme nä.¹¹

Spinne cha's verflummert sin,
Strüllet¹², wiě ne Wätterspinn;
's blinzlet näbed Chunkle durä¹³,

---

¹ jucht. ² Püppchen. ³ tauft. ⁴ Manfred. ⁵ Bethi, auch Bätheli, Eli=
sabeth. ⁶ gestern Abend. ⁷ überaus gewogen. ⁸ mancher. ⁹ Braut. ¹⁰ Lenz.
¹¹ nehmen. ¹² eilet. ¹³ neben dem Rocken durch.

I. Alemannisch. — Schweiz.

Und lab's¹ Räbli zwürig² schnurä;
Das bedüütet: Mänzi, gaug³!
Bliebscht mer aber wieder z'lang.

's wär suscht arigs⁴, zwar nidb rich;
Ä, das wär mer z'letscht no glich)!
's wird wohl b' Wieberarbet chönne,
Und eim au es⁵ Freudli gönne
Am 'ne Suntig; 's ischt niid z'viel,
's Schöppli Moscht bim Ehegespiel.

Mängi söpplet: „G'sehsch es gärn⁶,
Luegscht uf's⁷, wie der Rigi-Stärn;
I ber Chilchä⁸ stahscht a b' Thürä,
Daß es grad muß vor der fürä⁹.
Eine meint, es wär ber z'schlecht —
Am 'ne Suntig g'seht me's¹⁰ rächt!"

Sidem Heuet¹¹ sinn i bra,
Ha's scho da chli gäre¹² gha.
Ah, dert ha=n=i aistig¹³ g'lueget,
Und mis Herz, jä, 's häb mer g'woget;
Bi so roth gsi wie=n=es Füür,
Und nie früntli grab wie hür¹⁴!

Innerli häb näimis g'sait:
Die isch, wo dert z'sämmä trait¹⁵!
Sider¹⁶ mueß i tägli lichte¹⁷,
Mini Augä zu=n=em richte;
Luegi's ächt¹⁸ vergäbe a?
Mueter! 's Bethi mueß i ha!

(Bei *Firmenich*, II, 617.)

---

¹ läßt's. ² zweimal. ³ gehe. ⁴ artig. ⁵ ein. ⁶ du siehst sie gern. ⁷ schaust auf sie. ⁸ Kirche. ⁹ vor dir vorüber. ¹⁰ sieht man's. ¹¹ seit der Heuernte. ¹² ein wenig gern. ¹³ dort habe ich immer. ¹⁴ heuer. ¹⁵ welche dort zusammenträgt. ¹⁶ seitdem. ¹⁷ lichten, d. i. einen Abendbesuch machen. ¹⁸ etwa.

Mundart von Appenzell.

Z' Apazell ond z' Herisau
Sönd die Mätla wohlfel;
Ma geb¹ e ganzes Hüsli voll
För e Schötzli² Polver.

Luschtig, wenum mer ledig sönd!
Es wird is³ scho no chrenka,
Wenn sibni i der Wiega sönd
Ond achti of de Benka.

Hei ufi, hei abi
Dem Schwobaland zue;
Wie tanzid die Maitla,
Wie chlepsid⁴ die Schue.

Maitli, bis⁵ gschider
Ond tanz mit kem Schnider;
Tanz du mit mir,
J ha Liebe zu dir.

Maitli, thue 's Lädeli zue,
Es chonnt⁶ en Franzos,
Hed rothe Spitzhöseli a,
's Voderthal hennabra!

Mis Herzli isch zue,
Es cha's Niemert uftue,
En enziga Bueb
Hed de Schlössel dazue.

Treu bi=n=i, treu blib i,
Treu ha=n=i's im Sinn,
Treu blib i minm Schätzeli
Im Ausland ond Jun.

¹ gibt. ² Schüßlein. ³ uns. ⁴ klappern. ⁵ sei. ⁶ kommt.

I. Alemannisch. — Schweiz.

3' Zita bi=n=i liederli,
3' Zita bi=n=i guet;
3' Zita ha=n=i Strömpf ond Schue,
3' Zita no ken Huet.

'S ischt nüd lang, sit's gregelet hed,
Di Tanna tröpflid no;
I ha=n=emol e Schätzli gha,
I wett¹, i hett es no.

Goh=n=i wit usi,
So ha=n=i wit hä²,
Goh=n=i dör's Gässeli,
So stechid mi b' Stä;
Goh=n=i dör d' Wees³,
So netzt mi das Thau,
Ond blib i dehema,
So krieg i ke Frau.

(Sutermeister, Schwizer=Dütsch, und Firmenich, II, 661.)

Mis Büeli.⁴
Mundart des Schanfiggthals, Graubünden.

Ledigi Leut
Sind ä Freud;
Siät mä schi⁵ nid,
Hört ma schi wait.

Sprichwörtlich im Prätigau.

Mis Büeli geid über Zäpünerstäg⁶,
Ich wünsche mä⁷ Wasser in b' Schue;
D' Lüt sägen, äs welli Hochzit han,
Ich wünsche mä Glück darzue.

---

¹ wollte. ² heim. ³ Wiese. ⁴ mein Liebchen („Büeli", Diminutiv von Buhle, bedeutet den und die Geliebte). ⁵ sie. ⁶ Steg bei Langwies im Sapün=Thale, in das man durch den Strehler Paß von Davos=Platz aus gelangt. ⁷ ihm.

D' Lüt sägen, ich hei schä¹, und ich hau schä nid,
Und ich wetti² nid, daß ich schä hätti;
Schic heb äs Güetji³ und ich han kais,
Denn müeßt ich das g'hören mi Läbtig.

Und wenn ichs mi Läbtig g'hören müeßt,
So täti miär b's Läbe=n=erleiden⁴,
Denn wett i denn lieber äs chämi der Tod
Und täti iinsch beedi scheiden.

Und wenn wiär denn geschieden weren,
So leitä mä mich in b' Ärbä.
Drum wünsch ich diär, was bis⁵ Härz begärd,
Än Richärä⁶ söll diär wärde.

Und wenn b' denn ä Richärä überchunnuscht⁷ —
Däm Chriez würscht nid entrinne;
Wenn=b=du äs Jährli zwei g'huset hescht,
So würscht äs wohl wärde=n=innä.

Ja innä wärde würscht äs wohl
All Stund und auch all Tag;
Mä muoß schon oft viel entgälten⁸,
Von dem mä schi wenig vermag⁹.

Und wenn mä schon so viel entgälten muoß,
Will ich z'liäbscht ledig sin,
Mit andern Maidjen Heugart¹⁰ han
Bim frischen und chüelen Wien.

Volkslied.

(In Sutermeister, Schwizer=Dütsch, 19, S. 61, mitgetheilt von Chr. Mattli.
Einige Aenderungen in der Schreibung nach den Angaben eines Schan=
figgthalers.)

Eigenthümlich diesem Dialekte ist die große Verbreitung des Zischlautes,
„Schi si" = sie sind; „schien Aetti heb schich an isch g'wendt" = sein Vater hat
sich an uns gewendet. Neben „schi" für sie findet sich „schä" für das nicht
betonte „sie" (ähnlich im Mitteldeutschen: „ich hab' se", neben „er will, aber
sie nicht"). „Müeßt" wird ohne Zischlaut gesprochen, der in allen ähnlichen
Wörtern (hescht u. s. f.) eintritt.

---

¹ ich hätte sie. ² wollte (wünschte). ³ sie hat ein Gütchen. ⁴ verleiden.
⁵ dein. ⁶ Reicherer. ⁷ bekommst. ⁸ man muß gar viel erdulden. ⁹ von dem
man sich wenig vermag (d. i. an dem man wenig schuld ist). ¹⁰ abendliche Zu=
sammenkunft.

I. Alemannisch. — Vorarlberg.

Das Försterhaus.
Vorarlberger Mundart.

Do domma¹ bi de=n=Jba²
Stoht under Wald und Klus³
Mit glitzgeriga Schiba
A g'schindlets Förstarhus.
Wohl sieht ma wie amole⁴
No all's am alte Ort,
Doch b' Mädle, ach, die Mädle!
Doch b' Mädle sind halt fort.

Duer b' Waldung schreiet b' Rabe
Im Obedsunneblick,
Do domma lit vergrabe
A ganzes Kinderglück!
Wohl blibt as allewile
Des uvergeßle Ort;
Verlasses Förstarhüsle,
J wött, i könnt' o fort!

Kaspar Hagen.
(Trenkle, Die alemannische Dichtung, [1881] S. 85.)
Original hat 7 Strophen.

Krönlesschlanga.
Vorarlberger Mundart.

Noch i der alta gueta Zit
Hot's allerwärtig⁵ Schlanga ge:
A goldis Krönle usem Kopf,
Sos⁶ wiß am ganza Lib, wia Schnee.

---

¹ dort drüben. ² Eiben (Tagus). ³ Berglücke. ⁴ wie einmal, wie ehe-
mals. ⁵ allerwärts. ⁶ sonst.

Uf Wies und Feld, i' Huus und Stall
Ischt so a Schlanga selza¹ gsi;
Ma hot drum eba sicher gment,
Sie bringe Glück und Sega dri.

Amol ischt aber vor 'ma Huus
A nütrechts² Burabüeble g'hockt,
Hot us 'ma Näpfle Kuemilk gschöpft,
Mit Eierschnittele ibrockt.

Und wia=n=es schöpft und wia=n=es ißt,
Se kunnt a Krönlesschlanga her,
Und sitzt derzue und haltet mit³,
So viel, aß wenn sie glaba wär.

Doch wo afanga⁴ 's Büeble merkt,
Sin Gascht der sufe Milk allee,
So schlacht's em 's Krönle abem Kopf
Und set: „Du kast o Bröckle ne!"⁵

Und sider sindst, gang wo de wett⁶,
Im ganza Land vo Huus zc Huus
Kë̃ wiße Krönlesschlanga me,
Und mit dem Glück sieht's gschmoguer⁷ us.

(Volkssage aus Vorarlberg. Nach Dr. J. Vonbun, in „Zeitschrift für Mundarten", III, 210.)

---

¹ selten. ² kleines. ³ ißt mit. ⁴ doch als nun. ⁵ nehmen (in andern Darstellungen: Ding, freß au Bröckli!). ⁶ gehe, wo du willst. ⁷ schmächtiger (spärlicher).

II.

Schwäbisch.

Dem Alemannischen nächstverwandt, ja ihm zugerechnet, ist die schwäbische Mundart („alemannisch-schwäbischer Sprachstamm"). Aber dem Schwäbischen bereits fehlt das altdeutsche i, u und ü; statt „min Hus": „mei͞ Hous", statt „Lüt": „Leut'".

J vor n und m wird e: „ich ben, trenken, Fenk"; u vor n und m wird o: „Onterland".

Nasalirte Vocale (im Alemannischen ganz vereinzelt) treten sehr hervor: „mei͞, klei͞, stau͞, Ma͞'". Die Nasalirung ist eine stärkere, wenn das n ganz ausfällt: „mei͞"; eine schwächere bei Erhaltung des n: „hau=n=i".

An Stelle reiner Vocale häufen sich Doppelvocale: „gau͞, dui, däan, Muoter, g'soa".

Das hart auslautende g in unbetonter Silbe weicht im größten Theile Schwabens bereits einer weichern Aussprache: „gütich". An der Südgrenze Schwabens auch gutturales ch.

Bemerkenswerth ist die Flexionsform „werdet, pfeifet"= wir, ihr, sie werden, pfeifen; ferner die Imperativform „gang" (gehe!), „stand auf" (stehe auf!).

Als Grenze zwischen Unter- und Oberschwaben gilt im Allgemeinen die Rauhe Alp, doch bezeichnet zuweilen der Heilbronner, Stuttgarter die Anwohner des obern Neckars (Rothenburg, Tübingen) bereits als Oberschwaben.

Gau⁻, stau⁻, bleibe lau⁻ ¹,
Wer bui Sproch net la⁻,
Darf net ens Schwäbeland eine gau⁻.

Jetz gang i an's Brünnele. ²
Unterschwäbisch.

Jetz gang i an's Brünnele, trink'³ aber net,
Do such i mein herztausiga Schatz, sind'n aber net.

Do laß i mein Aigele rund un um gehn,
Do sieh=n=i mein herztausige Schatz bei me=n=Andre
stehn.

Und bei me=n=Andre stehe sehn, ach das thuet weh!
Jetz b'hüt di Gott, herztausiger Schatz, di b'sieh=n= i
nimme meh!

Jetz kauf i mer Dinte=n= und Feder und Papier,
Und schreib meim herztausige Schatz ein Abschiedsbrief.

Jetz leg i mi nieder auf Heu und auf Stroh,
Do falle drei Röselc mir in de Schoß.

---

¹ Gehen, stehen, bleiben lassen — schwäbischer Wahrspruch. ² Dieses und die nächstfolgenden fünf Lieder finden sich in verfeinertem Schwäbisch in den meisten Sammlungen; sie ermangeln dann vor n und vor m der für das Schwäbische charakteristischen Umtauschung des i in e und des u in o. ³ echt= schwäbisch: Brennele, trenk.

Und diese drei Röſele ſen roſeroth;
Jetz weiß i net, lebt meī Schatz, oder iſcht er todt?
Volkslied.

Wo e kloīs Hüttle ſtoht.

Wo e kloīs Hüttle ſtoht, iſcht e kloīs Güetle,
Wo e kloīs Hüttle ſtoht, iſcht e kloīs Guet;
Wo ſo viel Buebe ſend, Mädle ſend, Buebe ſend,
Do iſcht's halt liëble, bo iſcht's halt guet.

Liëble iſcht's überall, liëble auf Erden,
Liëble iſcht's überall, luſchtig im Mai.
Wenn es nur mögle wär, z' mache wär, mögle wär',
Meī mitteſcht du werde, meī mitteſcht du ſei.

Wann zu meī'm Schätzle kommſcht, thu mer's ſchō grüeße,
Wann zu meī'm Schätzle kommſcht, ſag' em viel Grüeß'!
Wenn es fragt: wie es goht? wie es ſtoht? wie es goht?
Sag: uf zwei Füeße, ſag: uf zwei Füeß.

Und wenn es freundle iſcht, ſag i ſei g'ſtorbe,
Und wenn es lache thuet, ſag i hätt g'freit;
Wenn's aber weine thuet, greine thuet, weine thuet,
Sag: i komm' morge, ſag: i komm' heut!

Mädle trau net ſo wol, du biſcht betroge,
Mädle trau net ſo wol, du biſcht en G'fohr!
Daß i di gar net mag, nemme mag, gar net mag,
Sell iſcht verloge, ſell iſcht net wohr.
Volkslied.

(Erlach, IV, 327,
und mit kleinen Verſchiedenheiten der Schreibung
in den meiſten Sammlungen.)

II. Schwäbisch.

Muss i denn, muss i denn zum Städtele naus.

Muß i denn, muß i denn zum Städtele naus
Und du, mei~ Schatz, bleibſcht hier?
Wenn i komm, wenn i komm, wenn i wiederum komm,
Kehr' i ein, mei~ Schatz, bei dir.
Kann i glei net allweil bei der ſei~,
Ha=n= i doch mei~ Freud an dir!
Wenn i komm, wenn i komm, wenn i wiederum komm,
Kehr' i ein, mei~ Schatz, bei dir.

Wie du weinſcht, wie du weinſcht, daß i wandere muß,
Wie wenn d' Lieb jetz wär vorbei;
Send au' draus, send au' draus der Mädele viel,
Lieber Schatz, i bleib dir treu!
Denk du net, wenn i en andere ſeh,
No[1] ſei mein' Lieb vorbei;
Send au' draus, send au' draus der Mädele viel,
Lieber Schatz, i bleib dir treu!

Über's Jahr, über's Jahr, wenn me Träubele ſchneid't,
Stell i hier mi wiederum ein;
Be=n=i dann, be=n=i dann dei~ Schätzele noch,
So ſoll die Hochzeit ſein.
Über's Jahr, da iſcht mei~ Zeit vorbei,
Da g'hör i mein und dein;
Be=n=i dann, be=n=i dann dei~ Schätzele noch,
So ſoll die Hochzeit ſein.

Volkslied.
(Liederbuch des deutſchen Volkes, S. 191. Erk und Irmer, I, 12.)

---

[1] nachher.

Zum Sterbe bi-n- ich.

Zum Sterbe bi=n= ich
Verliebet in dich,
 Dain schwarzbraune Aigele
Verfüehret[1] jå mich.

Bischt hiër ob'r bischt dort
Oder sonscht an a͞me Ort,
 Wollt' wensche, könnt' rede
Mit dir ai͞ Paar Wort'.

Sonscht keiner ischt hier,
Derselbig g'fall mir,
 Hätt deine braun Äugelein,
Dein schöne Manier.

Mai͞ Herz ischt verwund't,
Komm, Schatzerl, mach mi g'sund!
 Ach 'rlaub mir zu küsse
Dain purpurrothe Mund!

Dai͞ purpurroth'r Mund
Macht Herze gesund,
 Macht Todte lebendig,
Macht Kranke gesund.

Der d's Liëdel hat g'macht,
Hat's Liëbe=n= erdacht;
 D'rum wensch ich maim feins Liëbche
Viel tausend gute Nacht!

Volkslied.
(Erk und Irmer, III, 4.
Orig. 8 Strophen.)

---

[1] verführen.

II. Schwäbisch.

Mei͂ Mueder mag mi net.

Mei͂ Mueder mag mi net
Und koi͂ Schatz ha=n= i net,
Ei worum stirb i net!
　Was thue=n=i då?

Geschtern isch Kirwe g'weh,
Mi håt me g'wiß net g'seh͂,
Denn mir isch gar so weh,
　I tanz jo net.

Laßt die drei Rösle steh͂,
Die an dem Kreuzle blühn!
Hent ihr das Mädle kennt,
　Das drunter leit?

Volkslied.
(Erlach, IV, 332.)

Dronte-n- em Onterland.

Dronte=n= em Onterland
Da ischt's halt sei͂.
Schlehe=n= em Oberland,
Traube=n= em Onterland,
Dronte=n= em Onterland
Möcht i wohl sei͂.

Dronte=n= em Neckarthal
Da ischt's halt guet.
Ischt mer's da obe 'rum
Manchmal au no so dumm,
Ha=n= i doch alleweil
Dronte guet's Blut.

Kalt ischt's em Oberland,
Onte=n= ischt's warm.
Obe send d' Leut so reich,
D' Herze send gar net weich,
P'sehnt mi net freundlich an,
Werdet[1] net warm.

Aber da oute 'rum
Da send d' Leut arm.
Aber so froh und frei
Ond in der Lieb' so treu,
Drum send im Onterland
D' Herze so warm.

Gottfried Weigle aus Zell bei Eßlingen.

(Auf F. Silcher's Veranlassung als Unterlage für die bekannte Melodie gedichtet, um 1836.)

Zwoi Deng.

Em Oberland gibt's Wasser,
Em Onderland gibt's Wei͂,
Ond wo der Bue sei͂ Schätzle hot,
Mag er am gernschde sei͂.

Ond hot der Bue koi͂ Schätzle,
Na[2] woiß i was er duet,
Na hockt er en a Wirthshaus nei͂
Ond denkt: des duet mer guet.

A Wirthshaus ond a Mädle —
's ischt fascht derselbe Pris,
Denn hot a Bue des oine net,
Na hot er 's ander gwiß.

Wilhelm Stein.

(Us 'm Neckerthal. Gedichte in schwäbischer Mundart, Stuttgart 1860.)

---

[1] werden. [2] nachher.

II. Schwäbisch.

Am Vogelnescht.

Horch, 's zwitschert was em Büschle drenn
Mit Stemmle gar so sei˜!
Ond guck, a Feuk fliegt ab ond zue,
Fliegt us'm Busch ond nei˜.

Jetz schleich herzue ond duckt be leis,
Due d' Zweigle von anand,
No stät, no stät, fahr sachde zue!
En Obacht nemm dei˜ Hand.

Siehscht 's Neschtle en de Zweigle drenn
Von Feederle ond Heu?
Ond siebe gelbe Schnäbele
Die bibberet us der Streu.

Ond guck, dort kommt der alde Feuk,
Der brengt a Füederle;
Jo, jo, was oin am Gernschde hot,
Des ischt doch's Müederle.

Ond guck! jetz dont se d' Schnäbel uf
Wie uf Commandowort —
Jetz due mer's z' lieb, daß 's Alt' nex merkt,
Mach d' Zweigle zue — schleich fort!

W. Stein.
(As 'm Neckerbhal.)

Wie's oft kommt.

Es jaget[1] zwoi Jäger
Im Dannewald drin,
Kōm'm aber von boide
Steckt 's Jage=n= im Sinn.

Weit weg in Gedanke
Ischt jeder vom Trieb,
De=n =oīne druckt's 's Gwisse,
De=n =andre plogt b' Lieb. —

Es standet[2] zwoi Mädle
Am Bronne bei'nand,
Voll sind ihre Gölte[3]
Schō lang bis zum Rand.

Weit weg in Gedanke
Sind wol älle boid,
Die oī redt von Lieb und
Die ander von Loid.

A. Grimminger.
(Mei Derhoim. Gedichte in schwäbischer Mundart, Stuttgart 1872.)

Mundart von Essingen bei Aalen (Jagstkreis).

Aufm Bergele bi=n=i gsessa,
Hau=n a Rüetla g'schnitta,
Und dau hat ma mein'm Schäzele
Zua d'r Täufe glita[4].

---

[1] es jagen. [2] es stehen. [3] Wasserkübel, den die Schwabenmädchen, meist ohne eine Hand anzulegen, auf dem Kopfe tragen. [4] geläutet.

II. Schwäbisch.

Druimaul um d' Scheuterbeug,[1]
Druimaul um's Hous,
Drui braune Nägela[2]
Gient[3] auh 'n Strouß.

Ih bi=n=a Baurabua,
Wann i dra˜ denka bua,
Nemm i mei˜ Goißele
Und knäll mit d'r Schnua˜.

Sell dunta[4] am Zau˜
Dau grajet mei˜ Brau˜;
Ei laß'n nu grasa,
'r wnrd schoa aweg gau˜.

D' Vögela singet ällaweil:
Weibele, wo bischt?
Doußa=n=im[5] greana Wald
Hau=u=[6] ih mei˜ Nescht.

Wann 's Sounele thuat scheina
Und 's Buschele rouscha,
Komm hear, mei liabs Schätzele,
Wöllet[7] Herzala touscha.

Gang[8] m'r net über mei˜ Äckerle,
Gang m'r net über mei˜ Wies',
Gang m'r net über mei˜ Schätzele,
Oder i brügel di g'wiß.

(Bei Firmenich, II, 435.)

---

[1] Scheiterhausen. [2] Nelken (Dianthus caryophyllus), nicht etwa Flieder (Syringa), der in Hessen „Nägelchen", schwäbisch Zerrenka heißt. [3] geben. [4] dort unten. [5] draußen im. [6] habe. [7] wollen. [8] gehe.

Der luschtig Schwob.

Ei was bī=n=ih fir a luschtige Bue,
Wie kā=n=ih so zwitzeli[1] tanza!
Hau=n=ih net schö̃[2] Schüele=n= a̋[3]
Und ah[4] schö̃ Schnälle dra̋?
Schö̃ Schnälle, schö̃ Schue!
Ei was bī=n=ih fir a luschtige Bue,
Wie kā=n=ih so zwitzeli tanza!

Ei was bī=n=ih fir a luschtige Bue,
Wie kā=n=ih so zwitzeli tanze!
Hau=n=ih nit schö̃ Strümpfle=n= a̋
Und ah schö̃ Zwickele dra̋?
Schö̃ Zwickle=n= am Strümpfle,
Schö̃ Schnälle=n= am Schue! —
Ei was bī=n=ih fir a luschtige Bue,
Wie kā=n=ih so zwitzeli tanza!

Ei was bī=n=ih fir a luschtige Bue,
Wie kā=n=ih so zwitzeli tanza!
Hau=n=ih nit a schö̃s[5] Hößle=n= a̋
Und a schö̃s Lätzle dra̋!
Schö̃s Lätzle=n= am Hößle,
Schö̃ Zwickle=n= am Strümpfle,
Schö̃ Schnälle=n= am Schue! —
Ei was bī=n=ih fir a luschtige Bue,
Wie kā=n=ih so zwitzeli tanza!

Ei was bī=n=ih fir a luschtige Bue,
Wie kā=n=ih so zwitzeli tanza!
Hau=n=ih nit a schö̃s Weschtle=n= a̋
Und a schö̃ Knöpfle dra̋?
Schö̃ Knöpfle=n= am Weschtle,
Schö̃s Lätzle u. s. w.

---

[1] behende (von zwitzern = zuckende Bewegungen machen). [2] schöne. [3] an. [4] auch. [5] schönes.

II. Schwäbisch.

Ei was bī=n=iħ für a luschtige Bue,
Wie kā=n=iħ so zwitzeli tanza!
Hau=n=iħ nit a schö˜s Wämsle=n= a
Und a schö˜s Krägele dra˜?
  Schö˜s Krägele=n= am Wämsle,
  Schö˜ Knöpfle u. s. w.

Ei was bī=n=iħ für a luschtige Bue,
Wie kā=n=iħ so zwitzeli tanza!
Hau=n=iħ nit a schö˜s Hüetle=n= auf
Und a schö˜s Sträußle drauf?
  Schö˜s Sträußle=n= am Hüetle,
  Schö˜s Krägele=n= am Wämsle,
  Schö˜ Knöpfle=n= am Weschtle,
  Schö˜s Lätzle=n= am Hößle,
  Schö˜ Zwickle=n= am Strümpfle,
  Schö˜ Schnälle=n= am Schue! —
Ei was bī=n=iħ für a luschtige Bue,
Wie kā=n=iħ so zwitzeli tanza!

(Radlof, Mustersaal aller teutschen Mundarten, II, 5.
Eine etwas abweichende Fassung bei Erk, IV, 14.)

Tänze aus Schwaben.
Gegend um Rottenburg bei Tübingen.

A=n= Oad will i schwera,
A Schelm will i sein,
Wenn sieba reachte[1] Bueba
In Hälffinga seind.

Der erscht' wiegt 'n Viērling,
Der zwoit a halb's Pfond,
Der dritt' ischt a Schneider,
Und suscht et[2] reacht g'sond.

---

[1] Dieses ch guttural. [2] nicht.

Jetz hau͞=n= i mein Goaßbock
Uff's Dach uffe dau͞,
Daß b' ander Leut seahnet,
Daß i ao no Bich hau͞.

Jetz gang i ge͞ Stuegget
In b' Hofapothek
Und laß mir was geaba,
Daß mer b' Dummheit vergeht.

I welt i wär gstorba
Und läg begraba in den Hell
Und älle Mädlen drinna wäre=
n= Und i der Ober=Gesell.

(A. Birlinger und W. Crecelius,
Deutsche Lieder, S. 50.)

Dr blåb Stork [1].

Oberschwäbisch.

Hau͞=n=i[2] a͞ blåbe Storke
Gjoa͞ uf oane Wiese stau͞;
I hau͞ g'moint, 's sei mei͞ Buele
   Boars Michl's, Toni's, Plaudermann's Grethl's[3],
Hau͞ na[4] hoiße stille stau͞.

„Ach Gott, wie kä=n=i stille stau͞?
Hau͞=n=i, sieh'[5], no koa͞ Gras.
Sag, du håbscht di gschnitte,
   Boars Michl's, Toni's, Plaudermann's Grethl's,
Dea͞ Finger halbe ra[6]."

---

[1] Der blaue Storch.   [2] habe ich.   [3] vors Michel's ꝛc. Haus.   [4] habe ihn.
[5] siehe, wie du siehst.   [6] halb herab.

II. Schwäbisch.

Ach Gott, wie kā=n=i liege,
Stāts miër so übel a͞!
Veil lieber wett i¹ spreche
    Voars Michl's, Toni's, Plaudermann's Grethl's,
Dear Reiter wär mei͞ Ma͞.

Ei Muoter, liëbe Muoter,
Was geischt² mer für an Råth?
Es lauft mr alle Morgn
    Voars Michl's, Toni's, Plaudermann's Grethl's,
A͞ stolzer Reiter nå³.

„Ei Dochter, liëbe Dochter,
Däa͞ Råth däa͞ gib i diër:
Laß du däa Reiter laufe
    Voars Michl's, Toni's, Plaudermann's Grethl's,
Bleib du des Jår bei miër."

Ei Muoter, liëbe Muoter,
Däar Råth däar ischt et⁴ guët;
Däar Reiter ischt mr lieber
    Voars Michl's, Toni's, Plaudermann's Grethl's,
As⁵ du und äll dei͞ Guēt.

„Ischt biër däar Reiter liëber
As i und au mei͞ Guēt,
So nääm du deine Kleidle zamm
    Voars Michl's, Toni's, Plaudermann's Grethl's,
Und zuch däam Reiter zuē!"

Altes Tanzlied, „Blaw Storkenlied", mitgetheilt von A. Birlinger in „Zeitschr. f. Mundarten", V, 259.
Auch A. Stöber gedenkt des „Blauen Storken" als eines alten, im Elsaß geübten Singtanzes. In einem von L. Tobler (Schweizerische Volkslieder, II, 207) mitgetheilten Liede, dessen vier erste Strophen sich mit den vier letzten des „Blåb Stork" decken, kommt ein Storch nicht vor; an seine und des „stolzen Reiters" Stelle tritt ein „rother Schwizer". Die 3. Strophe lautet:

    „Ach Mueter, liëbe Mueter,
    Der Rath der ist nüd guet;
    Der Roth', der ist mir liëber,
    Als all euer Hab und Gut."

---

¹ wollte ich. ² gibst du. ³ nach. ⁴ nicht. ⁵ als.

's närrisch Dändäle.

Oberschwäbisch.

Büeble, mir wöll'n auße gähn,
Wölle = u = eufre Lämmer bjähn,
Komm, liebs Büebele,
Komm, i bitt!
  „Närrischs Dändäle,
  I gang der halt nit."

Witt vielleicht a bisle nascha?
Holl der ebbis us meiner Taschа;
Holl, liebs Büebele,
Holl, i bitt!
  „Närrischs Dändäle,
  I nasch der halt nit!"

Thut vielleicht der Dauscht[1] di plāga?
Komm, will di zum Brunna traga;
Trink, liebs Büebele,
Trink, i bitt!
  „Närrischs Dändäle,
  Es durscht mi halt nit."

Thut vielleicht der Schlāf di drucka!
Schlāf! i jag der fort die Mucka;
Schlāf, liebs Büebele,
Schlāf, i bitt.
  „Närrischs Dändäle,
  Mi schläfrets halt nit."

Gealt[2], i soll mei" Herz dir schenka?
Allaweil[3] witt du an me denka?

---

[1] Durst. [2] „gilt es"? soviel als: „nicht wahr"? [3] immer.

II. Schwäbisch.

> Nemms, liebs Büebele,
> Nemms, i bitt!
> „Närrischs Dändäle,
> I maa's halt nit."
>
> (Radlof, Mustersaal, II, 31.)

Unter der Aufschrift „Verlorene Mühe" und in etwas abweichenden Dialekten im Wunderhorn, I, 276, und bei Erlach, IV, 319.

Mei˜ Greth.

Oberschwäbisch.

Mei˜ Greth, wie bischt d' so gräti[1]?
Mei˜ Greth, wie bischt d' so steti[2]?
I hau˜ der do' dei˜ Wille g'lau˜,
I hau˜ der do' nicks Beeses tau˜;
Was sotteschst du denn hau˜?

Mei˜ Greth, du bischt so sieri[3],
Mei˜ Greth, du bischt so schwieri!
Dau heer i immer nicks a's: „Au!"
Dau heer i immer: „La=mi gau˜!"
„Witt nit? käscht's bleibe lau˜!"

Mei˜ Greth, du bischt so ämli[4],
Mei˜ Greth, du bischt so grämli;
I ka˜ des Bläuze[5] nit ausstau˜,
Und witt du nit dei˜ Glau˜[6] verlau˜,
So mueß i von der gau˜!

---

[1] verdrießlich („heißgräthig" = leicht aufgebracht). [2] nicht vom Fleck zu bringen, trotzig (siehe oben S. 27 bei „Stättkopf"). [3] empfindlich. [4] ärmlich, d. i. kläglich. [5] Schmollen. [6] Laune.

Gelt, Greth, bischt nimme gräti,
Gelt, Greth, bischt nimme steti!
I mörk es wohl, es ruit[1] di schaũ;
Witt öppe gar e Mäule haũ?
Gang hear, i will ders laũ!

(Schriftproben in oberschwäbischer Mundart, von L. A., München 1841, S. 11.)

Stückle.

Oberschwäbisch.
(Bairischer West-Lechdialekt.)

Bal gros i am Acker,
Bal gros i am Raĩ[2],
Bal haũ-n-i e Schetzle,
Bal bi-n-i ellaĩ.

E Schneële haut 's geschnië̃,
's haut neene kaĩ Bã[3];
Jetz kommt halt meĩ Schetzle,
Haut Stiefele-n-ã.

Übers Wesserle be-n-i g'fare,
Kain Ruedler[4] hã-n-i braucht;
's Liëbe hau-n-i glernet,
Kain Schuelmaister hau-n-i 'braucht.

So weënig as ẽ Biërebaum
E-n- Apfele kriëgt,
So weënig haut maĩ Schetzle
Mi aufrichti gliëbt.

---

[1] reut. [2] „Rain", d. i. schräger Rand an Aeckern und Wiesen. Spätere Abänderungen des Liedes haben: „am Neckar — am Rhein". [3] es hat noch keine Bahn. [4] Ruderer.

II. Schwäbisch.

I be=n= au et vō˜ hiē,
Ker au et hiē ei˜;
Wau mei˜ Schetzle=u=et ischt,
Tau mag i et sei˜.

(Mitgetheilt von Schmeller in den „Mundarten Bayerns", S. 557.)

Der Wei˜.

Aus schwäbisch Baiern.

Der Wei˜ ischt gar a b'sondrer Ma˜,
So trifft ma's it[1] glei wieder;
Da oina richt ear besser auf,
Da andra wirft ear nieder.

Dear ka˜ it schlaufa in der Nacht,
Und bear schnarcht glei wie b'sessa;
Der erscht verliart da Appetit,
Der zwoit ka˜ it gnua essa.

Der Amtma heint[2] bei 'r dritta Fläsch,
Der Pfarr lacht, der ka˜ 's besser;
Der Docter kriagt a roatha Näs,
Ganz blaß weard der Assesser.

Der Baurabua kriagt mehr Kurasch,
Und möcht am liabschta haura[3];
Der Schreiber zittrat no voar Angscht,
Ear könnt oin schiar gar[4] daura.

---

[1] nicht. [2] weint, klagt (von altbairisch „heanan", heulen). [3] raufen.
[4] fast gar.

Dear Vader thuat scho͞ seit zwoa Stund
Nix als wia rennomira,
Der Benefiziat sitscht dau,
Als thät ear meditira.

Dear Jager springt glei auf da Tisch
Und schimpft da Pfarr nach Nota;
Der Schullehr ischt der rüebigjscht,[1] gwest,
Dear leit scho͞ auf'm Boda.

Doch dös scheniart koin groaßa Geischt,
Ma laßt da Muath it sinka;
So lang ear wächscht, so lang ma 'n schenkt,
Weard ma da Wei͞ au trinka.

I g'spür g'rad en Sechsbätzner no
Im linka Leiblestäschle —
He dau, Frau Wirthe! bringat no
Vom Neckarwei͞ a Fläschle!

H. Wäckerle.
(Gau! Stau! Bleiba lau! Gedichte in schwäbischer Mundart, Augsburg 1875.)

Schwäbische Mundart aus dem Algäu.
Immenstadt und Sonthofen.

Gong, stong und bliebe long [2] —:
Wer die drei Sproche it[3] ka,
Darf it is Oberlond gong.
Immenstädter Fassung des schwäbischen Spruches.

Im Unterlond b' unta,
Do goht es denn zue,
Do tonze die Narre,
All ohne die Schue.

---

[1] ruhigste. [2] gehen, stehen und bleiben lassen. [3] nicht.

II. Schwäbisch.

Wo nina sot sing¹,
Sind hundert und ning²;
Do muine die Narre,
As mieß a so sing³.

(Zeitschrift für Mundarten, I, 42.)

Wenn i a mål hire.

Algäuer Schwäbisch, mit alemannischen Anklängen.⁴

Wenn i a mål hire⁵,
Dann kriëg i nui Schueh,
Denn kauft ber⁶ ming Vater
Schi͞ Schnalla darzue!

Thuet 'rs itt,
So hir i nitt
Und denk ber: Hast Reacht,
Des Hira ist schleacht.

Ming Vatter håt gseit,
I soll besser husa⁷,
Soll b' Katza verkauffe,
Soll sealber musa.

I bi͞ halt ming Vatter
Sing allerliëbscht's Kind,
I ham 'm niē gfolget,
Ho 's no itt im Sind.

(Mündlich. A. Birlinger und W. Crecelius,
Neue Lieder, S. 48.)

---

¹ wo einer sollte sein. ² neun. ³ es müßte so sein. ⁴ Im westlichen Theile des Algäu wird alemannisch gesprochen. ⁵ heirathe. ⁶ mir. ⁷ haushalten.

Welcker. 6

Mei͞ Luschtige.

Mundart um Karlsruhe.
(Ebene zwischen Oos und Pfinz.)

I seh de, du frohe,
Du bildsauwre Meid,
Am Owed, am Morje,
So lieb und so g'scheit;
Und du magsch mc leide,
Hasch freundlicher[1] Muth,
Dei͞ hell herzlichs Lache
Es steht d'r so gut.

O schwetz a' e Wertle,
So sieß un so zart,
En ainzigs klei͞ Wertle
Uff's allerletzscht gspart;
E Wertle voll Sehnsucht,
I waiß, wie's isch gmaint,
Wo mir in mei Seel 'rein
Wie Sonneschein scheint.

Des Wertle, des Wertle,
I hör's net, un bricht
Mer's Herz fascht, un horch e,
Du lachsch mer in's G'sicht.
Geb Acht, mein sche͞ Schelmle,
Daß, wo de 's net meinsch,
Du m'r 's Herz voller Lieb net
Nö bibbarlecht weinsch!

Ludwig Eichrodt.
(Trenkle, Die alemannische Dichtung, S. 195.)

Der Karlsruher Dialekt („rhein-schwäbisch") ist ein Übergangsdialekt, in welchem das Schwäbische vorherrscht, aber mehr oder minder mit pfälzischen Wendungen und Formen durchsetzt ist, während alemannische Beimischungen sich nur vereinzelt finden.

---

[1] Alemannischer Sprachgebrauch. Ähnlich: Und wer im Fried der Tag erlebt (Hebel); Gehn mer in der Käller (Elsaß); Ott i la der Pudel uus (Schweiz). Vereinzelt auch am Rheine.

III.

Bairisch.

Während das reine hochdeutsche a in der bairischen Mundart meist wie å, oft genug wie o gesprochen wird, werden u, i und ei sehr häufig in a hinübergezogen: „Bua, wia, zwoa", e mit a vertauscht: „komma".

Charakteristisch ist ein halbes Aussprechen des l, r und n (letzteres meist mit Nasalirung des vorausgehenden Vocals): „Goib" (= Golb), „Diendl", „moaˉ(n)st", sowie ein häufiges Verschlucken von Vocalen und Consonanten der Endsilben: „Spieg'l", glei(ch)", „g'nua(g)", „a" = ab, „la mi geˉ" = laß mich gehn. Alles dies verleiht der bairischen Mundart etwas Kurzes, Derbes.

St nach r wird mit Zischlaut gesprochen: „bengerscht, erscht"; dagegen „finster, Fenster". Die Schließung des Hiatus geschieht auch im Bairischen meist durch n: „ho-n-i; oft auch durch r; es heißt „Muata", dagegen „Muata-r-und Kind". „Wia-r-a" = wie ein.

Die Nasalirung in den bairischen Dialekten unterfällt, wie alle Dialekteigenthümlichkeiten, manchem Wechsel. Dieselbe tritt in einzelnen Fällen auch da ein, wo ein n (oder m) gar nicht ausgefallen ist; andererseits wird „a (= ein), ma (= man)" ohne Nasenton gesprochen, „Reg'n, geleg'n" und ähnliche Worte nur ganz schwach nasalirt, während Worte, wie „allei", fei", schöˉ", Moˉ" (Mann), loa (kein)", meist mit stärkeren Nasentone gesprochen werden (der bei koa, alloa u. s. f. nur das o trifft).

Das Oberbairische (im bairischen Gebirge, von Berchtesgaden bis Partenkirchen und nördlich bis München) und das Niederbairische (um Passau, Landshut) sind einander sehr ähnlich. Stärker abweichend und mehrfach an das Fränkische erinnernd ist das Oberpfälzische (um Regensburg, Amberg); ihm eigenthümlich ist eine auffallende Weichheit der Consonanten („Kinna" = Kinder, „laua" = lassen) und die Vorliebe für gebrochene Vocale: „Schlauf" = Schlaf, „geiht" = geht, „Moida" = Mädchen, „böis" = böse.

Andere im Königreich Baiern vorkommende Mundarten: Alemannisch (im Algäu), Schwäbisch (westlich vom Lech), Mainfränkisch (vom Main bis zur Donau) und Rheinpfälzisch, s. unter II. und VIII.

Schaugt 's außi, wie 's regn't.
Oberbairisch.

Schaugt 's außi[1], wie 's regn't
Und schaugt 's außi, wie 's gießt,
Und schaugt 's außi, wie der Reg'n
Vom Dach abi schießt.

Und a wunderliebs Diendl,
Hab i heunt woana[2] gseg'n,
Und da hon i halt g'fragt,
Was dem Diendl is gscheg'n.

Und 's Diendl hat g'sagt:
„Warum sollt i nit woan'?
Und mei Bua der is g'storb'n
Und jetz bin i alloan."

Ei du wunderliebs Diendl,
Hör auf mit dein' Woan',
Und is 's grad weg'n an Buamn
Und so woaß i dir oan.

„Na, du wunderliebs Bübei,
Bleib du lieber allöan,
Schaug, so derfst um koa Schatzel,
Dös da g'storben is, woan."

---

[1] hinaus. [2] heut weinen (heunt, ahd. hînaht = diese Nacht, wobei meist — so in Mitteldeutschland — die letztvergangene Nacht gemeint ist. In Baiern bedeutet heunt allgemein heute).

Schaugt 's außi, wie 's regn't,
Und schaugt 's außi, wie 's gießt,
Und schaugt 's außi, wie der Reg'n
Vom Dach abi schießt.
Vielgesungenes Volkslied.
(Aufzeichnung von Karl Stieler,
briefliche Mittheilung.)

's Greterl unta da Stauan [1].
Kindermärl [2].

's Bleamerl steht dockerlnett [3],
Graubbat und traubbat [4],
Draußen im Gartenbett [5]
Untan grean Laubat [6].

's Bleamerl hoaßt: 's Greterl blab [7]
Untan da Stauan;
Zupf sei" net 's Greterl ab,
Es that di dauan [8]!

's is g'west a kloana Dian
Eh s' woarn a Bloama;
Hat eahm sei" Muata g'schrian [9]:
Greterl, geh hoama!

Hat sie 's g'hört oda net? —
's is halt net kumma,
Z' moargats net, z' abads net,
Nimma im Summa.

---

[1] Gretel unter den Stauden („Jungfer im Grünen", Nigella damascena). [2] Kindermärchen. [3] nett wie eine Puppe („Docke"). [4] graupig und traubig. [5] Gartenbeet. [6] unter grünem Laube. [7] Blau = Gretel. [8] es würde dich dauern. [9] gerufen.

'S hat nach en Hanserl b'langt[1],
G'spielt hab'n s' Postecka;
Aba den Hanserl g'fangt
Da Wolf hat wecka[2].

Hat si' da Hiargst[3] eig'stellt;
'S Greterl paßt hinta 'n
Stäuerl[4] weit draus im Feld,
Schneib'n[5] thuat's und wintau.

'S is untan Schnee dafroan,
'S Deanderl, vokemma[6];
Aba wia's aaban[7] woarn,
Thuat ma vonehma:

„Unta da Stauan wiad
Draus a neu's Pflanzerl,
Dees mit en Auswiarts[8] blitaht
Im Blattlkranzerl.

„'S san mit den schwarzen Stern
Gretel's blab Äugerl[9],
Dee untan Laubat gern
Stecka wia d' Veigerl.

„Aba wann d' Muata schreit:
Deanderl! — Laßt 's hoama!
Deanderl soll'n wer'en Leut[10],
Bloama san Bloama."

(Aus dem Volksmund aufgeschrieben von Pangkofer; in
„Zeitschrift für Mundarten", I, 67.)

---

[1] verlangt. [2] weggesangen. [3] Herbst. [4] 'S Greterl paßt hinter (unter) bem Stäuberl. [5] schneien. [6] verkommen. [7] aaban (auch aber, abern) schneefrei. [8] Frühling. [9] So bei Pangkofer, mit unzulässiger Genitivform. Besser würde sein: „Greterl sein' blab Äugerl". [10] sollen Leute werden, d. i. sich klug benehmen.

Oberbairisch.

Zur Melodie des „Hahnfalz".

Bua.

Im schönste Sunneschei͂
Geh ich hier ganz allei͂, :,:
Bin a lustger Bua,
Bin a braver Bua,
Un da g'hört die Leue aa' dazua!

Diendl.

Was gern geht miteinand,
Ist oft weit auseinand;
Doch dees kimmt zusamma,
Denn dees g'hört zusamma,
Un dees weiß i und mei͂ Bua aa'.

Bua.

Grad wia=r= im Bach a Fisch'n
Laßt si' nit derwisch'n,
So is mei͂ Diendl g'schwind,
Wia=r= a Wirb'lwind,
Aber wann i 's buß'l, haltet's still.

Diendl.

Und all eur Gron'n[1] un Zank'n,
Eure Zornsgedank'n
Dees is all's vergeß'n,
Wann mei͂ Bua kimmt
Und mich eini[2] in sei͂ Häuserl nimmt.

H. W.

---

[1] grollen (knurren). [2] herein.

III. Bairisch. — Oberbaiern.

Bi z'friedn davontwegn.

Mit viër Roß wirf i nit leicht um,
I ho nit ōas[1],
Mir geht nit leicht a Kalbi[2] krumm,
I ho ja kōas.

Mir fallt kōa Haus sei͞ Lebta z'samm,
Es g'hört kōas mei͞,
Ho' kōani Schaf, drum schlagt mir aa'[3]
Der Blitz nit drei͞!

Mein Troad[4], dem thuat kōa Hagl nix,
I ho' kōa Feld,
Verliër' nit leicht Dukatnfüchs,
I ho kōa Geld.

Nix ho=n= i, und do'[5] leb' i halt
Mit Gottes Gnad,
Und's Lebn oft ōan[6] nit besser g'fallt,
Der ebbes[7] hat.

Viel Hab'n, viel Sorg, es is scho͞ gwiß,
Wiē leicht hōs i!
Grad daß mei͞ nix oft z'weni is,
Dees irgert mi.

Und dengerscht[8], 's hat mir Gott ja gebn
A fröhli's Bluat,
Und fragst, wie steht's mit Leib und Lebn,
Sag' allzeit „guat!"

Franz von Kobell.
(Gedichte in oberbairischer Mundart.)

Der von v. Kobell in seinen oberbairischen Gedichten angewendete Dialekt ist der von Mittenwald bis Berchtesgaden herrschende.

---

[1] eines. [2] Kuhkalb, junge Kuh bis zum ersten Kalben. [3] auch. [4] Getreide. [5] doch. [6] einem. [7] etwas. [8] dennoch.

Guat Nacht!

Guat Nacht, sagt's Diendl zu sein Buamn
Und ko͞ nit weitergeh͞,
Guat Nacht sagt er, hat's bei der Hand
Und bleibt halt aa' no'¹ steh͞;

Guat Nacht und nochamal guat Nacht, —
Da schaugn s'² anander o͞,
Und sie sagt nix und er sagt nix
Und bo' geht koans davo͞.

Da kimmt der Mond gar herrli 'rauf
Am Himmi, ah die Pracht!
Da habn s'no' a Viertlstund
Den schön'n Mond bitracht'.

Da singt a Vögerl in an Busch,
Den lusn'n³ s'aa' no' zua,
„Was muaß dees für a Vogl sei͞?"
Fangt wieder o͞ der Bua.

Sagt sie: „„Den Vogl trau' i nit,
Der Vogl is nit g'recht;
Es schlafa alli Vögl scho͞,
Woaß Gott, was der no' möcht.""

„Was traust denn du den Vogl nit?"
Fragt weiter drauf der Bua,
„Den Vogl geht sei͞ Schatzerl o⁴,
Sunst gaab er scho͞ an Ruh'."

„„Geh dir fallt allzeit so was ei͞,""
Hat's Diendl drüber g'lacht;
Und üb'r a Weil da sagn s'anand'
Zum viertn mal guat Nacht.

---

¹ auch noch. ² gesprochen: „schaugens". ³ dem lauschen. ⁴ dem Vogel geht sein Schatzerl ab, d. i. es fehlt ihm.

III. Bairisch. — Oberbaiern.

Da fliegt a Fledermaus vorbei,
Da hat fi's Diendl 'duckt;
Sagt er: „Dees werd dees Vögerl sei",
Moanst, daß 's di' ebba¹ schluckt?"

„„Ja, ja mei˜ Muatter hat's oft g'sagt,
Auf b' Fledermäus' gib Acht,
Und bleib dahoam, bal² 's finster werd —
Drum jetz: a guati Nacht!""

So habn sie's no' a schöni Weil
Mit ihnern³ Abschied g'macht
Un san schiër gar nit firti worn
Vor lauter: guati Nacht. —

Die Lieb hat halt an großn Fleiß
Und arbet Tag und Nacht,
Und wann aa' alles schlafa thuat,
Is sie no' auf der Wacht.

Franz von Kobell.

Jaagalied.

Was waar's denn um's Lebn ohni Jagn,
Köan Kreuzer nit gebet i d'rum,
Wo aber a Hirsch zum derfragn,
Wo 's Gambsein geit⁴, da reißts mi 'rum.
Ja 's Jagn dees is mei˜ Verlanga,
Ho 's zeiti scho˜ mögn āfanga,
Ha ho! und mei˜ g'führigi Bix
Und i sag halt da drüber geht nix.

---

¹ etwa. ² sobald. ³ ihrem. ⁴ Gemslein (Gamserln) gibt.

Thaat's hocka¹ bei Diëndln und Kartn,
Thaat's tanzn und keglu grad gnua,
Will lieber an' Hirschn derwartn
Und birschn d'rauf spat oder frua.
Dahoamtn da mag i nit bleibn,
Will draußtn mi umanand treibn,
Mei͂ Musi' san d' Vögerln in Wald
Und die macha mar auf² wie's ma' g'fallt.

Steig' auffi, steig' abi, steig' eini,
A Gambs is a Steigerei werth,
A Gambs is gar flüchti und schleuni,
Und leicht geht der Handl verkehrt.
D'rum is aa' 'n Ehr'' dabei z'˙gwinna,
Und muaßt was versteh' und was kinna³,
Denn der si' nit recht zammanimmt
Aa' nit leicht zuu an Gambsbartl⁴ kimmt.

Hoch vivat die Berg solln lebn
Und's Woadwerk und wer was d'rauf halt,
Mein' Schatz will i 's Edelweiß⁵ gebn
Und hoff mir aa' g'wiß, daß's ihr g'fallt;
Denn that sie's nit lusti bitrachtn,
Dees jaagerisch Bliëmi⁶ verachtn,
So ließ i s'aa' laassa gar bald
Und thaat hausn allōani in' Wald.

Franz von Kobell.

---

¹ mögt ihr sitzen. ² spielen mir auf. ³ können. ⁴ Gemsbart. ⁵ Gnaphalium Leontopodium, „Jaagabliemin"; nebst der Alpenrose, „Almenrausch", Rhododendron hirsutum und ferrugineum, die beliebteste Alpenpflanze.
⁶ Blümlein, Diminutiv von Bloama.

III. Bairisch. — Oberbaiern.

Was gschicht, wann der Lanks[1] kimmt und was's bideut'.

Dees Erscht' is, bal'[2] der Lanks will kimma,
Ees[3] wißt es, da roast[4] der Winter davō,
So macht si' aa' weiter a graantiger Loba[5],
Fangt a lustiga Bua seine G'schpaßln o͞,
Aber weil er so lang auf den Platz ist gewes'n,
So gront[6] er bei'n Furtgeh' und zoagt[7] sein' Zorn,
Des is in April scho͞ gwiß an jeder,
Der d'rauf hat achtgeb'n, inna worn.

Jetzt nacha luusn[8] die Staudn und Boschn[9],
Und wann s' kōan' Sturm mehr draußtn hörn,
Na' ziëgn s'glei' o͞ ihna Feirta'gwandl[10],
Da unnaß ja, wie s'moān'[11], schö͞ Wetter wer'n.
Dees is der Fürwitz vo͞ der Juge'd,
Die halt nie nix derwartn kō͞
Und weil s' gar ei͞bildt und woaß all's besser,
So pumpst s' dafür aa' oft gnua o͞.

Die altn Baam[12] san nit so eili,
Die kenna den Handl und wiss'n's guat,
Daß statt den g'hofft'n hoatern Himmi
An diëm[13] a Schnee no' kemma thuat.
D'rum schlafe s' gemüathli und erscht wann s' mirka
Daß ninderscht[14] mehr kōa G'fahr um's Haus,
Da' stecka s'aa' auf die grüen'n Sträußln
Und macha si' nachanander 'raus.

Weil aber an diawei'n[15] oana faul is
A sellena[16] Baam, so kunts ihm g'schegn,
Schau, daß er gar an' Lanks verschlafet
Und dees thaat dengerscht[17] kōana mögn;

---

[1] Lenz. [2] sobald. [3] ihr. [4] reist. [5] grämlicher Bursche. [6] zankt. [7] zeigt. [8] nachher lauschen. [9] Gebüsche. [10] ihre Feiertagsgewänder. [11] wie sie meinen. [12] Bäume. [13] zuweilen. [14] nirgends. [15] zuweilen. [16] solcher. [17] dennoch.

D'rum kemma die Vögerln daher, die kloan'n
Und singa so fleißi Tag und Nacht
Und macha halt Musi als waar's für an' Kirta'¹
Bis aa' der letzt no' auf is gwacht.

Die Vögerln san die guatn Geister,
Die all's gern glückli macha wolln
Und die dees z'widri² A͂ gedenka
An' Winter gar vertreibn solln.
Jetz kemma die Bloama, schau wie lusti!
Wie s' ziërn und kraanzn Berg und Thal,
Jetz is der Lauks in aller Pracht da,
Und Freud und Frischn überall!

Und was bideut' nacha dees Ganzi,
Die schö͂, die liëbli Frühlingszeit!
A͂ Zoacha³ is's, daß unsern Herrgott,
So moa=n=i halt, sei͂ Welt no' freut,
Und daß ihm b' Leut' do' nit so z'wider,
Wann's aa' schö͂ bösi d'runter geit,
Und daß er uns a guata Vater,
Dees moa=n=i, daß dees Ganz' bideut!

Franz von Kobell.

Nothi⁴ is nit lusti.

Es that's leicht a Joppn, bal's Tuach was nutz
Und waar schö͂ graab⁵;
Was willst no' an' extra'n Kragn, grea⁶
Wie buaches Laab⁷?

---

¹ Kirchweihe, Kirchtag. ² widrige. ³ Zeichen. ⁴ nothdürftig. ⁵ grau.
⁶ grün. ⁷ buchenes Laub.

III. Bairisch. — Oberbaiern.

Es waar leicht a Hütatl für's Wetter guat,
Kōa Bandl d'rauf;
Was steckst denn a Spielho͞feder¹ so gern
Und a Sträußl auf?

A Gartn mit Gmüs', bal b'ebber² ōan' hast,
Tragt der nit gnua?
Was ziēgst denn no' gspreckłti Nagerln³ drinn,
Und Ros'n dazua? —

Es sicht scho͞ so aus als langet's nit recht,
Was noth allōa,
Als waar so e nothi's, sorgli's Lebn
Kōa richtig's Thōa⁴.

Wo kimmt denn dees her? Geh' naus in's Feld,
In Wald und Flur,
Da hast es du g'lernt, da hast es her,
Von der lieb'n Natur.

Da sichst ja wohl manchn Vogl flieͤgn,
Für gar nix guat,
Als daß er a Liēdl auf an Baam
Schö͞ singe thuat.

Da sichst viele Bliēmin⁵, 's braucht j' kōa Mensch, —
Sie blütehen halt,
Und unnutze Käfer sumsn drum 'rum,
Wie's ihna g'fallt.

Da sicht ma ja Farb'n ohni End,
Warum so viel'?
I sag', weil's halt unser Herrgott a so
Und nit anders will.

---

¹ Birkhahnfeder. ² sobald du etwa. ³ gesprenkelte Nelken. ⁴ Thun.
⁵ Blümlein.

95

D'rum thaat's aa'¹ nit scheltn, bal' den oan'
Nit alles g'recht,
Und bal er zum Huat a schöns Bandl aa'
Und a Sträußl möcht'.

's waar freili ganz anders, hätt' uns und b' Natur
A Knicker g'macht;
Der sparet bei'n Tag mit'n Sunne'schei͞
Und mi'n Mond bei der Nacht.

Da gaab's kaam a Frucht, als Kartoffin grab,
Kōan Hopfa, kōan Wei͞,
Da singet kōa Vogl, decs kostet z'viel,
Er will g'füttert sei͞.

Da schanget all's aus in ōana Farb,
D͞a Farb waar gnua',
Da blühet kōa g'spreckter Nagerlstock,
Kōa Ros'n dazua.

Na, na! sau ma' froh, daß's der liebi Gott
So lusti hat g'macht,
Und daß er uns wohl ebbes übrig's schenkt
Von seiner Pracht.

Franz von Kobell.

Schutzengl.

Auf an jeds Kindl
An Engl gibt Acht,
Sitzt an sein Bettl
Bal' 's² schlaft bei der Nacht.

---

¹ thuet auch. ² sobald es.

III. Bairisch. — Oberbaiern.

Wacht allwei¹ fleißi,
Laßt's nit aus 'n G'sicht,
Daß halt den Kindl
Köa Unglück nit g'schicht.

Bal' 's Kindl größer werd,
Frumm, brav und treu,
Bleibt derfell Engl
Sei' Lebta dabei.

Franz von Kobell.

A Gschichtl.

Es san amal drei Student'n,
'rum g'roast² in' Boarischn Wald,
Da is ehna 's Geld ausganga,
Dees gschicht an' Studentn bald;
Da habn s' studiert gar fleißi,
Wie kimma mir jetz zun an' Geld? —
Da wolln s' a Camedi spiel'n,
Wie koani no' g'west auf der Welt.
Sie richtn si' her an' Tenna³,
A Thürl hintn und vorn
Und schreibn an' großmächtinga Zetl,
Dees Stückl hoaßt: „Snach verlorn".
Und mitten in Tenna als Fürhang
Da zieg'n s'a Blocha⁴ auf
Und mal'n von alli zwoa Seit'n
Den Name Theater drauf.
Es kost't der Platz grad an Groschn,
Der ša der schreits überall 'rum,
Die andern an die zwoa Thürln
Empfangen das Pubelikum,

---

¹ immer (alleweile). ² herumgereist. ³ Tenne. ⁴ Plane, Tuch.

Und laßn von hintn und vorn
Halt eini, was eini geh̄ kunt;
Der Fürhang in Mittl dazwischn
Is gweſt, verſteht ſi', herunt.
A Groſchn grab für a Camedi,
Da habn ſ' den Tenna bald voll,
Und alles thut andächti wartn,
Was ebba da kemma ſoll.
Es will ſi' aber nix rüehr'n —
Was is denn da dra̅ Schuld?
Bald ſtampfa und klopfa die Leutln,
Und endli reißt die Geduld.
Da hat amal oaner in Fürhang
An titchtinga Zug auf tho̅,
Jetz ſchaug'n die Hintern die Bödern
Anander großmächti o̅!
Und is ja wol gweſt a Camedi,
A Gaudi hintn und vorn
Und nett dees verkündigti Stückl,
Des g'hoaßn hat „Suach verlorn". —
Natürli die drei Studentʼn
San zeiti mit'n Geldl davo̅,
Und habn ſie 's derweil nit vertrunka,
So habn ſie 's ebba no'.

Franz von Kobell.

Gedank'n.

Wenn alles ſchȫ ſtaab¹ is und ſtill in der Nacht
Und i aus'n Fenſter die Stern ſo betracht,
So denk i mir oft und ſag ma: ha mei̅ ²,
Wie werd's wohl da drobe=n=in Himmi ſei̅?

---

¹ ruhig.   ² „mein" ſtatt „mein Seel" oder „mein Treu".

III. Bairisch. — Oberbaiern.

Wohl sagn j', daß dortn a Herrlikeit,
Wie's koani herunt auf der Erdn geit¹,
Und dengerscht², so kimmt's do'³ an jedn hart o˜,
Wann er halt amal nimmermehr dableibn ko˜!

Ja ja, es is bsunders bees Leben dahier,
Daß oana gern da waar, was kann er dafür?
Und do' muß er furt, muß gar gschwindi dahi˜ —
Oft wunderts mi, daß i so lusti bi˜!
Franz von Kobell.

A Buschn⁴ Schnadahüpfl'n⁵.

Mei˜ Herz thua di auf
Und daß d' Sunna scheint drei˜,
Denn es is ma heunt drum,
Daß i lusti will sei˜,
Daß i lusti will sei˜
Wië=r= a Lerchei bal 's singt,
Wië der Spielho˜ in Falz⁶,
Der in G'ringl 'rumspringt.

O du tause'bschöns Kind,
Wann i di' habn kunnt,
Nacha hätt i 'n Himmi
Auf Erdn herunt;
Und da waar ma nië bang
Vor koan Wetter, koan Reng⁷,
Denn die müßt'n all furt,
Bal b' grad lacheft a weng.

---

¹ gibt. ² dennoch. ³ doch. ⁴ Blumenstrauß. ⁵ Schnaderhüpfeln oder Schnatterhüpfel (ähnlich den „Plapperliedeln" der Kärntner), von „schnattern" — nicht etwa „Schnitterlieblein", wie wol angenommen wurde. ⁶ Birkhahn in Balz. ⁷ Regen.

Und morgn und heunt
San nit allewei guat Freund,
Willst a Bußl¹ hergeb'n,
Laß mi's heunt no' derlebn,
Denn a Sorg ho͂=n=i drum
Und bring's nit aus 'n Si͂,
Schau wenn b' Welt morgn z' Grund gaang,
Waar 's Bußl aa' hi͂!

Und i will grad a Bläami,
I will ja koan' Strauß,
Grad a bißl a Bußl
Dees bitt i mir aus.

Amal kriëgst mi scho͂,
Und dees is halt wann's is,
Nacha schau, wann b' mi kriëgst,
Nacha hast mi ja g'wiß.

Und a Taubn in Fliegn
Der Teufi der brat's,
Und an Diëndl sei͂ Denka
Der Guguck berrath's.

Und 's Diëndl is a Zither,
Wo drüber nix geht,
Und dem macht's die schönst' Musi',
Der 's Spieln versteht.

Und 's Diëndl hat Zahnerln
Da lacht's wohl damit,
Und sie kunnt oan aa' beißn,
Dees thuats aber nit.

---

¹ Kuß.

III. Bairisch. — Oberbaiern.

Und es kimmt nit b'rauf o͞
Wia =r= a Diëndl ausschaugt,
Bal 's no jung, schö͞ und brav is
Und sunst ebbas taugt.

Du flachshaarets Diëndl
Di' hon i so gern,
Und i kunnt wegn den Flachs
Glei' a Spinnradl wern.

A' Gambs auf der Wand
Und da' Punkt[1] in der Scheibn
Und mei͞ Schatz auf der Alm
Is mei͞ Thõa[2] und mei͞ Treibn.

A Bix ohni Ho͞[3]
Und a Diëndl ohni Mo͞[4]
Und a Jaager ohni Schneid'[5],
Da is's allemal g'feit[6].

Bist derntwegn koa Jaaga,
Weil d' Federn a'm[7] Huat
Und an' Zwilling[8] aa' hast,
Der pum pum macha thuat.

A Goasbock is g'stiegn
Gar hoch in oan' Zorn,
Hat a Gambs wer'n wolln,
Is dengerscht[9] koas worn.

Und a Fuchs is koa Lux
Und a Ratz is koa Katz,
Und koan Hirsch bild bir ei͞,
Thuast a Rechböckei sei͞.

---

[1] das Centrum. [2] Thun. [3] Hahn. [4] Mann. [5] Muth. [6] gefehlt. [7] auf dem. [8] Doppelflinte. [9] dennoch.

Und es is nix so trauri
Und nix so betrüebt,
Als wiē wann sī' a Krautkopf
In a Rosn verliebt.
Und es is nix so trauri
Und nix so weit g'feit,
Als wie wann sī' a Publ
In a Katzl verkeit[1].

Daß's geit[2] alti Hexn,
Koˉ glaabn wer will,
Aber jungi, di geit's,
O da kenn i gar viel';
Und hast damit z' schaffa
So thäan s' dir was oˉ
Und da köst nimmer schlafa,
Denkst allewei' droˉ.

Deiˉ Lieb wann a Buach waar,
Dees leset i glei',
Und wie viel wur denn drinn stehˉ,
Was mōast[3], von der Treu?
Und deiˉ Lieb wann a Farb hätt,
So bild i mir eiˉ, schau,
Weil d' gar so viel' gern hast,
Ganz gschecket müßt s' seiˉ.

Und d' Lercherln die steign
In d' Höchn gar gern,
Und wie höcher daß s' steign,
Wie kleaner daß s' wer'n.
Und so steigt aa diëm[4] oana,
Der hoch außi will,
Is heruntn gar weni
Und drobn nit viel.

---

[1] verliebt (verkeilt). [2] gibt. [3] was meinst du. [4] zuweilen.

III. Bairisch. — Oberbaiern.

Und 's Liëbn is a Schiëßet¹
Auf a schneeweißi Scheibn,
Und da kennst di nit aus,
Derfst es wohl a Weil treibn;
Und 's Diëndl is der Punkt
Und um den geht halt 's G'riß,
Und oft trifft 'n a Schütz,
Der der best lang nit is.

Franz von Kobell.

Von' Jaaga-Hannes.

„Spiel auf Musikant, spiel auf!
Mit die feinern Soatn² für d' Wilgefort³ spiel,
Weil s' aa' so viel fei˜ is und g'freut mi so viel,
Und die grobn, die reiß' für n' Hannes sei˜ Gall,
Grad weil's'n so zürnt, daß dem Diëndl i g'fall'
Und daß er der letzt' allemal.

„Spiel auf Musikant, spiel auf!
An schneidinga Laandler an frischn heb a˜,
Daß i schutzn⁴ und braah'n⁵ mei˜ Wilgefort ko˜,
Und an Tanz für an Bärn den rupf hintndrei˜,
Der muaß für'n Hannes an Abschiedslied sei˜,
I trichter's dem Jaaga schon ei˜.

„Spiel auf Musikant, spiel auf!
Und spiel für mi', wie der Auerho˜ falzt,
Wann er allewei' g'schwinder sein' Hochschlag schnalzt,

---

¹ Schießen. ² Saiten. ³ Frauenname, den v. Kobell bei Berchtesgaden hörte. (Nach einer sagenhaften Königstochter, die, gegen Neigung verlobt, um Verlust ihrer Schönheit betete, worauf ihr ein Bart wuchs. Bildliche Darstellungen dieser „virgo fortis", heiligen Wilgefortis — auch Sancta liberata, Entkommene, holländisch: Ontkommer, — Ohnekummer, heilige Kümmerniß — finden sich in mehrern Kapellen Süddeutschlands. ⁴ in die Höhe schwingen.. ⁵ drehen.

Und nacher an Marsch, es is leicht dana guat,
Wie wann mar an armi Seel' eigrabn thuat,
Den arbet 'n Hannes in's Bluat!"

— Der liederli Gori[1] hat's g'sunga dees Lied
Und g'spielt hat der flink' Musikant,
Und der Hannes hinter der Thür hat's g'hört
Undis wor'n so weiß wië=r= a Wand.

Und 's falschi Diendl dees hat grad[2] 'klatscht
Und hat ganz hellauf g'lacht:
„O Gori, deesmal hast meinoad[3]
Dees rechti G'sangl g'macht".

Da geht der Hannes und lad't sei˜ Gwihr,
Zwoa Läufin nebn anand,
Und lad't's mit feini und grobi Schrött,
Und 'zittert hat ihm sei˜ Hand.

„Jetz sing' aa'=r= a[4] Liedl du Blei du sel's
Für die treulos Wilgefort,
Grad wie b' es die wildn Taubn singst
Und sing' ihr in's Herz deini Wort!

„Und du, mit'n schwaar'n grobn Zeug
Du summ's 'n Gori das für,
Nett wië's der Fuchs hat z'hörn 'kriegt,
Der naachst[5] is g'falln vo˜ dir."

Der Mond hat g'scheint spat in der Nacht,
Da kemma s' a'm Steigl[6] daher,
Der liederli Gori und b' Wilgefort,
Kreuzlusti sie und er.

---

[1] Gregor. [2] nur. [3] bei meinem Eid. [4] jetzt sing' auch ein. [5] neulich.
[6] Zaunübergang.

III. Bairisch. — Oberbaiern.

Da fallt a Schuß und wieb'r a Schuß
Und drauf an' etli' Schroa,
Und bluati stürzn mitanand
In's nassi Gras die zwoa.

„Was seid's so staab¹ jetz auf amal,
So sing do', Gori, sing,
So lach do', schöni Wilgefort,
Und spott und tanz und spring!

„Spiel auf Musikant, spiel lusti auf,
Sunst schlaft ja's Paarl ei͂,
Weck's auf bal' d' köst², sie zahln di' guat, —
Gel' Fidler, laßt es sei͂!"

Sie hamm si' mehr koa bißl g'rüehrt,
San todt a'm Bodn g'legn; —
An Jaaga-Hannes hat vo͂ Stund
Koa Menschnaug mehr g'segn.

Franz von Kobell.

Verträuli³.

Und die Zeit is wohl schön,
Wo ma no nix versteht
Und verträuli no' is —
Aber lang dauert's net.

Steht a Rechei⁴ am Weg,
Schaugt mi an, rührt koan Lauf;
Aber bald kimmt Johanni⁵,
Aber nachher paß auf!

¹ ruhig. ² kannst. ³ vertrauensvoll, zuversichtlich. ⁴ Rehlein. ⁵ starke Schußzeit für Rehwild.

Steht a Diëndl am Weg,
Ist kreuzlusti und lacht;
Aber bald kimmt der Hans'l,
Aber nachher gib Acht!

Und die Zeit is wohl schön,
Wo ma no' nix versteht
Und verträuli no' is —
Aber lang dauert's net!

Carl Stieler.

(Um Sunnawend', 4. Aufl., Stuttgart 1883.)
Der Dialekt von Stieler's Gedichten ist der des Gebirgs zwischen Isar und Inn.

A Schicksal.

's Mïdei[1], die hat an Bueben[2] g'habt,
Mit dem is lusti hausen;
Oft hab i f' g'sëgn beim Jakobi-Tanz,
Drunt in der Kaiserklausen[3].

Is gar a frischer Jager g'wen;
's Deandl war z' Alm im Summa,
Aber auf ãamol, vier Wochen lang,
Is er halt nimmer kumma.

Unter a kirchthurmhochen Wand
Finden s' ihn drunt, wo er g'legn is;
Wie s' ihn scho᷉ lang ham eingraben g'habt,
Ham s' es ihr g'sagt, was eam g'schegn is.

Wohl a vier Jahr lang war s' allõa,
Ganz dahoam bei der Mueder,
Nacha hat s' wieder an Bueben g'habt —
War dem andern sein Brueder.

---

[1] Diminutiv von Maria. [2] Schatz. [3] bei Tegernsee.

III. Bairisch. — Oberbaiern.

Der war a Holzknecht und war im Wald,
Der hat ihr b' Heirath verſprocha;
's Deandl war z' Alm, — da is der Bua
Nimmer kemma viër Wocha.

Hat ſi in Schliërs[1] a=n= andere g'holt,
Die a ſchön's Sach und köan Moˉ hat;
Wie ſie 's ſchoˉ lang verkünd't[2] ham g'habt,
Ham ſie 's ihr g'ſagt, was er thoˉ hat.

Herrgott! — Die wird derſchrocken ſein,
Hätt ſ' wohl drum fragen mög'n;
Aber i hab' ſ' beim Jakobi=Tanz
Seitdem nie wieder g'ſegn.

Karl Stieler.
(Bergbleamln, 2. Auflage, München 1882.)

's Dirnd'l.

Drob'n auf der Alm da hockt a Herr,
Der kimmt ſchiër bis voˉ Preußen her;
Ausländ'riſch ſchaugt er ſi[3] ſchoˉ recht,
Deutſch kann er a bißl, aber ſchlecht.

„Nu, liebe Frau, möcht' ich mir laben;
Kann ich ein Töpfchen Milch wol haben?"
„"Recht gern"", ſagt d' Sendrin, „"wenn i 's hätt,
Aber köa Frau, bös bin i net.""

„J, iſt an Milch hier ſolche Noth?
Dann, Fräulein, jibts wol Butterbrot?"
„"Recht gern"", ſagt's, „"wenn i nur öan's hätt',
Aber köa Fräul'n bin i net.""

---

[1] Schlierſee. [2] als Brautleute in der Kirche verkündigt. [3] ſieht er aus.

„Na, Jungfrau, sei'n Sie nur nicht böse,
Denn jibts doch wol 'n Stückchen Käse?"
„„Recht gern"", sagt's, „„wenn i nur ðan hätt',
Aber kõa Jungfrau bin i net."""

„Wie soll ich dann dies Räthsel lösen?
Wer sind Sie denn, verehrtes Wesen?"
„„Herrgott"", sagt sie, „„is dös a G'walt¹,
Wer werd' i sein? — a Dirndl halt!"""

Carl Stieler.
(Weil's mi' freut!, 5. Auflage, Stuttgart 1882.)

's Lenei.

's is Winterszeit, der Boden kracht,
's is fünfe fruah und no² ganz Nacht,
Da geht a Dirndl übern Schnee,
Es thuat ihr wohl dös Gehn so weh;
Si is so blaß und so viel fein,
Die geht wohl nimmer lang, o mein!
Es is a junge Nahderin,
Die geht auf b' Stöhr³ zu 'n Bauern hin.
Gar oft thuat's ihr der Doktor sagen:
„Geh, Lenei, sollst di' nit so plagen
Dös Vierteljahr, dös d' no' kannst leben,
Dir thaat ja jeder gern was geben.
Was liegt denn an dem Bissel dran?"
Na aber schaugt ihn 's Lenei an
Mit ihre schwarzen, großen Aug'n
(Sie kann ðan durch = und durchischaug'n)
Und sagt ganz lind: „Ja g'wiß, meinoad⁴,
Um's Sterben is mir wohl nit load,
I woaß ja, i wer nimmer g'sund,
Nur ðans wenn i no' machen kunnt!

---

¹ eine Schwierigkeit. ² noch. ³ Hausarbeit. ⁴ bei meinem Eid.

Dös is mei Sorg scho̊ seit an Jahr,
Wenn i nur soviel no'· derspar,
Daß ma mei̊ Leich[1] davon kann zahlen,
Daß die nit auf die G'moå[2] muaß fallen,
Daß niemand einstehn muaß für mi'
Und daß i koan nix schuldig bi̊.
Die Gnad, die sollt mir halt no' wer'n,
Dös wenn i han, na'[3] stirb i gern." — —

Dös Lenei — 's thuat ihm 's Gehn so weh,
Und alle Fruah geht's über'n Schnee.

Karl Stieler.
(Habt's a Schneid?, 4. Auflage, Stuttgart 1883.)

Schiffahliad.

Niederbairisch.

Hohl' o[4], hohl' o, mei̊ liaba Schiffmo̊!
Mogst mi g'schwind ohohl'n,
Will a di guat zohl'n;
Hohl' o, hohl' o, mei̊ liaba Schiffmo̊!

Thau' o̊[5], thau' o̊, mei̊ liaba Schiffmo̊!
Host ja net o̊thaut,
Hob da scho̊ zug'schaut,
Thau' o̊, thau' o̊, mei̊ liaba Schiffmo̊!

Länd' o̊, länd' o̊, mei̊ liaba Schiffmo̊!
Thuat an da O̊länd[6],
Sicht, winkt mei̊ Schotz drent[7];
Länd' o̊, länd' o̊, mei̊ liaba Schiffmo̊!

(Mitgetheilt von J. A. Pangkofer in
Gedichte in altbayerischer Mundart, München 1845.)

---

[1] mein Begräbniß. [2] Gemeinde. [3] dann (nachher). [4] hole ab. [5] tauche an (d. i. stoße ab vom Ufer). [6] dort an dem Landungsplatze. [7] drüben.

Deandl im Gras.
Wechselg'sang.

Deandl im Gras, Deandl im Gras!
Luf' af[1], i zoag' da was,
 I zoag' da was!

„Luf' i af, schau=n=i d'rei͂,
Ob's da Müah werth, du mei͂,
 Ebba[2] wird sei?"

Sichst net, am Bachel durt
Hupft a Bachstelzen furt;
 Sichst a f' net durt?

„Wos geht mi d' Bochstelz o͂?
D͂aschicht[3] bedeut f' koan Mo͂,
 Schaug f' goar net o͂."

Schaug hi͂, f' is net allōa,
Schaug hi͂, 's san eahna[4] zwoa;
 As is a Poa!

„'s is a Poa? dees is laut[5],
Jatz wear i heua[6] Braut,
 Juche aa Braut!"

Deandl mi freut's deßweg'n,
Wael i 's mit dia hob g'seg'n,
 Dees kimmt mia g'leg'n.

„Dees deaf bi goar net kei'n[7],
Di geht's net o͂ vo weit'n,
 I hob scho͂ d' Mein!"

(Mitgetheilt von J. A. Pangkofer in
Gebichte in altbayerischer Mundart, München 1845.)

---

[1] gib Acht („lausche auf"). [2] etwa. [3] einzeln („einschicht"). [4] ihrer.
[5] lustig. [6] heuer, in diesem Jahre. [7] necken, bekümmern.

Der baierische Hiesel.[1]

I.

A Liëdla z' singa,
A Liëdla auf's Neu,
Von ōan Wildschütz'n
In Roaßstadter[2] Gäu.

„Gut'n Abend, Jungfer Resl!
Bin a widd'ra=mol do;
Du mueßt mi heint[3] z' Nacht b'holt,
Und schlog mir's net o'!"

„„Wos soll i dir kocha,
Wos were dir recht?
A Darschmolz will i kocha,
Wann's dir is net schlecht.""

„Du sollst mir nix kocha,
Es hungert mi net;
Bin goar z' weit ganga,
Drum bin i ganz miëd."

„„O du, mein lieber Hiesl,
Ziag aus deine Schua,
Geh affi in's Bett
Und deck di warm zua!""

Dea Hiesl håt schlossa
Die liebe lange Nacht;
Die Sonn iß aufgang'n,
Dea Hirsch hot schön großt[4].

---

[1] Matthias (M. Klostermeier aus Kissing bei Augsburg, verwegener Wildschütz, später Räuberhauptmann, enthauptet zu Dillingen 1771). [2] Ein Raßstadt oder Reisstadt scheint sich in Baiern nicht zu finden. Dagegen kommt bei Schmeller (Bd. II, 152) ein zwischen Nürnberg und Ansbach gelegener Ort „Roßtal" vor, jetzt insgemein Roßstall genannt. [3] heut. [4] gegrast.

II.

's Nesl steht auf
Und will Krapfn backa:
„„„Zwelf Jäger stehn drauf'n,
Sollst glei aufmocha!"""

„„I bhue net aufmocha,
Bin oanzig alloan!
I bhät ni sonst fürcht'n,
Ihr möcht mir wos bhua.""

„„„Ei du, mein liebs Nesl,
Mach du uns net blind!
Mir ham's schon erfahre:
Dea Hiesl iß drin."""

„„O zuckersüeß'r Hiesl,
O zuckersüeß'r Mund:
Zwelf Jäger stehn dauß'n,
Ham dra¹ große Hund!""

„O du, mein liebs Nesl,
Laß du sie nur rein!
I bhu mir nix fürcht'n,
Wan's no' so viel sein!"

„„„O du, mein lieber Hiesl,
Zieg on deine Hos'n;
Du mueßt mit uns ausgehn
Aufs Roaßstadter G'schloß!"""

„Eh i mit enk ausgeh,
Eh wog i mei' Leb'n!
I hätt no vierz'ch Guld'n,
Die bhät i enk geb'n."

---

¹ drei.

III. Bairisch. — Niederbaiern.

„„„O bei vierz'ch Gulb'n,
Die wern scho˜ recht;
Die bhät'n mir scho˜ kriën,
Wan's no' so viel trägt!"""

Sie nehmet ihre Hund
Und hetzens auf mi;
Doa nehm i sie olle bra
Und hetz se auf sie.

Sie nehmet ihr Bix'n
Und schießens auf mi;
Und wie sie ham g'schoff'n,
So schieß halt i!

Sechs hob i derschoff'n,
Sechs sein d'vong'rennt:
Gelt, ihr mei liebe Jäger,
Hobts mi a no' niet g'kennt?

(Mündlich, aus der Gegend von Landshut.
A. Birlinger und W. Crecelius, Deutsche Lieder.)

In der Schlußstrophe von I. eine kleine Aenderung. Zwei vorhergehende Strophen, sowie drei Strophen am Schlusse von II. sind ausgefallen.
In einem ganz ähnlichen Liede in unterösterreichischer Mundart (Zista und Schottky, Oesterreichische Volkslieder, S. 152) ist der Held der Wildschütz Franzl. In einem andern Liede: „Der schöne Jäger und schön Röschen" (Rablof I, 106 und Wunderhorn II, 338), ist dieses die schießende:

„Sechs hot's baschossn,
Sechs kann davon g'rennt.
O es meini Jäga,
Habts 's Resal nit kennt."

Spirifank'l [1].
Oberpfälzisch.

Draß[2] liegt e Helzl wundeschei͞,
E Bachl ßët me durchi gei͞,
Wou 's Wasser übe b' Staine braußt,
Dau haut be Spirifank'l g'hauft.

Dau haut e g'ess'n was 'n g'schmeckt,
U haut ſi' g'ſeilt[3] u haut ſi' g'ſtreckt;
E haut e Gaiſl u Koufl[4] g'hatt,
Haut g'molke, graſ't u's Krat a' blatt't[5].

U wenn eu haut nau en Gſpaēs[6] ve'langt,
Suë haut e glenk[7] e Maibl g'fangt.
Dau half kai͞ Fle'n[8], es half kai͞ Hei'n[9],
S' habn melke, graſ'n u bub'n mein[10].

Emal e Capezine kam,
Deē 'n Fankel 's Krakſel unte nam[11],
Deē haut 'n g'ſchmiſſ'n unte'n Stai͞,
Eitz ligt e draſſ'n ganz ellai͞.

D' Wal[12] wiëb 'n z'lang, du leibe Zeit!
Dau hauſt u teiſt e[13] wei niët g'ſcheid.
D'rum, Zuckabiële! heit's enk ſei͞[14],
Geits niët ze 'n Fankel hutze=r= ei͞[15].

Me heiët 'n un͞ u glabt's es naē[16],
Me kaē 's ja wul mit Aughen ſeē':
En Setzl, won e g'ſetzn wa,
U 's Bubefaß u 's Miltel[17] a'.

---

[1] D. i. der böse Feind, Teufel. Bei **Schmeller** ist das Gedicht überschrieben: „Der Doſt" (Namen einer Waldung bei Wildenreuth). [2] draußen. [3] und hat ſich geſielt. [4] ein Gaislein und ein Kühlein. [5] gegraſ't und das Kraut auch geblättert. [6] nach einem Scherze. [7] ſogleich. [8] Flehen. [9] Heulen. [10] buttern müſſen. [11] der dem Fankel das Traggeſtell herunternahm (d. i. ihn unterkriegte). [12] Weile (Zeit). [13] da wirthſchaftet und lärmt er. [14] Zuckerbirnlein, hütet euch fein. [15] einen Abendbeſuch machen („hutzen gehen"). [16] man hört ihn nun, und glaubt es nur. [17] Milchgefäß.

III. Bairisch. — Oberpfalz.

Oft mainets, e vebramst si kam¹,
U haut enk schou be 'n Füeße-Sam²;
Nau nimmt e 'n Maidln 's Kranzl brav,
'en Boubmen setzt e b' Höe'le=r= af³.

(Mitgetheilt von Schmeller in
„Die Mundarten Baierns".)

Altes oberpfälzisches Hochzeitslied.

Moidl wein', wein', wein'!
Bis heunt über's Gaua⁴ bist nimma su fein.

Mir führ'n bi üba dein Boda sei͞ Stoig'n⁵
Bis heunt über's Gaua wirst a Kinnerl woig'n.

Mir führ'n bi üba dein Boda sein Gart'n,
Bis heunt über's Gaua moußt a Kinnerl wart'n!

Moidl wein', wein', wein',
Bis heunt über's Gaua bist nimma su fein!

(Bavaria, Landes- und Volkskunde des Königreichs Bayern, II, 282.
Das Original hat eine Strophe mehr.)

Zum Geschweigen der Kinder.

Schweig stilla g'schwind, ma͞ loibes Kind!
Da Woutzl⁶ kummt und nimmt be mit.
Schweig stilla g'schwind un halt da͞ Mäul,
Er is schou brass'n mit sein Gäul!

(Bavaria, II, 235.)

---

¹ er bewege sich kaum. ² Fürtuchsaum. ³ Hörner auf. ⁴ Jahr. ⁵ Stiege.
⁶ (auch Woub, Woubl) Woban.

8*

Oberpfälzische Schnaderhüpfel.

Gegend um Amberg.

An oanzigs Henl, an oanzigs Ei:
Wie well'n ma hauf'n[1], fan unfa zwei?
An oanzigs Henl, un des a Schech,
Un thout's net leg'n, na thoun mer's weg[2].

Moidala mogst tanzn?
Ei ja wöi denn, wöi denn?
Drah di a weng aui,
D'rinn is 's gou eng[3], gou eng.

Drei lüderli Strümpf
Und zwöi˜ dazou, fon fünf:
    Hot mia ma˜ Boda=r=o Kortn koft,
Son nix als loto Trimpf!

Es iß koi˜ Apfel so roufenrout,
Es steckt a Wärwerl[4] drinn;
Es iß koi˜ Moidel so jung erkorn[5],
Es füt a foifchen[6] Sinn.

        (Bavaria, II, 315 und Radlof, Musterfaal, I, 327.)

---

[1] haushalten. [2] Nach diesem Schnaderhüpfel führt ein beliebter oberpfäl-
zischer Tanz, dessen Tempo, in eigenthümlichem Wechsel von $2/3$ und $3/4$ Takt
("Dreher und Schleifer"), nach jenem Versmaße geregelt ist, den Namen: "An
oanzigs Henl". Bei Radlof heißt es:

    An oanzis Hennl, an oanzis Oa: —
    Wö be well' ma hause, san unsa zwoa;
    An oanzis Hennl, a gschechati
    Und weunst ninnt legt, so pekati (schlachte ich's).

[3] gar eng. [4] Würmchen. [5] jung ausgewählt. [6] führt einen falschen.

IV.

Oesterreichisch.

Die Mehrzahl der ö ste r r e i ch e n Dialekte gehört dem altbairischen Stamme an („bairisch-österreichische Mundart"), so namentlich die tiroler, die ober- und niederösterreichische, steirische und die kärntnerische Mundart. In Vorarlberg findet sich Alemannisch, in Nordmähren Schlesisch; Reste thüringer, schwäbischer und rheinfränkischer Einwanderungen in Krain, Ungarn und Siebenbürgen.

Die österreichische Mundart unterscheidet sich von der bairischen namentlich durch eine größere Beweglichkeit und durch größere Schnelligkeit der Aussprache.

Kein anderes Volk deutscher Zunge ist so sangeslustig, wie das österreichische; nirgends entfaltet sich die im Volke selbst sprossende Dichtung so reich und anmuthig, wie in Ober- und Niederösterreich, in Kärnten und Steiermark.

Die Alpenfahrt.
Mundart des Billerthals in Tirol.

Stea nu au¹, stea nu au, früscha Melcha=Bua!
Stea nu au und melch bai Kua!
As schwögla² jo schoan b' Bögal laub,
Di Sunn schoan üba's Jöchal³ schaub.
Stea nu au, stea nu au, früscha Melcha=Bua!
Stea nu au und melch bai Kua!

Kling, klang, klong! Kling, klang, klong! schollt's durch Berg
                                                   und Thol,
Kling, klang, klong! schollt's übarol!
Di Sönnin joblt 's Olma=Liab
Z' heachst, wo da Speik⁴ und Raut'n blüat.
Kling, klang, klong! Kling, klang, klong! schollt's durch Berg
                                                   und Thol,
Kling, klang, klong! schollt's übarol.

Nid vazogt, nid vazogt, üba Gschröf⁵ und Wond!
's iß jo dechtar⁶ 's Vodalond,
A dorst⁷, wo 's Gamsal springt und tonzt,
Und's Eis vu b' Käß⁸ hearocha⁹ glonzt.
Nid vazogt, nid vazogt, üba Gschröf und Wond,
's iß jo dechtar 's Vodalond.

---

¹ Steh nur auf. ² pfeifen. ³ Joch. ⁴ Nicht, wie meist angegeben, Lavendel (Lavandula spica), sondern eine alpine Aurikelart, Primula glutinosa (wohl auch minima), welche neben der Eberraute (Artemisia mutellina) als die edelste — weil schwierigst zu erlangende — Pflanze der Centralalpen gilt. Den Namen Speik — je nach der Farbe der Blüte blauer, gelber, weißer Speik, führt eine ganze Reihe von Alpenpflanzen aus den Gattungen Primula, Aretia, Valeriana, Senecio, Erysimum, Geum und Achillea. ⁵ Felsen. ⁶ doch. ⁷ dort. ⁸ Gletschern. ⁹ herunter.

Schaug's[1] hearau, schaug's hearau vu dar Hoamat mein,
Schaug's hearau, wia 's iisch so fein!
Deanal, iß dar woll die Zeid nid z' long,
Iß dar woll nid um bai Löttal[2] bong?
Schaug's hearau, schaug's hearau vu dar Hoamat mein,
Schaug's hearau, wia 's iisch so fein!

Treib früsch au, treib früsch au, schworza Melcha=Bua!
Treib iatz au Schoof, Kolb und Kua!
Nimm das Pfeifal, und das Ranzal g'füllt,
Dos da d' Lonkwail und 'n Hunga stüllt.
Treib früsch au, treib früsch au, schworza Melcha=Bua!
Mooch dos Kroiz und treib früsch zua!

(Bei Firmenich, III, 372.
Orig. 6 Strophen.)

Tirolerlied.

Vom Wald bi=n=i führa[3], Wo's stockfinste is,
Un i lieb' di von Herzen, Das glaub' mi g'wiß!
Da lacht er, da lacht er, De schelmische Dieb,
Als wenn er nit g'wußt hätt', Daß 'n gar so lang lieb'.
      La la la la la la!

Gib ma 's außa, was d' ma g'stohln hast, Gib ma's außa
      mein Herz!
Na behalt's nur, na behalt's nur, 's war ja mein Scherz.
Na behalt's nur, na behalt's nur, 's war ja mein Scherz;
I g'hör dein zu, du g'hörst mein zu, Eins mit 'nander
      das Herz.
      La la la la la la!

(Erlach, IV, 378.)

---

[1] schauet. [2] Burschen. [3] hervor (=gekommen).

IV. Oesterreichisch. — Tirol.

Da drunt'n af d'r grienigen¹ Au.
Mundart im tirolischen Etschlande (Bozen).

Da drunt'n af d'r grienigen Au
Steht a schen'r Birbam, tragt Lau'².

Und in³ dem Bam ist a wunderschen'r Ast:
Ast in dem Bam, Bam in der Erd' —
Da drunt'n af d'r grienigen Au
Steht a schen'r Birbam, tragt Lau'.

Und in dem Ast ist a wunderschen's Est⁴:
Est im Ast, Ast im Bam, Bam in der Erd' —
Da drunt'n af d'r grienigen Au
Steht a schen'r Birbam, tragt Lau'.

Und in dem Est ist a wunderschen's Oa⁵:
Oa in dem Est, Est im Ast, Ast im Bam,
Bam in der Erd' —
Da drunt'n af d'r grienigen Au
Steht a schen'r Birbam, tragt Lau'.

Und in dem Oa ist a wunderschen'r Vog'l:
Vog'l im Oa, Oa in dem Est, Est im Ast,
Ast im Bam, Bam in der Erd' —
Da drunt'n af d'r grienigen Au
Steht a schen'r Birbam, tragt Lau'.

Und der Vog'l hat a wunderschen's Federl:
Federl im Vog'l, Vog'l im Oa, Oa in dem
Est, Est im Ast, Ast im Bam, Bam in der
Erd' —
Da drunt'n af d'r grienigen Au
Steht a schen'r Birbam, tragt Lau'.

---

¹ grünenden. ² Laub. ³ an. ⁴ Nest. ⁵ Ei.

Und von dem Federl werd a wunderschön's Bett:
Bett vom Federl, Federl im Vog'l, Vog'l im
Da, Da in dem Est, Est im Ast, Ast im
Bam, Bam in der Erd' —
Da drunt'n af d'r griënigen Au
Steht a schen'r Birbam, tragt Lau'.

Und in dem Bett sitzt a wunderschene Dam':
Dam' im Bett, Bett vom Federl, Federl im
Vog'l, Vog'l im Da, Da in dem Est, Est im
Ast, Ast im Bam, Bam in der Erd' —
Da brunt'n af d'r griënigen Au
Steht a schen'r Birbam, tragt Lau'.

(Mitgetheilt von Prof. Schöpf in Bozen,
in „Zeitschrift für Mundarten", III, 508.)

Oberösterreichische Schnaderhüpfel.
Gegend von Salzburg, Ischl und Hallstatt.

Raiß'[1] du Schworzaugeter,
Loß mi mit Rueh,
Bin i nöt dei Diërndl
Und du nöt mei Bue!

Geh du Schworzaugeti,
Gel füer di tauget i,
Gel füer di war i recht,
Wonn i di mecht?

D' Fischerln in 'n See
Schwimment hi, schwimment he,
Schwimment auf und nieda;
Bue, wonn kimmst denn wieda?

---
[1] gehe.

IV. Oesterreichisch. — Oberösterreich.

Diërndl, geh her zan Zaun,
Und loß di recht onschaun,
  Wie deini Augerln san,
Schworz oba braun?

San meini Augerl
Schworz oba nöt,
Dös woaß i gwis,
Für di taugns nöt.

Mei Diërndl hoaßt Reserl,
Is reserlat[1] gmolen;
Hon d' Kaiserin gsegn,
Hob ma nöt so guet gfolln.

Koan Haus und koan Geld,
Und koan Wies' und koan Feld,
  Und koan solchana Bue
Soll nöt sein af da Welt.

An ehrlögs Geblüet
Und an aufrichtögs G'mieth,
Und a Herzerl, a treu's,
Dos is d' Solzburga Weis'!

Zrissen is 's Gwandl
Voll Löcha haud[2] d' Schue,
Oba Schotzerl krieg i döstwögn
No allöweil guete.

Ha schau, meini Schue
San von Fuchslöda gmocht,
Dö schloffen bein Tog
Und gehnt aus bei da Nocht.

---

[1] rosig. [2] sind.

Liebs Schotzerl, moch auf,
Do herrausten¹ is's kolt,
Ba dir in da Komma²
War's hoamlöga³ holt.

's Diërndl is hondsom,
Zan Tonzen schen longsom,
Zan Afmocha gschwind,
Wonn da rechtö Bue kimmt.

Dein Aug is a Sunn
Und dein Göscherl a Brunn,
Un za den kimm i g'rennt,
Bol mi b' Sunn a so brennt.

A Schronkbam⁴ für b' G'banka
Is an Unnuitglögkeit,
Und dos hot mi ols a Kloana
Schon unbändög gfreut.

A Lieb, dö recht stork is,
Dö plodert⁵ nöt gern,
Wië=s=b'⁶ a Wossa, dos tief is,
Nöt rauschen wirst hern.

Zwoa schneeweißö Täuberl
Fliëgn trinka zan See,
Ma Lieb dö geht unta
Und nimmar in b' Heh.

Für olls war zan helfa,
Ollö Kronken wur'n g'sund,
Wonn mar 's recht Kräutl kennat,
Und wonn mar 's a fund.

---

¹ hier außen. ² Kammer. ³ heimlicher. ⁴ Schlagbaum. ⁵ plaudert. ⁶ wie du.

IV. Oesterreichisch. — Oberösterreich.

Und i kennats und wissats
Und findats a glei,
Und konn ma dennert nöt helfa:
Mit mir is's vabei!
(Bei Firmenich, II, 715.)

Da Buschn [1].
Mundart im Pongau in den Salzburger Alpen.

'S Dianaj hat gsagt:
„Mecht an Buschn geau habn".
J laaf wol auf b'Wiesn
Und brock [2] ihr oan zomm.

Zeascht nimm i a recht a
Schös Beigaj [3], a blaus;
Bedeut ihrö Augaj,
Schaund krab ajo aus.

A brinnroths Stoanagaj [4]
Das bind i glei dro,
Schaut mi krad so schö roth,
Wië=r= ihr Göschaj [5], schier o.

A Kleeblad vasteht si,
Das muaß sei dabei;
Das waar a saubarö
Lieb ohne Treu!

A Schmalzbleaml [6] nimm i,
Ist gelb und bedeut,
Daß i eifa [7] mit ihr,
Und koan onnarn [8] nid leib.

---
[1] Blumenstrauß. [2] pflücke. [3] Veilchen. [4] Stein=Nag'l (Steinnelke), Dianthus sylvestris Wulf.; schön rothblühende Alpenpflanze (auch die Kar= thäusernelke, D. Carthusianorum führt neben anderen Bezeichnungen — Rain= nelke, Buschnagerl — hier und da den Namen Steinnelke). [5] Mündchen.
[6] Butterblümchen, Ranunkel. [7] eifersüchtig bin. [8] andern.

Und find i a Klettn,
So bind i 's bazua;
Bedeut, daß i ewig
An ihr hänga thua.

Ba da Hedschabötschstauan [1]
Da nimm i an Ast;
Bedeut, daß mei Herz hat
Koa Rua und koa Rast.

Van Feibabam [2] bind i
A Kazaj [3] bazua,
Bedeut, daß i auf Ostan
As Heirathn thua.

Den Buschn den gib i ihr;
Mag fei, daß 's vasteht,
Was i selba geau sagat,
Wonn i 's Heaschz bazua hätt.

(Bei *Firmenich*, II, 622.)

D' Muettersprach.
Oberösterreichisch.

Traunviërtlerisch [4] rödn —
Wië 's ma kimmt — is mei Sach!
An jeds hat am liëbern
Dö allererscht Sprach.

Da Vogl hat 'n Schnabl,
Daß a fingt, wië=r=a wachst,
Und da Mensch hat fei Sprach,
Daßt as netta so [5] machst!

---

[1] Hagebuttenstaube. [2] Felberbaum (von falb = gelb), Weidenbaum, der um Ostern blüht. [3] Kätzchen. [4] Sprache des alten „Traunviertels", im Lande ob der Enns. [5] „netto so", genau so („netta", vor Bokalen „netter", das aus der kaufmännischen Sprache eingedrungene netto, „als «nett» schon bei Fischart eingeschwärzt; vom lat. nitidus").

IV. Oesterreichisch. — Oberösterreich.

All's sag i viel leicht'r
Von'n A bis zun Zöt,
Wann i grab aso röd,
Wie mei Müeterl hat g'rödt.

I lös wol ah b' G'schrift[1] —
Aber, Manner, mi zimt[2],
Daß dö Sprach nöt recht mittn
Von 'n Herzen außa kimmt.

Drum — mit Leut'n, dö gspreizt[3] san
Und dö i nöt kenn,
Röd i herrisch[4], damit i
Ma 's Mäul nöt verbrenn.

Aber b' Leut, dö ma gfalln,
Röd i an mit der Sprach,
Dö ma kimmt, wann i 's Herz
Für mei Hoamat aufmach.

Und verstund'n s' mi nöt,
Wir i besttwegng nöt schrein,
Denn das müeretn[5] spottschlechte
Östreicher sein!

K. A. Kaltenbrunner
(in „Zeitschrift für Mundarten", III, 43).

's Wundakräutl.
Oberösterreichisch.

Wann i voll Unmueß bin
Und volla Trabikeit[6],
Schwanzt sie schen stat[7] dahin
Und laßt iehm[8] Zeit.

---

[1] Schriftsprache, Hochdeutsch. [2] mich dünkt. [3] großthuerisch. [4] vornehm, hochdeutsch. [5] müßten. [6] Arbeitsüberladung. [7] schwänzelt sie schön langsam. [8] sich.

Aſt, wann i benz und beit[1],
Haißt ſ' mi an Bobara[2],
D' landriſchen[3] Bedlleut,
Sait ſ', boban a[4].

Wann i nah hari' wir'[5]
Und thürmiſch[6] af ſie ſchau,
Laſt ſ' mar af ainmol fůr,
Ehn is umtrau[7].

Laſt über b' Zwerigſt[8] brein,
Laſti laſ, laſti laſ[9],
Nix hilſt mein Grein'n[10] und Schrein,
Is thuet ma braf[11].

Kimm i ua endling
Af b' Wieſen, wo ſ' Gruemat heugt[12],
Und ſag, ſie war ſchon brav,
Weil ſ' a ſo heugt; —

Kehrt ſ' mar 'n Buckl zue
Und föhrt mi ſchnaurab an,
Daß i recht gileting gnue
Z' ſchmöcka bran han.

* * *

Hat ma wer gſagt bös nachſt[13]
Daß ſo a Kräutl is —
Awa wolent[14] daß's wachſt,
Waiß a nöt gwiß —

Go ſo bowahrt[15] ſoll's ſein,
Blüeht um Johanns herum,
Gat ma's[16] 'n Weibern ein,
Wer'n ſ' lampelfrum.

---

[1] bränge und warte. [2] Ueberſtürzer. [3] landläufigen. [4] übereilen auch.
[5] nachher rauh werde. [6] ſchwindelig, betäubt. [7] ehe ich's für möglich halte.
[8] überzwerg. [9] lauſe, lauf! [10] Zanken. [11] ſie pfeiſt mir brauf. [12] Grummet
haut. [13] jüngſt. [14] aber wo. [15] gar ſo bewährt. [16] gibt man's.

IV. Oesterreichisch. — Niederösterreich.

Wann i 's nar inna wurd¹,
Wolent das Kraut mueß sein:
I raiset heut nu furt
Und gah iehn's² ein.

Und bauet aft³ a Jahr
Nix als den Kräutasamm,
Braitet 's aus, Pfarr'⁴ für Pfarr'
Bis hin gögn Ram⁵.

Und wur in Jahr und Tag
Wia da graoß' Jud so rei',
Hätt's Geld in Mötzensack
Und — a frums Wei'.

F. Stelzhamer.
(Lieder in obberennsscher Volksmundart,
Wien 1837.)

A Bußl⁶.
Niederösterreichisch, Gegend von Wien.

A Bußl is a gschboasigs Ding,
Es riglb oam⁷ 's gonzi Bluad;
Mar ißd's nöb und ma brinkb's ah nöb
Und 's schmöckb do goa so guad.

(Bei Firmenich, II, 807.)

G'sangln aus 'n Weana⁻wåld.

I bin jå koa Owa⁻ =,
Koa Unta⁻staira⁻,
I bin håld a lustiga⁻
Estaraicha⁻.

---

¹ nur inne würde. ² gäb's ihnen. ³ bann, banach. ⁴ Pfarrei. ⁵ Rom.
⁶ Kuß. ⁷ rüttelt einem.

Welcker.

A lustichaʳ Bua
Der braucht oft a Bar Schua,
Awar a draurichaʳ Narr,
Der braucht sälbn a Bar.

Maī Badaʳ is a Jacha[1],
A Jacha bin i;
Maī Badaʳ schiaßt di Bek
Und die Kitzln schiaß i.

Maī Schatzal hab Aichal[2]
Wia da Himml so blau,
Drum is's aa koa Wundaʳ,
Wann i drin mi vaschau.

Wia-r-a Daiwal[3] hab's Aichal,
Wia-r-a Engal schaub's her;
Und kim i zun Fenstaʳ,
Lafft's in Pfadal[4] daher.

Maī Schatz is a Bülbl[5],
Das i ābetn bua,
Und b' Weld is zun Bülbl
Nur 's Ramal dazua.

Daß m'r immramoal streib'n,
Dös mâcht ma koan Grâm:
Zwoa gânz glotti Hölzeln
Hâlt'n ah nit fest z'som.

Wânns nua nit schlimma wiab,
Wânns nua so bleibt,
Wânns ah schon regna thuab,
Wânns nua nit schneibt[6].

---

[1] Jäger. [2] Aeuglein. [3] Täubchen. [4] Diminutiv von Pfaid = Hemd, Jacke. [5] Bildchen. [6] schneit.

IV. Oesterreichisch. — Niederösterreich.

Wånn i a reich nit bin,
Håb nit vill Geld;
Wånn i nua' kaufen kånn
Dås, wås ma g'fällt.

Sieb'n Berg und sieb'n Thål,
Sieb'n Buarm[1] auf amål:
   An[2] liab i, an fopp i,
An heurat i bol.

Ana winkt ma mit'n Anguan,
Ana tritt mi au'm Fuaß,
Ana zupft mi a'm Kidal,
Der an schickt ma an Gruaß.

Schluck åbi[3] dain Zorn,
Du lustiga Bua;
Wånn=s=d' stad[4] bist und ruhig,
Nåcha geb'n 's da[5] an Rua.

Schluck åbi dås Red'n,
Wås di aufbringa kennt;
Wånn=s=d' mitlochst, auf d' Wochen
Håts Plauschen[6] an End.

Husch husch und eiskåld,
Mei" Bett steht in Wåld,
   In a kreuzsaubras Diandl
Valiabt ma si båld.

Dort ob'n af da Heh
Steht a Bock und a Reh
   Und i trau ma's nit z' schiaß'n,
Mei Heaz thuat ma weh.

Mei" Schåz håt ma d' Liäb afg'sågt,
Und i håb's går nit g'åcht;
   Had da Nårr sölba g'flennt
Und i håb g'låcht.

---

[1] Buben. [2] einen. [3] hinab. [4] ruhig. [5] dir. [6] Plaudern.

Jätz foahr i af Pest[1]
Und vō Pest af Triest;
Leb wohl du heaztauſ'nd Schåtz
Und ſei nuär getreſt![2]

(Franz Biska und J. M. Schottky, Oesterreichiſche Volkslieder, Peſt 1819, und Firmenich, II, 803 und III, 414.)

Die menſchliche Dankbarkeit.
Niederöſterreichiſch.

Wie unſer Herrgott fertig war
Am letzten Schöpfungstag,
Da hat er aufg'ſeufzt und hat g'ſagt:
„Herrgott, war dös a Plag!"

Und wie er no auf b' Menſchen ſchaut,
Ob's wol recht g'rathen ſein,
Da fallt's 'n ein, es fehlt no was
Im Menſchenherzen drein.

Sein alle da, der Haß, die Liab',
Der Scherz, der Stolz, die Freud',
Nur eins is in kein Kammerl no,
Das is die Dankbarkeit.

„Dö muaß no 'nein!" ſo ſagt der Herr,
Und pflanzt's a eini glei; —
Da überfallt'n b' Mitadigkeit
Und — er ſchlaft ein dabei.

---

[1] Peſt. [2] Dieſes Schnaderhüpfel hat wie die drei vorhergehenden genau dieſelbe Reimfolge, welche für die perſiſche Vierzeile und für die vier erſten Zeilen des Ghaſels charakteriſtiſch iſt. Die nahe Verwandtſchaft dieſer im deutſchen Volksliede häufig vorkommenden Form mit jener ausländiſchen hat der Herausgeber nachgewieſen in: „Die perſiſche Vierzeile und der deutſche Volksreim" („Nord und Süd", X, 339). Die erwähnte Reimfolge (a, a, b, a) findet ſich in der Volkspoeſie aller Mundarten, vgl. die nach Art der perſiſchen Vierzeile gedruckten Strophen S. 56, 57, 66, 71, 81, 116, 123, 139, 142, 197, das altdeutſche: „Du biſt min — " u. a.

IV. Oesterreichisch. — Niederösterreich.

Ka Wunder, daß dös Pflanzerl no
Bis heut nit orndtli blüaht,
Es is a recht verkrüppelt's G'wächs:
Der Herrgott war halt z' mitad. —

Drum, wann ein' wer[1] was Guats hat than,
Das ma vergelten sullt,
Und ma vergißt's und denkt nit dran,
So is der Herrgott schuld.

Er war halt z' mitad, der guate Mann!
Drum nur nit kritisir'n!
Wann ma a ganze Welt hat g'macht,
Kann sowas schon passirn.

Otto Sommerstorff.
(Zuerst mitgetheilt in E. Henle, „Was soll ich deklamiren".)

Dö Stea'ndaln[2].
Niederösterreichisch.

Schaub's nua, wia b' Stea'ndaln
So zimperli thuan
Und mit 'n Augerln
Koan Augablick ruahn!

Is dös a G'schamikaid[3],
Dös thuad koan Moann!
D' Jingferln dö blinzeln so,
Schaub ma f' z' stoark oann.

Deftweg'n bihaupt i hoald
Dallaweil no:
D' Stea'ndaln san Jingferln,
Drum blinzeln f' a so.

---

[1] einem jemand. [2] die Sternlein. [3] Verschämtheit.

Dö Stea'ndaln san Jingferln,
Sö soll'n bai da Nocht: —
Main Deandal, main Jingferl,
J roth' da's, gib Ocht!

Dö Stea'ndaln san Jingferln;
Schau, daß di nit irrst,
Und schau, daß b' nit aa so
A Stea'nschnaizn¹ wirst.

Joh. Gabr. Seidl.

(Flinserl'n [Flitterchen], Gedichte in niederösterreichischer Mundart,
Wien 1828—1838, 4. Aufl. 1878.)

Hamweh.

Mundart von Iglau in Mähren.

Bĩ schõ wait g'rast² und gwandet,
Hâb schõ vil Stadln g'segn,
Hâb oft a' m Stroh 'rum g'randet³,
Bĩ ach⁴ im Wald schõ g'legn.

Doch nã⁵, des muß=e⁶ sâgñ,
Und 's ies a ganz gewies:
's hât me imme in b' Hamet zoogñ,
Wenn's mer a gut gangẽ ies.

's hât me just net 's Hamweh plagt,
Ãwe'⁷ imme hât's me penzt⁸:
Ge ham! ge ham! hât ane'⁹ gsagt,
So hât's me imme g'stenzt¹⁰.

---

¹ Sternschnuppen. ² gereist. ³ auf dem Stroh mich herum gewälzt. ⁴ auch.
⁵ nein. ⁶ ich. ⁷ aber. ⁸ gedrängt. ⁹ einer. ¹⁰ fortgetrieben.

IV. Oesterreichisch. — Böhmen.

So bic̄=u=e gwande't in maīs Vâte's Haus,
Und ge a wirkle nimme' eraus;
Denn 's is wâē¹, und ies glai b' Noth an greßtn:
Jewerall ies gut — dahamt an bestn.

(Zeitschrift für Mundarten, V, 121.
Original 8 Strophen.)

D' Kilgfölcht².
Mundart von Oberplan im Budweiser Kreise, Südböhmen.

's Bedlweibl wullt kilgfölchtn gaī,
    Juhe, juhe!
's Bedlmanl wullt a mitgaī,
    Daidiblumdee!

's Bedlmanl muoß z' Haus schȫ bleim,
    Juhe, juhe!
Schüßl und Dalle reim³,
    Daidiblumdee!

Schüßl und Dalle is nid g'nuo⁴,
    Juhe, juhe!
Tisch und Baink a bezuo,
    Daidiblumdee!

Wiē's Bedlweibl von Kilgfölcht'n kimbt,
    Juhe, juhe!
„Nu miā Māu, worscht recht g'schwind?"
    Daidiblumdee!

„„Drei Will⁵ hau=n=i g'spune schou,
    Juhe, juhe!
Do schau āu, wos i kāu!""
    Daidiblumdee!

---

¹ wahr. ² Wallfahrt („Kirchfahrt"). ³ Teller reiben. ⁴ genug. ⁵ Gebinde.

'n Bedlweibl wor dos nid g'nuo,
   Juhe, juhe!
Haut a'm¹ Mâu~ ditchti zuo,
   Daibiblumbee!

's Bedlmanl buot's 'n Nob'n² klogn,
   Juhe, juhe!
Daß 'n sa~ Wai hot g'schlogn
   Daibiblumbee!

Nobe soat: „Af b' Nocht marsch b'vâu~³!
   Juhe, juhe!
Do schau au, wos me kâu~",
   Daibiblumbee!

's Bedlmanl buot's 'n Richte klogn,
   Juhe, juhe!
Daß 'n sa~ Wai hot g'schlog'u,
   Daibiblumbee!

Richte owe soat: „G'schiëcht aiuf⁴ recht,
   Juhe, juhe!
Worum sats a Weiweknecht",
   Daibiblumbee!

(Zeitschrift für Mundarten, V, 408.)

Durch ganz Teutschland verbreitetes Volkslied; unterösterreichisch: „'s Bedl=
waibl wullt kärikärt'n gehn" (Erk, IV, 38), schlesisch: „'s Weibl wullt zum
Tanze gehn" (Firmenich, II, 287), bairisch: „'s Weibl af'm Marckt tat geh"
(Schmeller, 521) u. s. f. So verschieden die Ausgangsziele des Weible sind,
der Ausgang des Stückes ist stets derselbe:

„'s Bedlweibl woar halb goar nib fal,
Schlagt 'n Mandl 's Goarn ums Mal,"

„'s Weib nahm a Rockenstuck,
Schlug 's Mandl uf a Kupp,"

„'s Wei nahm an Hennetrog (Hühnertrog),
Schllegng en Ma~ um en Kopf."

---

¹ auf den. ² dem Nachbar. ³ Marsch davon! ⁴ euch.

IV. Oesterreichisch. — Kärnten.

Karntnerische Pleppaliedeln[1].

Bin a lustiger Bue,
Bin a Karutner, lei=lei[2],
Und wo a scheaus Diandl is,
Is a Karntner dabei.
Klagenfurt.

Und 's Hüetel af d'r Seit'n,
Und 's Federl gebog'n,
So tragen's die lustigen
Karntnerischen Pueb'n.
Klagenfurt.

De karntnerischen Leutlan
Seint treu und bieder (⌣ —)[3],
Und a karntnerisches Liëdl
Hallt im Herzen wieder (⌣ —).
Mittelkärnten.

Wer da Tänz' kann, gibt Tänz an,
Wer a Geld hat, zahlt aus.
Wer a Diëndle hat, kann tanz'n,
Wer keins hat, bleibt z' Hauf'.[4]
Mittelkärnten.

Mei͞ Diëndle is sauber
In Sunntagg'wandlan (⌣ —),
Und vor lauter Liab sippern[5]
Die Fürtuchbandlan[6] (⌣ —).
Villach.

Tanz'n und prål'n
Und die Spielleut nix zål'n;
Van die Liëdlan aufgeb'n
Können die Spielleut nit leb'n.
Welfzenstein.

---

[1] Plapperliedeln. [2] nur, halt, eben (schwer übersetzbare Füllpartikel der Kärntner, die ihretwegen auch „Kärntner lei lei" genannt werden). [3] Mit dem Accent auf der Endsilbe gesungen. [4] Wenn die Paare zum Tanze bereitstehen, singt einer der Burschen ein (oftmals improvisirtes) Plapperliedel, worauf die Musik einfällt und der Tanz beginnt. [5] zittern. [6] Brusttuch=Bänder.

Das steirische Tanz'n
Kann nit a=n= iaber;
I kann's selbar nit recht,
Aber meine Brüedar.
Gitschthal, Villach.

Ba 'n Tänz'n is 's lustig,
Ba 'n Aufgeb'n is 's toull,
Und i waß nouch Liedlan
An Buckelkoarb voull.
Weißenstein.

Und i hiët wol af's Diëndle
A G'sangl gern gemacht,
Und im Kopf hab i's g'habt,
Ab'r außer nit bracht.
Glanthal.

Verlassen, verlassen,
Verlassen bin i,
Wie's Standal[1] auf der Straß'n
Ka Bueb mag mi.
Lavantthal.

I bitt bi uns Bluet,
Meï Büebl, sei guet;
Schau kaⁿ Thiërle frißts Gras
Was von Auglan wert naß.
Unterkärnten.

Verzweifeln muest nit,
Verzweifeln is Sünd,
Hat an andere Muoter
Wol no a schön's Kind.
Ebenthal.

Zwa Fischl in Wässer,
Zwa Vöglan in Wäld
Und zwa Leut, dö sie gern hâbn,
Dö find'n si bâld.
Glan-, Gurk-, Görtschthlhal.

---

[1] Steinlein.

IV. Oesterreichisch. — Kärnten.

Wann der Monad[1] nit scheint,
Scheinen wol die Stern,
Und wann du mi nit mågst,
Håb wol i di geern.
Villach.

In mein Herz wachst a Zweil[2],
Un der blüet alleweil;
Brich en ab, er g'hert dein,
Ab'r treu mueßt m'r sein.
Lavantthal.

Diëndl, wia is denn dir,
Is bir ah so wia mir?
 I miacht glai 'n gånzen Tåg
Plaudarn mit dir.
Glan-, Gurk-, Görtschitzthal.

Då drunt'n in Wåld
Thuan dö Lablan[3] rauschan ($\smile$ —),
Duart bin i mit mein Seppl
Gang[4] Hearzlan tauschan ($\smile$ —).
Glan-, Gurk-, Görtschitzthal.

Wann's wettert, wann's tunnert,
Wann die Blitzlan zucken ($\smile$ —),
Da mecht i meĩ Diëndle
An's Herzl drucken ($\smile$ —).
Mittelkärnten.

Af d'r Fladnizer Alm
Han i Seufzerlan g'såt[5],
Gehent alle schou auf,
Wann's n'r reifen nit that.
Villach.

Diëndle, nix nix!
Mit bir is hent nix;
 Hast a roaths Kitterl an,
Du bist a Schicks[6]!
Klagenfurt.

---

[1] Mond. [2] Zweig'l (Zweiglein). [3] Läublein. [4] gegangen. [5] gesäet. [6] Nachtschwärmerin.

Bist mein amal g'wes'n,
Kannst noch amal mein wer'n;
Auf an abg'brunnen Herdstattl
Brennts alleweil gern.
      Klagenfurt.

Wia's epper [1] nachher war,
Wann der Bue rauschi war,
Und 's Diendl a nit nüecht [2],
Und war ka Licht —.
      St. Martin bei Villach.

Meĩ Schatz is a Houlzknecht,
Er hackt, daß 's lei klingt,
Daß die Schat'n [3] von der Frat'n [4]
Zue mein Fenstar herspringt [5].
      Villach.

Af'n Tauern thuats schauern,
Daß's blau niedergeat;
Is Diendle thuat trauern,
Wan der Bue von ihm geat.
      Villach.

Schatzele, deinetweg'n
Wag' i mein Leib und Leb'n,
Wag' i meĩ Hab und Guet
Und meĩ jungs Bluet.
      St. Martin bei Villach.

Schean is er nix, der Bua,
Lei so viel fein,
Schneid hat er a sakkrische:
Mein mueß 'r sein.
      Kärnten.

Ka See ohne Wässer,
Ka Wäld ohne Bamm
Und ka Nächt, wo i schlof
Von mein Schatz ohne Tram.
      Glan-, Gurk-, Görtschlthal.

---

[1] etwa.   [2] nüchtern.   [3] Späne.   [4] von dem Holzschlage.   [5] herspringen.

IV. Oesterreichisch. — Kärnten.

A Schwålbn måcht koan Summar,
A Zoisarl¹ koa Nest,
Und wonn du mi willst buß'ln,
So hålt mi nuar fest.
Glan-, Gurk-, Görtschitzthal.

Hålsen² und Bußl gebn
Is jo koan Sünd,
Dås håt mir mei Muett'r glearnt³
Åls a kloans Kind.
Ganz Kärnten.

Wann i mei͂ Diëndl halsen thua,
Druckt sie die Äuglan zua
Und wird ganz stat,
Glei wann's einschlaf'n that.
Ganz Kärnten.

Diëndle, stea auf, stea auf,
Mach m'r dei͂ Thürle auf
Tratz⁴ mi nit gar sou lang,
Kennst mi ja schoun.
Klagenfurt, Goritschitzen, Villach.

Wann i sag: stea auf, stea auf!
Zagst m'r die Feign⁵,
Und in Sunntag is Kirtig⁶,
Kannst a daham bleib'n.
Welzenstein.

Diëndl, dei͂ Stolz
Und dei͂ hochmüetigs Tan
Wer'n di a amål g'rein,
Wann du bleibn werst allan.
Ganz Kärnten.

Bin kei Zillerthaler, bin ka Lavantthaler,
Bin a Baurakind von Röthelstein.
Hab a Diëndl g'liëbt, das hat mi nie betrüebt,
Sie wohnt weit von mir, i bin allein.
Villach.

---

¹ Zeisig. ² umhalsen. ³ gelehrt (der ungelehrte Gebrauch beider Worte S. 9,⁴; S. 40,²). ⁴ necke. ⁵ den zwischen beide Nachbarfinger gesteckten Daumen (Zeichen der Verachtung). ⁶ Kirchweihe.

Bist a schĕans Diĕndl, bist a feins Diĕndl,
Aber mei͂ Diĕndl bist's nit¹;
Hast a liĕbs Than², hast a k'reimts³ Than,
Aber mei͂ Than hast's nit.
        Ganz Kärnten.

Drei Buebnan zan Liĕb'n
Is ah no ka G'fåhr,
An fopp i, an liab i,
An heirath i går.   **Villach.**

Zwa Diĕndlan liab'n
Das muast du meid'n,
Sunster muaßt du dei͂ Herz'l
Ausanander schneid'n. **Wolkenstein.**

Und das Gamsl af b'r Wånd
Hat an g'fährlichn Stand;
 Segnan⁴ Diĕndlan geats kratasou⁵,
De mehr Buebnan haut. **Ganz Kärnten.**

Alma-Wasserln, frische Wasserln,
Oub'n hater und unten trüeb,
Und Alma-Diĕndlan, k'reimte Diĕndlan,
Kalte Haudlau⁶ und warme Liĕb;
Aber Stadta-Diĕndlan, falsche Diĕndlan,
Warme Haudlau und gar ka Liab!
        Lesachthal.
(Pogatschnigg und Herrmann, Deutsche Volkslieder aus Kärnten, Graz 1869.)

Steirische Schnaderhüpfl.
Mundart im Ritscheinthale.

Wånn ma Zithern schlågen,
So schlåg'n ma stoansteirisch⁷,
Wånn ma steirisch tånz'n,
Tånz'n ma stoansteirisch.

---

¹ bist du nicht. ² Thun, Benehmen. ³ gereimtes, d. i. passendes. ⁴ solchen.
⁵ gerade so (anspielend an accurat so). ⁶ Händchen. ⁷ „echt steirisch", ähnlich: steinreich, steinalt.

IV. Oesterreichisch. — Steiermark.

A Pix°bl zan Schiasu,
A Ranz°bl zan Jogn,
A Dianddl zan Pufslu¹
Muis a prava Pui hobm.

Du schworzaugads Dianddl,
Wia stellst as denn on,
Daß d'Liab aus dein Äugerln
So herkruseln kon?

Main Hea'tz°bl is trai,
Is a Schlesf°bl² dapai,
An nanziga Pui
Hob's Schlisf°bl dazui.

Mein Tag hat drei Stund,
Drei Stund und mehr nit,
A guati, a schlechti
Un die britti geht mit.

Main Voda hob gsogg,
Suld plaibm pan³ Haus:
Houn'n ungrechd vastountn,
Geh olli Nochd aus.

Wia hecha da Tuidn⁴,
Wia hölar⁵ is's Glait;
Wia waida zan Dianddl,
Wia greßar is d'Fraid.

Hoch aufst pi=n=i gstign,
Hoch oacha⁶ pi=n=i gfoln;
Houn's Lusdhaisl z'trebbn⁷,
Houn's oft miadn zoln⁸.

---

¹ zum Küssen. ² Schlößchen. ³ beim. ⁴ Thurm. ⁵ heller. ⁶ herab.
⁷ d. i.: „ich hab's verdorben", „verschüttet". (Lusthaisl = Gartenpavillon.)
⁸ müssen bezahlen.

Dout hint pi=n=i fiara[1],
Wou di Zwuanzga[2] wedn gschlogn,
Und kunn dou zan Taiga[3]
Nid Zwuanzga gmui[4] hobm.

I freu mi af 'n Samstag,
Da geh i zu mein Madl,
Stoansteirisch tânz'n könn' ma ja,
's draht si' wia=r=a Nadl.

Ai Diandbl, sai guib,
I kaf dar an griann Huib
Und a rosnrods Pount[5],
Wounn ma's Göld sou waid glouugg[6].

Daß du di Schiachasd[7] pisd,
Sog i jusd nid;
Wounn d'a wenk schenna wasd,
Schodn tad's nid.

Sogst ollaweil von Schönhaid,
Wos is's denn damit?
Dö Schönhaid vageht,
Oba d' Hübschikaid[8] nid.

Zu dir pi=n=i gongen,
Zu dir hots mi g'frait,
Doh zu dir geh' i niamer,
Der Weg ös mer z' wait.

Pin da[9] weida nit hold,
Pin da weida nit feind,
Zan an Schott'n[10] pist guad,
Wonn dö Sunn so schön scheind.

---

[1] hervor. [2] Zwanziger. [3] doch zum Teufel. [4] genug. [5] Band. [6] langt.
[7] Häßlichste. [8] hübsch = courtois, höfisch; also gefälliges, schickliches Verhalten (das „schöne Gethue" schlesisch). [9] dir. [10] Schatten.

IV. Oesterreichisch. — Steiermark.

Wöllti¹ wüllſ' d' denn, wöllti mo'ſ' d'² denn,
Main' Gſpannin³ oba ni?
Schennar is wul main Gſpannin,
Oba hibſcha pi=n=i.

Uan Lab⁴ macht kuann Summa,
Kuann Answeats⁵ uan Schwolb,
Wegn uann Dianddl trauann,
Kunn niam wia=r= a Tolk⁶.

Wegn uann Dianddl trauann,
Dös wa mar a Schount,
Es gip jo vül Duzad
In Staiaralount.

(Aus Anton Schloſſar, Deutſche Volkslieder aus Steiermark; aus Roſegger,
Die Harfenleute, und Firmenich, Mundarten, II.)

Da Zweifl.
Steirisch.

Da Himmel is drob'n,
Und die Höll' dö is brunt'n
A ſo hab'n ſ' ma 's als Buab'n,
Auf die Naſ'n aufibund'n;

Da Glaub'n kimmt von Himmel,
Aus da Höll' kimmt da Teif'l
Und glei neb'n Glaub'n
Da wachſt z'nachſt da Zweif'l.

So ſpitzt's engri Waſcheln⁷,
Loſ't's⁸ wia=r= ichs vazöl,
Wia da Zweifl mi juckt
Z'weg'n Himmel und Höll.

---

¹ welche. ² magſt du. ³ Gefährtin. ⁴ Laub. ⁵ Frühling. ⁶ Thor. ⁷ eure
Ohren. ⁸ lauſchet, horchet.

I waß a klans Häusl,
Da haus'n zwa Paar;
Dös oan sein rari Leutln,
An andern is ka guats Haar.

Dös oan Weib is z'wida[1],
E ra damischa G'sell',
Ma hört s' nix als streit'n,
Dö leb'n in ba Höll.

Die and're is herzi,
Da Mo lamperlguat,
Denen is frei[2] nöt anders,
Wia=r=in Himmel drein z' Muat.

Hiazt simulir'[3] i in oanfurt,
Aber 's geht ma nöt ei — :
Wia Höll' und Himmel so nahat
Bei ananda ka sei?

S. Craßberger.

Die schöni Schwoagerin[4].
Steirisch, von der Eisenerzer Höhe.

Wann da Schnee von der Alma wögga geht,
Und in Fruahjahr wieder alles grean dasteht,
Treibt die Schwoagerin die Kuhla und die Kalm
Wieda fleißi aufi auf die Alm.

's is a Freud, wann ma siacht die Sunn aufgehn,
Wann ma hert die Almavögl singan schön,
Und da drent[5] in dick'n Moos da Gugu schreit,
Liawi Leut, das is a wahri Freud.

---

[1] widerwärtig, unfreundlich. [2] völlig. [3] denke. [4] Sennerin. [5] drüben.

IV. Oesterreichisch. — Steiermark.

Siach i b'Küah und Kalma lusti umaspringa,
Und i hör danöbn die schöni Schwoagrin singa,
Aftn[1] denk i ma: 's hilft da nix dafür,
I geh ewi nimma wög von dir.

Bei da Schwoagerin auf da Alm da is's a Löb'n,
Alles was ma will, thuat's oan mit Freudn göb'n,
Und gar freundli sagts: Kumm nur recht oft zu mir,
Schmaus und Trunk, mein Bua, dran fehlts ma nia.

(Anton Schlossar, Deutsche Volkslieder aus Steiermark, Innsbruck 1881, S. 158.)

Der Mon.

Aus dem Mürzthale in Steiermark.

Denk i, es war a so,
Schainet der Mon
Und i kunnet net schlafen —
Was stellet i an?

Ganget[2] zum Fenster,
That schaun und that schaun
Und that flicken, that nahn[3],
Und doch wullt's mir net g'schlaun[4].

Singet ja d' Nachtigall,
Uhzet[5] die Ail,
Und es kallet[6] der Hund
In den Mon ollewail.

---

[1] dann. [2] ging ich. [3] nähen. [4] eilig gehen, gerathen. [5] schreit (uhuzet).
[6] bellet.

Denk i, es war a so,
Kammet main Bua!
Und 's Fenster war offen —
Glabt's machet i's zua?

Denk i, es war a so,
Will sie net tuan[1],
Denn i han ja kuan Biabal
Und bin noch alluan!

Schau wull zum Fenster —
Schaut ienher[2] der Mon,
Und er schaut in main Bettel
Mi langweili an;

Bringt mir kuan Biabal mit,
Laßt mi alluan,
Und main Herzel thut zittern,
Main Augel thuat wuan.

Sullst di wull schamen
Pfui, garstiger Mon!
A Dirndl so z' grämen;
Was hast denn davoo?

(Anton Schlossar, Deutsche Volkslieder aus Steiermark, Innsbruck 1881, S. 179.)

Mundart der Heanzen im westlichen Ungarn.

Wann dar Auff[3] a mal pfalzt
Und da Kiebananbui[4] schnalzt
Und dar andri Hohn[5] schrait,
Is da Tog nima wait.

[1] will sich nicht thun. [2] herein. [3] Uhu. [4] Kuhbauernbube. [5] der zweite Hahn, d. i. der Hahn zum zweiten mal.

IV. Oesterreichisch. — Mischdialekte.

Wann der Auvogel schreit,
Is da Tog nimma weit;
Wann si' t' Sunn' fira¹ thuit,
Nocha schlof i erst guit.

Drai schneewaißi Täubal
Fluign üba main Do²;
Hiaz nuis i's vastein,
Daß mi mai Bui nima mo.

Drai schneewaißi Täubal
Fluign über den See,
Mai Schooz is ma untreu,
Mai Herz thuit ma weh.

Mai Herz thuit ma weh,
Wo i geh, wo i steh;
Wo i sitz, wo i luan³
Is mai Herz wia=r=a Stuan.

(Firmenich, III, 625 und „Zeitschrift für Mundarten", VI, 24.)

Lied eines Preßburgers.
Deutsche Mundart in Ungarn.

Miar sann ja Ungern, 's iis ja woar,
Und sann's scha⁴ sa vül hunda'rt Joar,
Near⁵ reden tammer⁶, dees iis gwiis,
Wia=r=uns da Schnobel gwaksn iis.

I teng⁷ da Sach gar oftmals noch:
Ungrisch iis gwiis a scheni Sproch!
Wann abar anar auf mich schült,
Wal i a Schwob pin, wir⁸ i wüld.

¹ hervor. ² Dach. ³ lehne. ⁴ schon. ⁵ nur. ⁶ thun wir. ⁷ denke. ⁸ werde.

Murdelement! i pin a Schwob!
Glaubt's miars, daß i 's nia glaugnt¹ hab,
Und wir's² nia laungna, glaubts ma dos;
Wust, meina Söl³! a niid, für wos.

Miar ham uns do⁴ scha g'oawat gmui⁵,
Da sagts ees fralli⁶ nicks dazui:
Gets in an Wainchat⁷, schauts engs⁸ on,
Was unsar ana macha kon.

Fragts, wear die Gschlössa⁹ gmanat hob',
Wear baut hob bald an iabi¹⁰ Stod?
Harb sain meast's niid¹¹: im ganzn Land
Da daitschi Flais, die daitschi Hand.

Die Tischler, Schlosser, Zimmerlaid,
Die Hauar¹² — sann alls daitschi Laid,
Wo=s= d' schaust, bald iada Handwerksman
Redt daitsch, wal er's am bestn kan.

I hab in Madjarembar gean¹³,
Sa gean als wia main Augenstean,
Sa lang's niid haßt: „Baflnichta Schwob,
Heazt wiasst dain Bodarn an Stan aufs Grob!"

Maī Bodar iis scha lang niid mear,
Er gspiarts niid, — trest'n unsa Hear! —
Owa halich¹⁴ iis mia, dees iis woar,
On eam a an iabs Harl Hoar¹⁵!

Saī Gwant, saī Gschau¹⁶, saī Red, sain Gang
Bagiis i niid maī Leben lang,
Und winsch mer auf da Wölt nicks mear,
Als z'reden just a sa wia=r= ear!

---

¹ geleugnet. ² werde es. ³ wüßte meiner Seele. ⁴ wir haben uns hier.
⁵ schon abgearbeitet genug. ⁶ saget ihr freilich. ⁷ geht in einen Weingarten.
⁸ euch es. ⁹ Schlösser. ¹⁰ fast eine jede. ¹¹ herb (böse) werden müßt ihr
nicht. ¹² Weingärtner. ¹³ ich habe den Magyaren gern. ¹⁴ aber heilig. ¹⁵ an
ihm auch ein jedes Härlein Haar. ¹⁶ Blick.

IV. Oesterreichisch. — Mischdialekte.

Ees wellts¹, daß ii mi saina schamm?
Batauschen sol sain daitschn Namm?
Balauugna², wear mai Boda woar,
A Madjar wean? warum nid goar?

An Unger pin i, dees is rain,
Laßts mi a daitscher Unger sain;
Sann ja Schlowacken a in Laud,
Und dees iis immua no ka Schaud.

Sann Alli Ungern, 's iis ja woar,
Und sanns scha sa vill hundart Joar,
Ham alli scha mi'n Türken g'rafft³
Und ham uns kana uo vakafft!

Madjar, Schlowack, gebts hear di Hand,
Hald ma nea⁴ zsamm brav da in Land!
Legts mer mai Red niid übel aus:
's blaibt unter uns, miar sann ja z' Haus!

(Bei Firmenich, III, 624.)

Maria.
Gottscheer Mundart⁵.

Maria 'sch⁶ muarganjsch⁶ früh aufstiat,
  Maria, Maria, o Maria, Königin!⁷
Schie legeit schi gur schianei um.
Schie zieht inans in Roascheingurt⁸,
Buas bolt schie⁹ thun in Roascheingurt?
Di Röaschlein geliachtei¹⁰ bolt schie prachen.
Bu bolt schie hin mit dan Röaschlein geliacht?
A Kranzla geliachtei bolt schie flachten.

---
¹ ihr wollt. ² verleugnen. ³ gekämpft. ⁴ halten wir nur. ⁵ Die Gott=
scheer, von Slowenen rings umwohnt, sind die Nachkommen von einigen hundert
deutschen Familien, angeblich Thüringern und Franken, die bereits vor 1400
in Krain angesiedelt wurden. ⁶ des Morgens. ⁷ Diese Zeile wird nach jeder
folgenden wiederholt. ⁸ Rosengarten. ⁹ was wollte sie. ¹⁰ lichte, glänzende.

Bu bolt ſchie hin mit ban Kranzla geliacht?
Aufs heiliga Kreuze bolt ſchie's häng,
Bu bolt ſchie hin mit ban heiligen Kreuz?
In's Himmelreich, in's Puarabeiſch.
Gott hilf ilnſch ollen in's Himmelreich!
In's Himmelreich, in's Puarabeiſch!

(Aufzeichnung von Dr. V. F. Alun
in „Zeitſchrift für Mundarten", II, 86.)

Abſchied von der Geliebten.

Volkslied in der Mundart der angeblich im 12. Jahrhundert aus den untern
Rheingegenden nach Siebenbürgen eingewanderten „Sachſen".
Mundart bei Hermannſtadt, mit deutlichen Anklängen an das Niederrheiniſche*).

Naer Oostland willen wy ryden,
Naer Oostland willen wy mee [1],
Al over die groene heiden,
Frisch over die heiden:
Daer isser een betere stee [2].

Uitwykelingslied (überſiedelungslied) aus dem 12. oder 13. Jahrhundert.
Böhme, Altdeutſches Liederbuch, S. 273.

Wor vil ſö mer mat enuunder [3] gegangen,
Ach ieniget [4] Haarzke meing!
En' ſön uch am [5] den Hoals gehangen;
Geſchiede moß et ſeing,
Ach ieniget Haarzke meing!

Wor vil ſö mer mat enuunder geſeeſſen,
Ach ieniget Haarzke meing!
Gor munch öue [6] Schloof hu mer uch vergeeſſen;
Geſchiede moß et ſeing,
Ach ieniget Haarzke meing!

---

*) „Dat, wat, et" (t ſtatt s); „Harzlaav, Graav, Hievden" (v ſtatt b);
„meing, ſeing oder ſenj, Dingd" (ng ſtatt n); die norddeutſche Diminutivendung
„chen" oder „le" ſtatt der oberdeutſchen „le" — dies und anderes findet ſich
ganz ebenſo in der IX. Gruppe: „Niederfränkiſch".
[1] mitgehen. [2] Stätte. [3] wie viel ſind wir miteinander. [4] einziges. [5] um.
[6] manch einen.

Wat gift tiaa mir naa¹ für meingen Dainst allien,
Ach ieniget Haarzke meing?
De Müllestien² zestüßä klien;
Geschiede moß et seing,
Ach ieniget Haarzke meing!

(Bei Firmenich, II, 825. Orig. 5 Strophen.)

Liebchens Grab.
„Sachsen", Girtler Dialekt.

Ech wiurf zwee abbel Riesker³
Zem hinen² Fenster hinäus, —
Ät hat menj Harzlaav⁵ trofen,
Dat ät jo starwen muost.

Woer⁶ sul em ät nä⁷ begruawen?
Ä senjes Voters Viemgoorten griuß.
Wat woeß⁸ of senjem Graav?
Gär Däfteln nch Donnerkriokt⁹.

Wat stäungt¹⁰ zä senjen Hievden¹¹?
Ät stäungt ien¹² gäldän Schräft.
Wat wår dorän geschriwwen?
Dai irscht bai Troi¹³ äm Häus.

Wat stäungd zä senjen Setchen¹⁴?
Ät stäungd zwee Viemcher¹⁵ zuort;
Dat irscht, dat bräug bät Mäschket¹⁶,
Dat uunder bai Nageltcher¹⁷.

Wat stäungd zä senjen Fessen?
Ät sprätzt ie Brängtchen kal¹⁸,
Dorännen fliußen zwee Flitzker¹⁹,
Dai briwen zwee Millerad.

---

¹ was gibst du mir nun. ² Mühlsteine. ³ edle Röschen. ⁴ hohen. ⁵ Herz=
liebchen. ⁶ wohin. ⁷ nun. ⁸ was wuchs. ⁹ Donnerkraut (Tanacetum vulgare).
¹⁰ stand. ¹¹ Häupten. ¹² eine. ¹³ die erste (ist) die Treue. ¹⁴ Seiten.
¹⁵ Bäumchen. ¹⁶ Muskat. ¹⁷ Nelken. ¹⁸ da springt ein Brünnchen kühl.
¹⁹ Flüßchen.

Dat irſcht, bat mäl bât Mâſchket,
Dat nunder bai Nageltcher;
Dât Mâſchket mäl ſich beſſer,
Dia Nageltcher noch vil beſſer.
                        (Zeitſchrift für Mundarten, V, 97.)
Eine etwas andere Faſſung bei Firmenich (II, 827) endet:
Dä Maſchket boocht ſich ſößer,
Dä Nägeltſcher nooch viel gaats.
(Muskat dünkte ſich ſüßer, die Näglein noch viel Gutes, b. i. noch viel beſſer).
Vgl. hierzu S. 44, Str. 2.

Abſchied eines Mädchens aus dem Vaterhauſe.
„Sachſen", Girtler Dialekt.

Ach Schieden, ach Schieden, wiĕr hot dech erboocht,
Dât ta¹ menj Haarz än Trâuren hueſt broocht?
Ach Trâuren, ach Trâuren! wonni niſt ta en Dingb²?
Wonn aſerin³ Birrebuum Riuſen broingb.

Ech ſâtzt menjem Voeter zwo Riuſen aff den Däſch⁴:
„Ir haarzer menjer⁵ Voeter, hält't ir ech nor fräſch;
Ech ſâl eweg⁶ und meß derfunn, —
Nor Gott wid wäſſen, wonn ech wedder kunn".

Ech ſâtzt menjer Motter zwo Riuſen än Ĕren⁷:
„Ir haarz menj Motter, wiĕ ſâl ech no kiĕren?
Ech ſâl eweg und meß derfunn, —
Nor Gott wid wäſſen, wonn ech wedder kunn".

Do ech naa kunn ba de Stabber Strech⁸, —
„Ir haarz menj Motter, gedünkt och ũ mech!
Gedünkt ũ mech, wä ech ũn ech⁹,
Eſu wid ech Gott giĕn dett Hemmelrech,
Dett Hemmelrech, bä wiĕrte Städt,
Wo åll menj Trâuren äs ausgekloct".
                        (Zeitſchrift für Mundarten, V, 95.)

¹ du. ² wann nimmſt du ein Ende? ³ unſer. ⁴ Tiſch. ⁵ mein herzlieber. ⁶ hinweg. ⁷ auf den Fußboden (Ehrn). ⁸ Hermannſtädter Grenze. ⁹ wie ich an euch.

V.

Schlesisch.

Die mitteldeutschen Mundarten — im Gange von Osten nach Westen die schlesische, obersächsische, hessische und fränkische — sind Uebergangsstufen des Ober- und Niederdeutschen, wobei das Oberdeutsche vorherrscht. Sie ermangeln fast alle der reinen, charakteristischen Ausprägung, welche den beiden Hauptformen der neudeutschen Mundarten eignet, und wenn der gebildete Schwabe, Oesterreicher, Holsteiner sich ihrer angeborenen Sprache mit Stolz und Behagen bedienen, so singt der mitteldeutsche Bauer seine Lieder, so gut er es vermag, hochdeutsch. Mundartliche Volkspoesie findet sich in Mitteldeutschland nur spärlich; die mundartliche Kunstpoesie aber verdankt ihre Entstehung der Regel nach mehr irgendwelcher Tendenz, als wirklichem Dichtungsdrange.

Die schlesische Mundart ist eine auf slawischem Boden erwachsene Mischung fränkischer, hessischer, niederdeutscher und slawischer Elemente. Die wichtigsten Unterdialekte sind der des Flachlandes und der Gebirgsdialekt.

Im Schlesischen herrscht die süddeutsche Diminutivform „le" vor der norddeutschen „che" durchaus vor: „Lüftel, Mabel, Mannbel, Mariele, Schlüsserle"; ganz vereinzelt steht „Geiske" (Geischen) und „Bälke" (Veilchen), oder (um Glogau) „a bißang" (ein bischen), oder (im Gebirgsdialekt) „Macha" (Mädchen), neben „Rusalein", „Gärtela" u. s. f.

Die Vokale werden in umfänglichster Weise vertauscht. Statt hochdeutsch o hört man fast immer u: „su, blus, vull"; wo aber o steht, vertritt es meist ein a oder au: „Johr, Oogen". Statt i findet sich oi und eu: „loiß, leut" (liegt); statt e a: „Barg, Laben", statt a u: „luß, gebucht". Ein bloßes a bedeutet der Reihe nach: „er", „den" und „ein". „Ei" = in.

Auffällig sind Anhängsel wie in „ehb ich" (ehe ich), „schrieg er" (schrie er), „sahg" (sah) und Einschiebsel wie in „denn=t=im", „wie=b=ihr", „wenn=s=be", „da=dermit" (damit) u. s. f.

Frisch uhf, liebe Schläsing¹!
Holtei.

Schlasierlied.
Mundart im Kreise Breslau.

Üm a² Zotabarg³ da leut⁴ a Land harum,
Dos ber inse⁵ heeßen, war'sch ni moag, is tumm.
Wenn a Feind oh quäma⁶
Und a wullst ins nähma,
Loiß⁷ ber loiber 's Laben,
Eh' ber's Land ihm gaben,
Denn dos Land is schiene, hingen⁸ schien und vurn,
Ollerengen wudelt's⁹ do vu Weetz und Kurn!

Chor: Kurn hoan ber¹⁰, Weetze hoan ber, Garste hoan ber, Hoaber hoan ber, olles hoan ber, Juch! —

Schiener Viech is ei¹¹ dar Walt wull nich ze sahn,
Sunderlich de Schaufe, su wie wir se hoan;
Und se missen groasen
Ehberoal em Roasen,
's Loob voa Beemen frassen,
Nischte werd vergassen!
's Loob werd wieder wochsen, schrei ber ock¹² Juchhe!
Sitz ber ei dar Wulle, wull ber nischte meh!

---

¹ Im Volksmunde „die Schläsing", das „schlesinger" oder „das schläsche" Land. ² ben. ³ Zobten. ⁴ liegt. ⁵ das wir unser. ⁶ auch käme. ⁷ ließen. ⁸ hinten. ⁹ überall (allerenden) wimmelt's. ¹⁰ haben wir (klingt meist: hoam ber). ¹¹ in. ¹² nur („ock" und „ack" = doch, nur; nicht etwa „auch", was im Dialekt „ooch" oder „oh" lautet).

Chor: Viech hoan ber, Faarbe hoan ber, Uchſen hoan ber, Schweine hoan ber, Schauſe hoan ber, Loob hoan ber, Beeme hoan ber, Wulle hoan ber, Fleeſch hoan ber, Kurn hoan ber, Weetze hoan ber, Garſte hoan ber, Hoaber hoan ber, olles hoan ber, Juch! —

Und be loiben Barge ſtiehn ſu bloo und ſtulz,
Wie de Pudelmitzen bull vu Loob und Hulz!
Da hot's Hirſch und Hoaſen,
Kurz, a Wild zum roaſen!
Aber[1] nich ner auben
Is dos Land ze lauben;
Ungerm Bauden[2] hot dar Geiſt, dar Riebezoahl,
Lauter guttes Zoig verſtackt ei Barg und Thoal.

Chor: Eeſen hoan ber, Zink hoan ber, Kupper hoan ber, Blei hoan ber, Gift hoan ber, Kuhlen hoan ber, Steene hoan ber, Geiſter hoan ber, Hulz hoan ber, Wild hoan ber, Viech hoan ber, Uchſen hoan ber, Schweine hoan ber, Schauſe hoan ber, Loob hoan ber, Beeme hoan ber, Wulle hoan ber, Fleeſch hoan ber, Kurn hoan ber, Weetze hoan ber, Faarde hoan ber, Garſte hoan ber, Hoaber hoan ber, olles hoan ber, Juch! —

Aus der Arde hull ber[3] ollerleh zer Stoadt,
Weeß der Guckuck, wos ſe olls im Bauche hot.
Inſe[4] Land is glicklich,
Olles drin is ſchicklich.
Uff zwee Fliſſen ſoahren
Kinn[5] ber olle Woaren;
Kummt mer uff dar Auder[6] ni nieh furt ver Sand,
Hoan ber duch de Achſe, die is weltbekannt!

Chor: D' Auder hoan ber, b' Achſe hoan ber, b' Reiſſe hoan ber, 'n Bober hoan ber, grußes Woſſer, kleenes Woſſer,

---

[1] aber. [2] unterm Boden. [3] aus der Erde holen wir. [4] unſer. [5] können.
[6] auf der Oder.

V. Schlesisch.

Schiffe hoan ber, Kähne hoan ber, Fische hoan ber, Rauth hoan ber, Kummer hoan ber, Kraut hoan ber, Rieben hoan ber, Tummheet hoan ber, Klughcet hoan ber, Fleesch hoan ber, Ucksen hoan ber, Schweine hoan ber, Schanfe hoan ber, feine Leute, graube Leute, Kurn hoan ber, Faarbe hoan ber, Garste hoan ber, Wulle hoan ber, Hoaber hoan ber, olles hoan ber, Juch! —

Und in kurzem hoan ber völlig Eisenboahn,
's werd wul ooch in Kinften emol vurwärts joan[1]?
Baßre Leinbet[2] waben
Werd a Hondel haben[3],
Und a baßer Laben
Warn de Waber hoaben!
Infe gutter Kenig will halt olles gutt:
Gutt im Himmel sague olles, was a thutt!

Chor: 'n Kenig hoan ber, Liebe hoan ber, Willen hoan ber, Leimbt[4] hoan ber, Waber hoan ber, Kinftler hoan ber, Sänger hoan ber, Dichter hoan ber, Kraut hoan ber, Rieben hoan ber, Floax hoan ber, Eefen hoan ber, Gift hoan ber, Fleesch hoan ber, Toback hoan ber, Kuhlen hoan ber, Hulz hoan ber, Steene hoan ber, Luft hoan ber, Freede hoan ber, Wein hoan ber, Hoaber hoan ber, olles hoan ber, Juch! —

Heeßt ins eener Aefelfraffer, hoab a Lacht,
Doß mer sich aus ihm nich a Gerichtel macht!
Üm de Riesenbarge,
Soan[5] se, wunen Zwarge;
Sein ber keene Riesen,
Hoan ber's duch bewiesen,
Doß ber tichtich kinnen infe Feende schloan
Und zon Schuhverlieren aus em Londe joan!

---

[1] jagen. [2] Leinwand. [3] den Handel heben. [4] Leinwand. [5] sagen.

Chor: Muth hoan ber, schloan kinn ber, schießen kinn ber, schreien kinn ber, Willen hoan ber, 'n Kenig hoan ber, Liebe hoan ber, Sänger hoan ber, Lust hoan ber, Freede hoan ber, Wein hoan ber, Hoaber hoan ber, olles hoan ber, Juch!

A. Kopisch.
(Gesammelte Werke, Berlin 1856, Band II.)

Su gärne[1]!

Warum giehn de Lüftel su länlich?
Warum ziehn de Wülkel su bläulich?
Warum hiert ma uf Quarz aber[2] Kieseln,
Warum hiert ma's Gebergswasser rieseln?
Warum wird's denn=t=im Fruhjohre grien?
Warum fünkeln su helle de Stärne?
Warum thun denn de Kirschbeemel bliehn? —
I nu mei Got, su gärne!

Warum seifen uf Zweigen de Finken,
Tutt das Viendel de Bliemel austrinken?
Warum trät[3] denn de Schwalme[4] zu Näste?
Warum klaubt sich de Taube just's Beste?
Warum kreucht de Wachtel ei's[5] Kurn?
Warum steigt der Aar ahn de Stärne?
Warum rägern[6] de Frösche im Burn[7]? —
I nu mei Got, su gärne!

Warum sausen im Winter de Kiefern,
Daß de Eechhörndel klappern und ziefern[8]?
Warum wächst kee Schilf nich am Fluder[9]?
Warum friert im Dezember de Uder[10]?

---

[1] „So gerne" — „schlesisches Bequemlichkeitswort, welches oft angewendet wird, wo man sich eben fügt, ohne einen rechten Grund zu wissen" (Holtei).
[2] oder (umgekehrt setzt der Dialekt statt „aber", „oder"). [3] trägt. [4] Schwalbe.
[5] ins. [6] schreien. [7] Quelle. [8] zittern. [9] Mühlgerinne. [10] die Oder.

V. Schlesisch.

Warum wechselt der Monden su flink:
Eemol leucht't a wie anne Lotärne
Und dernoch sit ma fix wieder wing? —
  J nu mei Got, su gärne!

Warum is denn uf Erden hienieden
Jedes Menschen sei Stand su verschieden?
Warum is denn der eene a Grafe
Und der andre der hüt't i'm be Schafe?
Warum is denn der eene su reich,
Und der andre is arm? — Vur bam Härrne
Durt uben sein alle doch gleich? —
  J nu mei Got, su gärne!

Jeder Mensch hot wul seine Stature,
Ihren Gang hot de ganze Nature,
Und der Ucse, be Maus, wie de Katze,
Jiglich Wäsen hantiert uf se'm Platze;
Jiglich Wäsen sulgt stille und stumm.
Do draus, du Menschenkupp, lärne:
Sei bescheiden, und frat eens: warum? —
  J nu mei Got, su gärne!

K. v. Holtei.
(Schlesische Gedichte, 11. Auflage, Breslau 1867.)

Der Dialekt dieser Gedichte ist das zwischen den beiden Hauptdialekten Schlesiens, dem des Flachlandes und des Gebirges, liegende Gemeinschlesische, welches im ganzen Lande als heimatlich empfunden wird.

Alleene.

Jedweder Mensch hot seine Ohrte,
Wu a im Stillen flennen kan;
Do macht ma weiter keene Wohrte
Und tutt's irscht keenem andern san:
Ma' giebt alleene aus em Haus
Und weent sich ganz alleene aus.

Jhch ha an'n Ohrt, wo hohche Buchen
Beisammen in a'm Kessel stiehn;
Kee Mensch kümmt durte nei gekruchen,
Ma sit ooch keene Bliemel bliehn;
's ihs nischte durt, wie Einsamkeet
Und ihch mid meinem Härzeleed.

Und gieht dernoch de Sunne under,
Do stellt sich noch a drittes ein;
's kümmt dun a¹ grienen Buchen runder
Und frat: „Tar² ihch derbeine sein?"
Mit Härzeleed und Einsamkeet
Vermengt sich de Glicksälichkeet.

v. Holtei.

A Gänsebliemel.

De irschte gob mer anne Nälke
Und brach mer ihr gegäbnes Wurt;
De zwote gob mer anne Välke³,
Ehb ich mich ümsag, warsche furt.
De dritte gob mer anne Rnse,
De vierte a Tolpahndel gar —
De Lehne oder⁴, wie de Suse,
Treu blieb nich eene vun där Schaar.

De fünfte war urnär⁵ a Engel,
(Die, ducht'⁶ ich), wird beständig sein?)
Se gab mer annen Liljenstengel;
A andern Tag bürzt⁷ ihch se ein.
De sechste sproch: „Ehb ich dich lasse,
Vergieh' ihch!" — a Vergießmeinnich
Kam ihrem Schwure just zu passe; —
An'n Monat druhf versprach se sich.

---

¹ den. ² darf. ³ ein Veilchen. ⁴ aber. ⁵ „ordinär", völlig. ⁶ dachte.
⁷ büßte.

V. Schlesisch.

Nu ducht' ich, wenn de Weiber immer
Ei¹ Blumen ihre Liegen² thun,
Do sullen Blum' und Frauenzimmer
Bur mir mein Tag in Frieden ruhn!
Do kam de siebente gegangen, —
Die muhß mer han was angethan; —
Ich spierte's gleich, ihch war gefangen,
Um meinen Filtsatz war'sch geschahn.

Die sate nischt. — Ihch ober³ guckte
Ihr in de Oogen, wie in's Grab,
Und eenes Sunntag Murgens fluckte
Sihch se a Gänsebliemel ab,
Und stackt' ir'sch uf de Härzensstelle;
Sie sate nischte, sag mich ahn!
Ihch sproch zu mir: Uf alle Fälle
Muhß ich das Gänsebliemel han.

Und sproch zu ihr und sate: „Liese,
Ich bitte dich üm anne Gunst,
Jedennoch ober sei nich biese,
Verspriech mer'sch, liebe Liesel, sunst —"
Sie sate: „Spriech". Ich sprach: „Ich mechte
Dei Gänsebliemel han!" — Sie sprach:
„Das wälke Ding, das kleene, schlechte?"
Und gab mer'sch hin und seufzte: „Ach!"

Und flennte dicke, helle Truppen
Und sate: „Lieber, guder Hanns,
Du wirst mich tumme Liese suppen,
Ich bin wul anne rechte Gans;
Ich kan der'sch ober nich verschmärzen,
Wie ihch der'sch Bliemel jitzund gab,
Do warsch, als rieß' ich mer vum Härzen
An'n ganzen Fetzen mite ab."

---

¹ in. ² Lügen. ³ aber.

Do turkelt ihch, als wie im Schwiemel¹,
Befuffen² vo där Liebesglutt
Und stackte mer 'ne Hamfel³ Priemel
Uf meinen neuen schwarzen Hutt.
De Liese schrieg: „Wahs soll de Priemel?
Du tust ju wie a Bräutjam, Hans?"
Ihch ober⁴ hilt mei Gänsebliemel
Ei Handen — und im Arm.de Gans.

v. Holtei.

Ock a wing⁵.

Wer ock⁶ mei Mabel sit,
Där find't se scheene;
Se is halard⁷ und flink,
Gor a bewuschbert⁸ Ding,
Ock a wing kleene.

Wenn se gegangen kümmt,
Meine Härz=Liese,
Is se niemalen faul,
Hot a verdunnert Maul,
Ock a wing biese.

Ich weess schund was se wil
Aus ir'm Gesichte;
Thu ich ärndt jess⁹ aber¹⁰ das,
Schlät se mich, blus zum Spaß,
Ock a wing tüchte.

Stieht se am Kuchelhärd
Bun Fetze¹¹ glitschich,
Kreescht¹² se, was eener will,
Streuselkuche macht se ooch recht viel,
Ock a wing klitschich¹³.

¹ Schwindel. ² berauschet. ³ Handvoll. ⁴ aber. ⁵ nur ein wenig. ⁶ nur.
⁷ munter (alerte). ⁸ flinkes, behendes. ⁹ irgend dies. ¹⁰ oder (umgekehrt
oben bei 4 oder statt aber). ¹¹ Fett. ¹² bratet. ¹³ glatt, naß, unausgebacken.

V. Schlesisch.

Und ihr Geschirre is
Bunschlich ¹, breetplatschich ²;
's is keene Sache ³ nich,
Se is recht urdentlich,
Ock a wing latschich ⁴.

Kümmt eener eechelganz ⁵
Ihr ärndt antgegen,
A sitter Mädelhengst ⁶,
Stieht se, besit sichch en zengst ⁷,
Ock a wing eegen.

Bin ich schaln derbei,
Do giebt's wul haprich ⁸;
Sat se: Du wärscht schund recht,
Und du bist oh nich schlecht,
Ock a wing taprich.

Und do bihn ich i'r gutt
Dar kleenen Range!
's Geld hot se schund beluxt ⁹;
's is mer recht uf de Huxt ¹⁰, —
Ock a wing bange.

v. Holtei.

De Välkesteene ¹¹.

Und wenn=f=de uf de Kuppe ¹² gieh'st,
Bas hinger ¹³ de Kapelle ¹⁴,
Und wenn=f=de ahngewachsen stieh'st
Uf anner schienen Stelle,
Kümmt gequullen
Kümmt gequullen sisser Duft:
's sein de Välkesteene.

---

¹ aus der Stadt Bunzlau. ² breitgeschlagen. ³ es ist „keine Kleinigkeit".
⁴ nachlässig. ⁵ (eichelganz) derb, ungehobelt. ⁶ ein solcher Mädchenjäger. ⁷ genau
(„ringsum"). ⁸ uneben (von hapern). ⁹ belauert (von lugen). ¹⁰ Hochzeit.
¹¹ die mit Veilchenmoos (Chroolepus Iolithus) bewachsenen Steine, die nur an
der oben bezeichneten Stelle des Riesengebirgs vorkommen. ¹² Riesenkoppe.
¹³ bis hinter. ¹⁴ Kapelle des heiligen Laurentius.

De Bälkesteene wachsen dort
Uf jänem Fleck alleene.
Drumb is das ooch a rarer Ort,
Die Stelle is wie keene;
   Magst de suchen,
   Magst de suchen, nirgend sein
Sitte [1] Bälkesteene.

's war wul amol a junges Blutt
Ju anner Baude [2] droben,
Die war a'm böhm'schen Hirte gutt;
Ihr Bater wullt's ni loben.
   Ach Mariele
   Ach Mariele, liebes Kind,
Sullst de su verkummen?

Ihr Ooge war wie Bälken bloo,
Wenn se's zum Himmel wandte;
Es liebt' se aus Krumhübel oh
A aler Aberante [3].
   Und där bräute
   Ju där bräute Hingerlist:
Ar beluxt' a [4] Vater.

Der Bater sproch: dan sullst de han
Und juste nich keen'n andern!
A schrieg a böhm'schen Hirten ahn,
Der Jusef mußte wandern.
   Und do flennt se,
   Ja do flennt se bitterlich,
Immer uf de Steene.

De Steene die derbarmen sijch,
Der Bater bleibt vo Steene;
A sat ack [5] blus: was schiehrt das mijch?
Und wenn=s=de willst, su weene!

---

[1] solche. [2] Hütte, „Bude". [3] Laborant, Kräutersammler. [4] den. [5] nur.

Do gedenkt se:
's is zerletzte ooch a Trost,
Wenn ma recht kan flennen.

Se stund do druben uf der Hieh',
Se sag ei¹ fremde Lande,
A Jusef ober sag se nie,
Nuug ock nach i'm de Hande;
Ach se weent sich
Ja se weent sich beede aus
Ihre Bälkenoogen.

De Steene wern su uft benetzt
Bun ihren heeßen Zähren,
Daß se nu wirklich uf be Letzt'
Zu Bälkesteenen weren.
Mooft wie Bälken²,
Mooft wie Bälken uf dam Steen!
's reucht nur wundernschiene.

v. Holtei.

Anno Eens, wie der gruße Wind war³.

De Welt ruckt alle Tage
Wul anne halbe Meile vur,
Der Man bun alem Schlage,
Dar is alleen retur.
Nu sat mer ack, was denkt benn=t=Ihr?
Su warn se meiner Sieben schier
Anno Eens, wie der gruße Wind war,
Der gruße, gruße Wind.

---

[1] sie sah in. [2] Moos wie Veilchen. [3] Ob diese Redensart wörtlich zu nehmen, ob der im Jahre 1801 erfolgte Anfall des linken Rheinufers an Frankreich oder sonst welches Ereigniß als „der große Wind" gemeint ist, oder ob es sich nur um eine Scherzphrase handelt?

Ihr trat ju¹ annen Kittel,
Ma fit i'n werklich gor nich gärn',
Steckt drinne, als wie's Gittel²
Im Griebsche³, aber Kärn;
Itzunder is a and'rer Schniet,
Und ihr hatt't schunb dan fill'n⁴ Habiet
Anno Eens, wie der gruße Wind war,
Der gruße, gruße Wind.

Und seid su treu gesunnen
Dam König und se'm Schläsingland
Und frat: wer hot gewunnen?
Und reckt zu Got de Hand.
Nu sat mer, eb⁵ ihr euch nich schämt?
A su hot ma sich wul gegrämt
Anno Eens, wie der gruße Wind war,
Der gruße, gruße Wind.

Itzt sei ber schunb was klüger,
Ver han derlebt su esem⁶ viel;
Der Feind is halbich Sieger,
Drumb tutt a, was a wil!
Itzt gicht a uf a Russe nei,
Das g'ducht' sich keener, meiner Treu
Anno Eens, wie der gruße Wind war,
Der gruße, gruße Wind.

Eb ich's nu äm Franzose,
Eb ich's verleicht äm Russe thu',
's is Jacke ack wie Hose
Und Strump wie Niederschuh;
Denn gäben müssen ber hald doch,
Und akkurat su war'sch oh noch
Anno Eens, wie der gruße Wind war,
Der gruße, gruße Wind.

---

¹ tragt ja. ² Fruchtkern (rheinisch „Kitsch"). ³ Kernhaus des Apfels (fränkisch „Gräbs"). ⁴ denselben. ⁵ ob. ⁶ außerordentlich (esem, eisam = schrecklich. Ahd. agi, mhd. eise = Furcht, Schrecken).

V. Schlesisch.

Der Man vun alem Schlage,
Da su sei Kind, be Liese, spricht,
Hot gleisewul¹ zur Klage
's Gesicht ämpor gericht't:
Do ränt's und schneit's und bläfft's a'm Thurm';
A sat: su schlimb wor kaum der Sturm
Anno Eens, wie der gruße Wind war,
Der gruße, gruße Wind.

Hurch ack, am Fänster grammelt's²,
Gieh, Liese, gieh und siech wer'sch ihs?
Und uf em Thurme bammelt's
Und bimmelt's, ganz gewieß,
's werd a Mallehr geschähen sein;
's wor just a sitter³ Himmelsschein
Anno Eens, wie der gruße Wind war,
Der gruße, gruße Wind.

De Liese trit au's Fänster,
Tutt aunen hellen Gal⁴, fällt ihm;
's sein Geister und Gespänster,
Ju där Serschant gieht ihm,
Där sille⁵, där su lange hie
Loschiert hat, — wilder warn se nie
Anno Eens, wie der gruße Wind war,
Der gruße, gruße Wind.

A hängt ock in a Lumpen,
Sitt aus wie purer Frust und Schnie,
Und's flattern bluttje Zumpen⁶
Üm Arm und Kupp und Knie;
A spricht: ich bin schund tud, mei Kind,
Und bo versleugt a, wie der Wind....
Anno Eens, wie der gruße Wind war,
Der gruße, gruße Wind.

* * *

---

¹ gleichwol.   ² greift's herum.   ³ solcher.   ⁴ gellenden Schrei.   ⁵ derselbe.
⁶ Fetzen, Zotten.

Gar irscht noch wievel Wuchen
Kam in's befreite Schläsiugland
De ganze Schaar gefruchen
Bum kalten Moskaubrand.
Der Himmel hatt' a Streit geschlicht't,
's war nich su schlimb sei Strafgericht
Anno Eens, wie der gruße Wind war,
Der gruße, gruße Wind.

v. Holtei.

Uben naus.

„Wull' ber nich a Brinkel¹ singen,
Ehb der Sunneschein vergieht?
Lußt de galen² Geegen klingen,
Sing' ber ock a Schänscherlied³:

„Hopsa, hopsa, rüber und nüber,
Gim 'mer a Gnschel⁴, ich ga ber'sch wieder,
Hopsassa!
Wie de galen Geegen geklungen,
Sei ber ihm de Saule rümgesprungen,
Hopsassa!

„Sing' ber noch a Schänscherlied,
Lußt de galen Geegen klingen;
Ehb der Sunneschein vergieht,
Wull' ber singen, tanzen, springen!
Bunzemol⁵ mei Luschel⁶
Mit sem ruthe Guschel!

---

¹ ein wenig, auch „Brickel", kleiner Brocken. Aehnlich in Südbeutschland, Thüringen: ein Bischen, Häbchen, Linschen. ² gelben. ³ Schänscherlieder sind luftige, bei ländlichen Festen gesungene Lieder. ⁴ Mäulchen. ⁵ wörtlich: vollenbszumal; fulnt, fundst = vollends. ⁶ Karlchen, von poln. Karlusz.

V. Schlesisch.

Sa mer ock, was ihs der denn?
Trübetümplich¹ tust de,
Ruthe Oogen huft be,
Sa mer ock, was stiehst be denn?"

Mutterle, luss mich ock
Stiehn wie an'n Knotestock,
Fra nich, was mihch betriebt: —
Mutter, ihch bihn verliebt!

„Ha ich mersch ni gebucht, mei Läusel?
Herr Jekersch² sa mer ock in wän?
Dir soll kee Mensch a Kupp verdrähn!
Bist de nich reich? Jhs nich bei Häusel
Frisch ufgeputzt? Jhs nich bei Acker
Zwelf Murgen gruß? Se lecken schier
De Finger alle sich nach dir!
Wär is denn där vermurxte Racker?"

Mutterle hütt' dich ock
Vur Härrn's se'm Knotestock,
Daß b' en nich ärndt verspierscht,
Wenn's de se su titelierscht:
's ihs de Gräfen³, de junge! — —

„Du verdunnerter Junge!"

v. Holtei.

's Stichufmandel⁴.

De Masern warn's. — Do siehlt ma sihch im Bätte,
Der Dukter nergelt und be Mutter brummt;
Wenn ma nur bluß an'n Tupp⁵ vull Wasser hätte,
Su frisch wie 's grade aus em Brunnen kummt!
Vur Durschte kan ma's schier nimmeh bermachen⁶,

---

¹ verdrossen, von „trüber Tümpel". ² „Jekersch" (auch „Jemersch") ähnlich dem „Jemine". ³ Gräfin. ⁴ Stehaufmännchen (Kinderspielzeug). ⁵ Topf. ⁶ aushalten.

Wenn's Fieber in a Adern rum rumohrt,
Ma möchte nicken und ma muhß doch wachen,
Weil's in a¹ Gliedern kitzelt, oomst und bohrt;
's war'n meiner Sieben rechte Mattertage:
De Langeweile blib de grüß'te Plage.

Nu bruchten se mer allerhand zum Spielen,
Wie sihch's fur mihch schund nich meh schicken tat:
Armbrüftel, ju uf's Fliegezeug² zum Zielen;
A Archel vuller Viech, ooch anne Stab
Mit galen Häusern; anne Lammelhärde;
Bleirne Suldaten, Reiter uf em Färde, —
Wär wiß was meh? Ihch ha's nich sihr geacht't.
Ack bluß ee Ding hot mer Pläsier gemacht,
Hot mer de lange Zeit a wing vertrieben —
's kam wul vun meiner Liesel, meiner lieben,
Vun unser guden Schleißern sicherlich):
A **Stichufmandel** war'sch, just nischte nich.

An'n Bihmen³ hot's gekust't. Fur zähn Dukaten
Hot's reichlich seine Schuldigkeet gethan;
's ihs em halb eemol gar zu gut gerathen!
's fung schier vun sälber seine Strecche ahn;
's war ni marode, immer unverdrussen,
Bett uhf und nieder that's bewuschbert⁴ giehn,
Und kaum hot's seinen Purzelbuck geschussen,
Glei sag ma's feste uf em Fußwerk stiehn.

Das kleene Ding, sei röthlichtes Gesichte,
Der gruße Kragen und der schwarze Bart,
Das stäckt mer gleisewul midunder Lichte
Itzunder uhf, — heeßt das, uf **seine Art**;
Gedenk' ihch wie's vun dicken Schädel plutze⁵
Mid eenem Schwapper wieder Fuß gewan, —
Ihch mache mer'sch uf **meine Art** zu nutze,
Und stelle mancherlee Vergleichung an.

---

¹ den. ² Fliegengezücht. ³ böhmischen Groschen. ⁴ behende („buschberli", elsässisch). ⁵ plötzlich.

V. Schlesisch.

Ihs eener im Examen durchgepurzelt,
('s ihs schund a=su¹, 's kan jiglichem geschähn!)
Wenn a dernachern uf a Büchern knurzelt,
Und läßt sihch uf der Gasse nich meh sähn,
Und extert sihch halb älend mit Studieren,
Und wil's partu zum zweeten mal probieren,
Do fällt mer'sch haldich immer wieder ein:
Der sille² muhß a Stiehufmandel sein!

Hot eener seinen schmucken Laden müssen
Zumachen, weil a fertig wurden ihs,
Und sei Geschäfte ganz im Stillen schlüßen, —
A fängt doch wieder ahn, das ihs gewieß.
Was schab'ts denn? a Bankruttel, su a kleenes,
Wirst sei Prositel ab, sei rundes, reenes;
Do fällt mer'sch haldich immer wieder ein:
Der sille muhß a Stiehufmandel sein!

Stieht eener huch am Ruder, — und de Klippen
Gäben däm Staatsschif annen plutzen Stuß,
(Su wahs geschicht!) bo wirb's i'n ooch surtschippen;
Kleen ihs a hinte³, nächten⁴ war a gruß.
Was tut's? Ar streicht a Fuchsschwanz wie a Bruder⁵,
Uf eemol stieht a uben do am Ruder! —
Do fällt mer'sch haldich immer wieder ein:
Der sille muhß a Stiehufmandel sein!

Do war a Man — a hot mer'sch eīgestanden,
Daß i'n sei Weib derbärmlich hot kollascht,
Wenn a be Nase sihch beguß. Zu Schanden
Hot s' i'n geschla'n. — Kaum warsche abgepascht

---

¹ schon so. ² derselbe. ³ heute. ⁴ gestern. ⁵ er schmeichelt wie ein Bruder,
d. i. wie einer, der das recht versteht (ähnlich: er schießt wie a Bruder, d. i.
sehr gut).

Aus ünsem Jammerthal und war gesturben,
Glei hot a üm a zwotes Weib gewurben.
Do fällt mer'sch halbich immer wieder ein:
Der sille muhß a Stiehufmandel sein!

Das sein ack Flausen! — Ober kumm' ihch juste
Uf annen Kerchhof schwischen Gräbern hin,
Und rufft's aus jedem raus: „Du, nunder mußt de!"
Do gieht mei Spielzeug mer ooch durch a Sin!
Do wird mer doch, ma kan's nich recht beschreiben,
's frat was: „Wirscht de fur ewig liegen bleiben?"
Do fällt mer'sch halbich immer wieder ein:
Söllb' ber nich Alle Stiehufmandel sein?

v. Holtei.

Frumme Wünsche.

Und vum Ucsse de Kraft,
Und vum Sperrlich a Saft,
Und vum Marder a Zahn,
Und do wär' ihch a Man!

Annen Bart, wie a Buck,
Und an'n Zippelpelz=Ruck [1],
Wie a Zeiske [2] su grien,
Und do wär' ihch wul schien!

Und de Nase vum Fuchs,
Und de Oogen vum Luchs,
Und de Beene vum Färd,
Und do wär ihch was wärth!

---

[1] Schafpelzrock (Zippel = Lämmerschwanz). [2] Zeisig.

V. Schlesisch.

Wie a Löwe an Mutt,
Wie a Bäh=Lamm ju gutt,
Und ju flink wie a Querl¹,
Und do wär' ihch a Kerl!

Wie a Hirsch nie nich matt,
Wie a Schlampeißker glatt,
Wie Schalastern² gescheidt,
Und do käm' ihch wul weit.

Oder'sch kan nu nich sein,
Und do find' ihch mihch nein,
Und ihch bleib' wie ihch bihn,
Und 's mußß halbich ooch giehn.

v. Holtei.

Geduld.
Mundart von Groß-Glogau.

Liebes Harz, bis³ moiselstille,
Wenn derr wäs derr Quare giht!
Weßtde nich, daß im Aprille
Schwärz und Ruth bäsommen stiht⁴?
Hoite rahnt's⁵, däß treetscht und pufft,
Murne hänber⁶ kläre Luft.

Schiert dich's arn⁷ går uff de Dauer,
Fährt derr's ei⁸ der Näse ruff,
Machts derr's Laben aßigsauer? —
Sträh a bißang⁹ Zucker druff,
Anders¹⁰ mit Gedauld geschmährt,
Denn ma spricht: wär schmährt, gutt fährt.

(Bei Firmenich, II, 340.)

---
¹ Quirl. ² Elstern (in Kärnten „Oglofter"; ahd. agalastra). ³ sei.
⁴ die schwarz und roth gedruckten Wetteranzeigen des Kalenders. ⁵ regnet's.
⁶ haben wir. ⁷ irgend, etwa. ⁸ in. ⁹ streue ein bischen. ¹⁰ oder.

Zum Feierobende.

Schlesischer Gebirgsdialekt.

Woas kriga denn die klena Madja[1]
Zum Feierobende?
Ein Körbelein
An[2] Nüsse nein,
Doas kriga sie, doas stieht a schien
Zum Feierobende.

Woas kriga denn die junga Jumfern
Zum Feierobende?
An grina Kranz,
An langa Tanz
Doas kriga sie, doas stieht a schien
Zum Feierobende.

Woas kriga denn die junga Weiber
Zum Feierobende?
Ein Wiegelein
An a Kindla nein,
Doas kriga sie, doas stieht a schien
Zum Feierobende.

Woas kriga denn die ala Maide
Zum Feierobende?
An Darnerstrauch
Krotz[3] über a Bauch!
Doas kriga sie, doas stieht a schien
Zum Feierobende.

---

[1] Mädchen. [2] und. [3] kreuzend, quer.

V. Schlesisch.

Woas kriga denn die ala Weiber
Zum Feierobende?
Die Ufabank[1],
Gott sei's gedankt!
Doas kriga sie, doas stieht a schien
Zum Feierobende.

(Zeitschrift für Mundarten, VI, 311. Das Original hat noch 5 andere, das männliche Geschlecht betreffende Strophen.)

Der Traum.
Schlesisches Gebirgshirtenlied.

Ich ging in Vâters Gärtela,
Ich läßt mich nieder an[2] schlief;
Da träumte mir a Träumela,
Os[3] schneit es über mich.

An do ich nu erwachte,
Do wår es aber nich,
Do wårens die rutha Ruselan[4],
Die blühta über mich.

Ich bråch mir anes åbe
Zu anem Ehrenkranz;
Ich nåhms der Liebsta mitte
Zu anem Ehrentanz.

An do der Tanz im Besta war,
Do war dås Giga[5] aus,
Do sull ich mein Schatz heimführa,
An håb kein ehga[6] Haus.

---

[1] Ofenbank. [2] und. [3] als. [4] Röselein. [5] Geigen. [6] eigen.

Welcker.

A Häusla will ich mir bau
Von Ruhs¹ an Rosmarin,
An will mir's wuhl bestecka
Mit ruthen Ruislau schien.

An wenn ich's nu war fert'g han,
Beschar mir Gott was 'nein,
Daß ich zu Jaur² kann sprecha:
Das Häusla das ist mein!
(Wunderhorn, II, 76.)

Das Mädchen und die Hasel.
Mundart des Kuhländchens, zwischen Oderau und Engelswald in Mähren.

's wouUd' a Maedl' ai's Schenkhaus gien,
Se schleicht' sich³ wounderschiene;
Do blait se ouff a Waelle⁴ stien
Vir aener Hofel, grune.

Onn griß dich Got, Frao Hofeleinn,
Vo wos beist du su grune?
„Onn griß dich Got, fain's Maederlai,
Vo wos beist du su schiene?"

Vo wos ich asu schiene, bien,
Dos kon ich bir balb soge:
Ich asse Waißbruod, treinke Wain —
Vo dam bien ich su schiene.

„Vo wos ich asu grune bien,
Dos kon ich bir bold soge:
Ouff mich su fellt bar kuhle Thao,
Vo dam bien ich su grune.

---

¹ Rosen. ² zu Jahr, übers Jahr. ³ glättet, schmückt sich. ⁴ eine Weile.

V. Schlesisch.

„Onn weches Maed'l ihr Ehr wiel hon¹,
Di muß derhaeme blaive,
Onn muß ni iud' ai's² Schenkhaus gien
Meit ihren stoulze Laive.

„Se muß wuol gien bai Sounneschain
Bai Sounneschain ze Hause;
Bai Mondeschain, bai finstrer Nocht
Ies kae³ Ehr zu derhalde."

Schwaig steill, schwaig steill, Frao Hofeleinn,
Onn red ao ni su seäre!
Ich hor⁴ well'n zu ma'm Buhler gien,
Eitz wor ich eimmekehre⁵.

„Onn kehr du eimme, wie du weillst,
Ar hot bai dir gesasse;
Du houst bai Ruothgouldfeingerlai
Ai sainer Hand vergasse.

„Du houst wuol ao wos meh gethon,
Du houst bai iem gesasse;
Du houst da'n grune Rautekranz
Ouff sainem Haop gelosse."

Schwaig steill, schwaig steill, Frao Hofeleinn!
Du konnst dich bald eimmschaoe⁶:
Ich hor derhaem zwie Brider stoulz,
Di wa'n⁷ dich bald eimmhaoe⁸.

„Haon si mich glai zum Weinter eimm,
Aim Suommer grun' ich wieder;
Verlaißt a Maed'l ih'n Ehrekranz,
Dan seindt se ni meh wieder.

---

¹ behalten. ² nicht immer ins. ³ ist keine. ⁴ habe. ⁵ jetzt werde ich umkehren. ⁶ umsehen. ⁷ werden. ⁸ umhauen.

„Onn wenn de Leind[1] ihr Laob verlaißt,
Do trauen[2] olle Efte,
Abe, abe, fein's Maederlai,
Onn hield bai Kranzle fefte!"

— Ich kon ien halde, wi ich wiel,
Ar ies mer fchu hatfolle[3];
Dos[4] ies mer fchu vo waißer Said'
A Schlaärle[5] druff gefolle.[6]

Volkslied.

(Erlach, IV, 202. Hochdeutsch, in etwas anderer Fassung: Wunderhorn, I, 264, und Simrock, Deutsche Volkslieder, 180.)

---

[1] Linde. [2] trauern. [3] entfallen. [4] es. [5] Schleierlein. [6] Statt „Dos ies mer fchu" würde man vielleicht „Do" 2c. erwartet haben; doch beginnen mehrere andere Lieder in derselben Mundart (Erlach, S. 196 u. fg.): „Dos gung a Knable fochte", „Dos raett a Raiter vuol Jebermuth", „Dos foß an Aile goer allän". Hiernach „Dos" = Es.

VI.

Oberſächſiſch.

In dieser Gruppe begegnen sich die beiden Diminutivformen „le" und „chen" in streng getrennter Verbreitung. Im südlichen Theile, im Riesengebirge, Egerlande, Plauenschen Grunde, findet sich ausschließlich die südliche Form „le" und ihre Abänderungen: „Mabel, Schwesterle, Batscherl, Töchterla"; im nördlichen Theile des Gebietes, im Harze, Thüringen, findet sich ausschließlich „chen": „Mächen, ä bischen, e Linschen, Schälechen, Feischen". Zwischen Thüringen und dem Hennebergschen (VIII), welches „le" hat, macht in dieser, wie in vielen andern Beziehungen der Rennstieg die Grenze.

Was Abänderungen der Vocale und Consonanten, Flexionsweise, charakteristische Ausdrucksformen, Tonfall und Musik der Sprache anlangt, so herrscht innerhalb der obersächsischen Gruppe ein sehr mannichfacher Wechsel.

Das gebirgige Mädel.
Mundart des Erzgebirges.

Ich bi͞ ä gebirgisches Mädel,
Ich bi͞ uhne Foalsch un oah[1] gut,
Dreh fleißig bein Klippeln mei͞ Fädel,
Su arm ich bi͞, hoab ich doch Muth.

Ne Sunntig, doa derf ich mich putzen,
Doa här ich die Predig erscht oã,
Noach[2] gih ich zun Schwesterle hutsen[3],
Gucken mer oalle nanner oã.

's Scherzel, 's Koschettel[4] und 's Häubel
Is oalles neuwaschen un schīe,
Die schwäbischen Ärmel oan Leibel[5]
Die hoab ich gemoangelt erscht früh.

Wenn oabens ähäm[6] wird goange,
Sieht's Schätzel su sehnlich mich oã,
Dals hett's zu mir gruß Verlange
Un frägt mich: Hä, brauchst du än Moa?

Do soag ich: Dach Schätzel, loaß 's Froagen!
Woas frägst, ob'ch brauche ne Moa?
Ich brauch der's doch net erscht ze soagen,
Du siehst mer's an b' Ägne[7] schü oã.

(Bei Firmenich, II, 253. Original 7 Str.)

---

[1] auch. [2] nachher. [3] einen Abendbesuch machen. [4] das Schürzchen, Corsettchen. [5] Mieder (Leibchen). [6] nach Hause. [7] Augen.

Tschumperliedeln aus dem Egerlande.

Zwåe Antle[1] a'm[2] Wåsser
Schwimme hiunewider,
Und wenn glei mei͂ Schåtz beis[3] is,
Kinnt 'r denn'r wieder.

Diën Boubn diën i niët moch,
Deër kinnt m'r ålle Toch,
Deër m'r in Herzn leit,
Ach, deër is weit.

Deër mit 'n schwårzn Frack,
Deër håut ka͂ Geld in Såck,
Diën mit 'n rundn Hout,
Diën bi=n=i gout.

Du herzichs trauts Schåtzrl,
Gei[4], gimmer dei͂ Båtscherl,
Gimmer dei͂ rechte Hend,
San m'r bekennt.

Am Sunnte is Kirrwe[5],
Dåu gei i z'n Tånz,
Dåu kwackeln[6] mei͂ Hiësle,
Dåu stei i in Glånz.

(Zeitschrift für Mundarten, V, 127.)

Schlumperliedel.
Mundart des Vogtlandes.

Jich klaner Vugtlänner
Bi a lustiger Bu,
Kan'n Dreier in'n Beutel
Und Wasser in'n Schuh.   Wildenau.

---

[1] Entlein.   [2] („aff'm") auf dem.   [3] böse.   [4] gehe.   [5] Kirchweihe.   [6] wackeln.

VI. Oberſächſiſch. — Sachſen und Umgebung.

Spilt auf, ihr Muſikanten,
Macht m'r an ſchön'n Walzer!
Ich möcht nuch aans tanzen
Mit dieſer Neuſalzer[1].
Tirpersdorf.

Muſikanten, ſpielt auf,
Lout enker[2] Saiten klinge͂,
Draßen[3] hon ſe mei Schätzel —
Möcht's gern eini bringe͂.
Landwüſt.

Af'n Frei[4] bin ich gange
In Bauerhuef nei͂,
Der Huef is 'n Bauer,
Und 's Töchterla is mei͂.
Planen.

Klane Kitgla muß m'r gießen,
Wemm'r Vögla ſchießen will,
Schwiegermiltter muß m'r grüßen,
Wemm'r'ſch Töchterla hamm will.
Böbern.

Fidelix und Fidelax
Und ka Hund is ka Dachs,
Und a ruethhaarets Mādel
Nimm iich net z'n Schatz.
Baulsdorf, Hof.

Söll m'r net luſtig ſei͂,
Senn gu[5] net krank, net krank,
Unnre[6] paar ledign Gohr[7]
Dauern net lang.
Planen.

---

[1] Mädchen aus Neuenſalz, Dorf bei Plauen. [2] laßt eure. [3] draußen.
[4] Kiltgang. [5] ja. [6] unſere. [7] Jahre.

Hopsasa stolper net,
Do leit a Sta;
Aufrichtig biste net,
Dös waß ich a. *Plauen.*

Wenn's M'adel sauber is
Und is noch gung,
Muß der Bu lustig sei,
Sünst kümmt er drum. *Mechelgrün.*

Kla bii ich, kla bleib ich,
Grüëß mog ich net weern,
Schië prunket¹, schië prunket²,
Wie a Haselnußkeern. *Oelsnitz.*

Unter dem Berelebam³
Mach' mr'sch net aus, net aus,
Hänge ze viel Berla dra,
Die reden's aus. *Plauen.*

Döß 's im Wald finster is,
Machen de Tannebütsch;
Döß du mei Schotzel bist,
Dös is gewiß. *Theuma.*

Geh über Berg und Thol
's is m'r ka Weg zu schmol,
Wenn's Wetter halbweg is,
Alle Woch siebn mol. *Oelsnitz.*

Drüb'n af'n Gartenzau͞
Sitzt a schönner Fink, Fink, Fink,
Horcht när, wie er schleifen ka,
Horcht när, wie er singt. *Bärbih.*

---

¹ schön kurz und dick. ² schön prunkend. ³ Birnbaum (Birelebaum).

VI. Oberſächſiſch. — Sachſen und Umgebung.

Hinter der Haſelſtaud
Hot ſich mei Schatz verſteckt,
Wenn när ka annrer kimmt,
Der mr'n wag tröggt.
     Wildenau.

Wenn's ſchneit, do ſchneit's weiß,
Und wenn's freuſt[1], do freuſt's Eis,
 Und do lieb ich man'n alten Schatz
Wieder von neus. **Böbern.**

Rutſch nüber, rutſch rüber,
Wu's kaiſerlich is,
Und mei Schatz is mir lieber,
Als Geld af'n Tiſch. **Eichigt.**

In Oberloſe, Unterloſe,
In Stöckigt und in Brand,
Do ſenn de ſchännſten Madle
Im ganzen Sachſenland.
     Plauen.

Und ſchwarze Agn und weiße Knie
Und nudeldicke Strampferli
Seī af der ganzen Welt in Brauch
Und bei man'n Schootzel auch.
     Hohenleuben.

Geh ich über'n Weiher,
Schnalzt a Fiſch;
Madel, wi'ſzt mich heiern[2],
Sog mr'ſch gewiß.
     Bobenneukirchen.

Is die Maid in Brunn gefall'n,
That an grußen Plumpfer
Itze haßt's bun Leuten all'n,
's is a reine Gumpfer[3].
     Bobenneukirchen.

---

[1] friert (ahd.: friosan, mhd.: ez vriuset). [2] heirathen. [3] Jungfer.

Alte Weiber, gunge Weiber,
Thunne in's Werthshaus laatschen;
Sehnne se wos de gunge machen,
Hamm se wos ze paatschen [1].
Plauen.

Und deine Lieb und meine Lieb
Is wie a Bündel Heu, Heu, Heu,
Und wenn der Wind d'rzwischen fährt,
Is alle Lieb vorbei.
Plauen.

Ich ho mei Tog ka gut getha,
Und ho 's a net in Sinn, in Sinn,
Dös seht ihr mir an'n Federn a,
Wos ich f'r a Vogel bin.
Planschwitz.

Wenn i a mol stir, stir, stir [2],
Mö'n mi sechs Jungfern trog'n
Und derbei Zither schlogn.
Alleweil fidel, fidel,
Trauri sein kaan i nit
Bei meiner Seel!

Wenn i a mol stir, stir, stir,
Legt mi in'n Keller ei
Und a Faß Branntewei.
Alleweil fidel, fidel,
Trauri sein kaan i nit
Bei meiner Seel!
Landwüst.

(H. Dunger, Rundas und Reimsprüche aus dem Vogtlande, Plauen 1876.)

---

[1] schwatzen. [2] sterbe.

Gleich und gleich.

Vogtländer Mundart (Boschwitz).

Do drübn kümmt a Fuhrma rei,
Fuhrma halt still, halt still!
Wer werd der Fuhrma sei,
Der miich hab'n will?

Kan'n Fuhrma mog ich net,
Fährt ze weit aus;
Ich möcht an Schneider hab'n,
Blabt in man'n Haus.

Kan'n Schneider mog ich net,
Schneid't ze viel zu;
Ich möcht an'n Schuster hab'n,
Macht mir a paar Schuh.

Kan'n Schuster mog ich net,
Hot schwarze Händ';
Ich möcht an'n Weber hab'n,
Werkt mr a Hemd.

Kan'n Weber mog ich net,
Riecht sehr noch Schlicht[1];
Ich möcht an'n Kaufma hab'n,
Wögt noch'n Gewicht.

Kan'n Kaufma mog ich nett,
Wögt ze viel aus;
Ich möcht an'n Bauerschbub'n
Mit an'n schön'n Haus.

(H. Dunger, Rundas und Reimsprüche, Plauen 1876.)

---

[1] Kartoffelkleister, zum „Schlichten" der Fäden.

De Krone der Schepfungk.
Leipziger Mundart.

"Nu ewen"![1]

So manches Wunder beit das Erdenlewen,
Was mächdig änne Dichderseele riehrt;
Allein schon Sophokles hat zujegewen,
Daß dir, o Mensch, der erschde Preis gebiehrt.
De Krone awer — setz' ich gleich dernewen —
Das is der Mensch, den Leibzig produzirt!
Un dieses Kleinod unsrer Muddererde
Besing' ich jetzt von hohen Fliegelferde.

Fer'sch erschde is der Leibz'ger hellisch helle,
Un sei Gemieht is edel, groß un weit.
Den wenn Gollege Schiller sagt in Telle:
"De braune Liesel genn' ich an Geleit'" —
Das Leibz'ger Gind ergenuste uf der Stelle
An seiner Hellig = un Gemiethlichgeit.
Dies Erbstick zeigt von Sieglingk bis zun Greise
Ä jeder Leibz'ger in frabbander Weise.

Wenn ärgend meeglich, weeß er "je genießen
Mit Wehmuth dieses Lewens Uhnverstand";
Dorch Musen läßt sei Dasein er versießen,
Sie sin (wie Geedhe spricht) ihn "wahlverwandt";
Ahndächtig ruht er zu der Weisheet Fießen,
Is uffjeklärt, human un dolerant;
Engherz'ges Handeln stimmt ihn miß un triewe,
Denn seine Forsche is de Menschenliewe.

Un eene seiner vordeilhaftsten Seiden —
Ging Lear bemerkt ganz richdig: "last, not least" —
Das is der Fortschritt, dem je allen Zeiden
Er Haus un Herz un Dhor und Brust erschließt.

---

[1] sehr beliebte Redensart, das berliner "So is es".

VI. Obersächsisch. — Sachsen und Umgebung.

Es is fer ihn ä Urquell reenster Freiden,
Wenn wo was „Neies aus Ruinen sprießt",
Den jungen Geimen wärd er Hort un Hieder;
Nischt is ihn mehr als alder Zopp zewider.

Gorzum: ä Menschenschlag grassirt in Leibzig,
Wie ihn gee giehnster Traum vollgomner treimt.
De Mähne meines Begasusses streibt sich,
Stols weht sei Schweif, un seine Zunge scheiuit:
Er ahnt, womit sei Herr de Zeit vertreibt sich,
Er ahnt, was ich gesungen, was gereimt!
Mich selwer awer backt ä wonnig Schauern:
Doch meine Wiege stand in Leibzigs Mauern!

E. Bormann.

(Mei Leibzig low' ich mir! Boēsieen ännes alden Leibz'gersch, 3. Auflage,
Leipzig 1883, S. 6.)

Truhſt.
Altes Lied, in altenburger Mundart.

Was 'ch de Taak mit b'r Leier verbien,
Das gieht be b'r Nacht in Wend;
Reenkcemel, Ralken, Ruhßmarien,
Die stiehn nich allewend [1].

Drüm half 'ch mer, su gut 'ch kann,
Fraa nich veel nach b'r Walt;
Mei Vater waar ä reicher Mann,
Senn Suhne dann fahlt's [2] au Galb.

Verr seier Theer [3] nahr geeder kiehr [4],
De braucht c Baasen [5] genunk;
Schreib senne Fahler uff's Papier,
De braucht e Tinte genunk.

---

[1] allenthalben. [2] dem fehlt's. [3] vor seiner Thür. [4] nur jeder lehr'.
[5] Besen.

Lahß reene¹, weil's nahr reene will,
Das Waffer läßft nich Bark uff;
Wenn's nachen² nich mich reene will,
De hührt's van falwer uff!

(Bei Firmenich, II, 245.)

Bärkmannslied.
Mansfelder Mundart.

Derr Bärkmann is ä muntres Blut, Glück auf!
Kaimol verletzt ihn nich sei Muth, Glück auf!
   Fehrt he frieh zeite h'ninn in'n Schacht
   Un hat er seine Schicht gemacht,
     Denn rieft ä,
   Denn rieft ä frisch: Glück auf!

Derr Innge plackt sich Tahk farr Tahk, Glück auf!
Wie ehn sei Fäll au³ brennen mahk, Glück auf!
   Barwungen⁴ wärd die Treckerei⁵;
   Denn kimmt derr Luhntahk⁶ mett anbei,
     Denn grießt ä,
   Denn grießt ä därb: Glück auf!

Un hat he richt'ch un mett Bedacht, Glück auf!
De Probe ornblich dorchgemacht, Glück auf!
   Der Junke kreit denn bohle⁷ schun,
   Su, wie der Ohle, Häuerluhn⁸;
     Denn juhcht ä,
   Denn juhcht ä fruh⁹: Glück auf!

Bomähle¹⁰ schafft he sich sei Haus, Glück auf!
Un sucht sich änne Fraue aus, Glück auf!
   Fillt he das Näst dorch seine Sie
   Met Gruß un Klein denn immer mich,
     Rieft's aller=
   Rieft's allerwändt: Glück auf!

---

¹ regnen. ² nachher. ³ seine Haut auch. ⁴ überwunden. ⁵ „Ziecherei". Der Bergmannsjunge hat zunächst die Karren („Hunde") zu schieben oder zu ziehen „trecken". ⁶ Lohntag. ⁷ bekommt dann bald. ⁸ d. i. der erhöhte Tage= lohn, welchen der mit „Schlägel und Eisen" arbeitende „Häuer" erhält. ⁹ froh. ¹⁰ allmählich.

VI. Oberſächſiſch. — Harz.

Ä hat zworzch¹ au ſei Linschen² Nuth, Glück auf!
Dach ißt he keimool theires Brud, Glück auf!
 Un kreit he ſarr ſei richt'ches Thun
 Varrleicht ämool ä Axtraluhn,
  Denn greelt ä,
  Denn greelt ä laut: Glück auf!

Fehrt uff de Kläubebank³ he mett, Glück auf!
Daß ehn wuhl ärcht⁴ was unmool ſchlett⁵, Glück auf!
 Ruft he: bär mich zuubthär derrhuhl⁶,
 Meints immer dach mett mich rächt wuhl;
  Mei Troſt is,
  Mei Troſt is mei: Glück auf!

Thiet allerwächt⁷ he ſeine Pflicht, Glück auf!
Varrfehrt denn ſeine letzte Schicht, Glück auf!
 Do trahn de Kammeräde denn
 Ehn ſtille mant ze Grabe henn,
  Verſenk'n 'n,
  Verſenk'n 'n mett Glück auf!

F. Giebelhauſen.
(Dichtungen in Mansfelder Mundart. 1865.)

Die Barkleit⁸.
Mundart des Oberharzes.

Die Barkleit, die ſein hibſch und ſein,
Sie gra'm⁹ dos Silwerärz
Aus Bark un Stein.

Nordheiſcher Schnaps un Gorſchlerſch¹⁰ Bier,
Dos an dar Hus¹¹ feſt klabt¹²,
Is gut vor mir.

---

¹ zwar. ² ſein bischen. ³ die Bank, auf welcher die Erze ſortirt werden (von „klauben" = ſuchen). ⁴ irgend. ⁵ fehlſchlägt. ⁶ ſeither erhielt. ⁷ allerwärts. ⁸ Bergleute. ⁹ graben. ¹⁰ Goslarſches. ¹¹ Hoſe. ¹² klebt.

Dos Toppkasstick[1], dos schmeckt mer gut,
Unb benn e Trenm[2] derzu,
Dar gitt mer Muth.

Towack, Towack, du edles Kraut,
Wer dich geflanset hot,
Hot schien gebaut.

Glick auf, Glick auf! dar Steier[3] kimmt,
Har[4] hot sei Gru'mlicht[5]
All[6] aangezindt.

Volkslied.
(Bei Firmenich, III, 279.)

Es Tischricken.

Mundart des Oberharzes, Klausthal.

Na Kinnersch, hot ihrsch all gehärt?
De ganse Walt is tull;
Von Tischericken, Tischeschiem[7]
Is Jung un Alt gans vull.
In allen Heisern wärd promirt,
Mer schwärt drauf, wär gut ausgefihrt.

Su wos, dos gitt's net wätter noch;
Lott eich dn Viergank[8] sahn:
Ä Sticker Sechse setzen sich
Im Tisch 'rim, denn gihts ahn.
Mer lauert Bärtelstunnes lang,
Daß äu es Harz kloppt angst un bang.

---

[1] Topfkäsestück. [2] Stück Brot (Trum). [3] Steiger. [4] er. [5] Grubenlicht.
[6] schon. [7] Tischeschieben. [8] Vorgang.

VI. Oberſächſiſch. — Thüringen.

Gans ſtuckenſtille ſitzt mer do
In bunter Rehg im Tiſch,
Dr kläne Finger macht den Keht [1],
Es knährt, ruckt mit Geziſch.
Dr Tiſch regt ſich, fängt ahn ze ziehn,
Gleich muß all's auf, muß mitt ne giehn.
Ich wollt's net glähm [2] doch ißes ſu;
Ich hoh's gethan, geſahn,
Hoh's unterſucht, bin iwerzeigt,
Ja, Wunner is geſchahn.
Wu dos noch hinſihrt, gläbt mer mant,
Von Nutzen ißes unnern [3] Staud.
Of Glahm [4], nu freilich do kimmt's ahu,
Siſt [5] gihts net, dos is ſchlimm.
Klamiſern ſatt [6], dos hilft hie niſcht;
De Kunſt krichts ah net rimm.
Dan Glahmsheld, deſſen Machtverſuch
Uns raus reißt, brängt a Vivathuhch!

Aug. Ey.
(Harzſchtreitzel [7] oder Harzgedichte.)

Mädchen und Sadebaum [8].
Mundart von der Unſtrut (Thüringen).

Ich kriſe [9] dich, o Sadebom,
Wuvun biſt du ſu krine?
„Ich liebe keene Mächen [10] nich,
Davun bin ich ſu ſchine."

Was ſtichelſt du, o Sadebom,
Ich thu dich nurt anſchauen;
Ich ha der ſtulzen Brider zwee,
Die ſullen dich abhauen.

---

[1] Kette. [2] glauben. [3] unſerem. [4] Glauben. [5] ſonſt. [6] viel herumreden (Klamatzen = leere Umſchweife, unnöthige Worte). [7] Harzſträußel. [8] Säbenbaum (Juniperus sabina). [9] grüße. [10] Mädchen.

„Hann sie mich och im Winter ab,
Im Summer krin' ich wieder;
Wenn du dein Ehr' emal verlierschst,
Krigst du se niemals wieder."
(Bei Firmenich, II, 187. Vgl. oben S. 178.)

Kirmslied.
Mundart von Weimar.

Weesten schon, daß Kärmse ös?
Michel werd sich freue;
Uf den Sonntag, ganz gewöß
Tanz mer om die Maie!
Miene, schnall dei Mieder hoch,
Nimm das neue, bunte!
Bärgemeesters Frötz kömmt og,
On da merkste Lunde.

A Strawall ös, wie mer hiert,
On der neuen Schenke;
Was da alles ufgeführt,
Kaunste dir schon denke:
Zockerweiber sönn schun da,
On ä gruß Theater,
A Hausworscht met seiner Fra
On met seinem Vater.

Denk dir nur, daß schiene werd,
Ich hier' schun's Geschreie,
Wenn dich erscht dei Michel zerrt
Om de grüne Maie.
Miene, schnall dei Mieder hoch,
Mach dich bald zurächte!
Bärgemeesters Frötz kömmt og,
's kommen alle Knächte!
Karl Große.
(Gedichte, Weimar 1887. Orig. 6 Strophen.)

Hämwieh.

Mundart von Rudolstadt.

Ech bin off meiner Wanderschaft
Nur allerwend gewasen,
Ech ha mer alles angegafft
In Stucken und in Drasen,
Ech bin bis nein nach Ungern gang,
War in der Schweiz zahn Wochen lang,
Ha in der Lausitz Arbeit g'hatt —:
's giht doch nischt iber Rudelstadt!

Bald war'n de Barge mir ze huch,
Bald sah mer gar käm Höckel,
Bald war'n de Leite mir ze klug,
Bald waren's grube Nöckel;
Bald ging's in Sande bis an Knorn,
Bald ha 'ch in Drack de Schuh verlorn;
Da ha ech allemal gesaht:
's giht doch nischt iber Rudelstadt!

Was mer am merschten ande that[1],
Und 's Schlimmste war von Dönge —
Daß ech in käner änz'gen Stadt
Konnt' änne Bratworscht fönge.
Ech kröcht ä Döng un Britz derbei,
Das sollte änne Bratworscht sei?
Ech hatt' schonn an Geroche satt —
's giht doch nischt iber Rudelstadt!

A. Sommer.
(Bilder und Klänge aus Rudolstadt,
7. Aufl. 1874. Original 8 Strophen.)

---

[1] leid that, ärgerte.

Sehnsucht.
Mundart von Rudolstadt.

War abends giht 'n Damme noff,
Dar paß ämal ä Bößchen off,
Da hiert mer'sch schrecklich klage;
Das thut nur gottsebarmeglich,
Das klingt su traurig, jammerlich,
Ech kann b'rsch gar nech sage.

Das ös das gruße Wasserrad,
Das grämt sich su un heilt¹ sich satt,
's giht änn durch Mark un Bäne.
Ja gucke, sonsten war'n s'r zwä,
Die thaten sich metnanner dreh,
Etz stiht's su ganz alläne.

Ä jeder Mann un jede Fra,
War wöß, wie bald, da gieht's 'n a
Wie unsern Wasserrade.
Dromm seid 'r etz beisamme noch,
Da seid racht änig, freit eich doch
Un halt de Zeit zu Rathe.

A. Sommer.
(Bilder und Klänge aus Rudolstadt.)

Die Ruhl ².
Mundart von Ruhla.

De Bearr³ sein werlich net gereng,
Der Waald iis au voll höscher Deng⁴;
A Frä⁵, bear of den Bearner stiit⁶
Un of be Ruhl⁷ enäpper sieht.

Ludwig Storch.
(Poetischer Nachlaß.)

---

¹ heult. ² der bekannte thüringer Marktflecken Ruhla, im Dialekte stets „die Ruhl" genannt. ³ Berge. ⁴ hübscher Dinge. ⁵ Freude. ⁶ wer auf den Bergen steht. ⁷ „auf die Ruhl", d. i. auf die Gegend von Ruhla.

Der Schießplatz.
Ruhlaer Mundart.

Der Schnieder of der Köhlerschgaß,
Däs woir[1] a guter Muhn;
Hea heat au a gut Frau gehåt,
Däs gieng mich goir nüscht un.

Hea heat au zwea Meagen[2] gehåt,
Äbber keine wuir a Frau;
Dea ein, die het en Bockel gehåt,
De anner a Feall[3] of en Au.

's gaanz Joir hunn se Büttel[4] gemåicht
Un aarbten, däs woir schlömm[5]!
Ich åbber woir a dommer Jong
Un kömmert mich net drömm.

Ich kömmert mich nuir öm den Platz
Für b'n Schnieder sinner Thůr.
Saß Schriet[6] nuir laangk un zween nuir breit,
Däs woir das gaanz Revier.

Äbber für Jongen goobs kei Fleack
Zum Schießen[7] so bequem,
Als däs für unsen Schnieder sinn Hus
Un keis so ungenehm.

Däs Pleatzchen für der Schnioderschthůr
Woir allen Weunschen ir Ziel;
Dä lågkten me ben gaanzen Tågk
Im lust'gen Stennerspiel[8].

---

[1] woir = war (wuir = wurde). [2] Mädchen. [3] Fell, Trübung. [4] Ruß= butten, Holzfäßchen zur Verpackung des Kienruß. [5] arbeiteten sehr angestrengt. [6] sechs Schritte. [7] Spielen mit Steinkugeln. [8] Steinkugelspiel.

Mit 'n Meaſſer wuir a Kreis gemåigt,
A Kubben un a Mål¹,
Un in den Kreis ſåtzt jeder Jong,
Si² richtig Stennerzåhl.

Dås woir a Gewabel un a Gegill³,
Un munchmå gåbs an Schlea⁴,
Un von der gaauzen Köhlerſchgaß
Warn alle Jongen bei Wea⁵.

Vi⁶ oft in villen langen Jarrn
Dåicht⁷ ich wohl un den Platz
Un dås lebendig Stennerſpiel
Un un di luſtig Hatz⁸.

Vi lang is ſchon der Schnieder todt,
Vi lang ſi gut all Frau!
De Meagen machen kei Bitttel meh˜,
Geſtorben ſein ſe au.

De Jongen von der Köhlerſchgaß
Sein au todt, bi mich dücht⁹;
Un bann ich enao¹⁰ vorübbergeh,
Wearn mei de Auwen füicht.

Ludwig Storch.

Nach Karl Regel, welcher in der „rühler" Mundart zahlreiche ſlawiſche Sprachreſte nachgewieſen hat und „die Ruhl" für eine ſorbiſche Niederlaſſung hält (Die Ruhlaer Mundart, Weimar 1868, S. 156 fg.), hängt der Name Ruhla mit böhm. role, ſerb. poln. rola, altſlaw. ralija, d. i. ἄρουρα, Saatfeld, zuſammen, was auch auf die Lage des Ortes innerhalb einer langhingeſtreckten, von Bergen rings umſchloſſenen Flur ſehr wohl paßt. Die ruhlaer Mundart bezeichnet Regel (S. 296) als eine „recht eigentlich hennebergiſche". Daß Ruhla nördlich vom Rennſteige liegt und die Verkleinerungsſilbe „le" dort nicht vorkommt, iſt Grund, dieſelbe hier anzureihen.

---

¹ eine Grube („Kaute") und ein Mal (Grenzlinie, von welcher aus geworfen wird). ² ſeine. ³ ein Gewimmel und ein Lärm (von gellen). ⁴ Schläge. ⁵ bei Wege (anweſend). ⁶ wie. ⁷ dachte. ⁸ Hetze. ⁹ deucht, dünkt. ¹⁰ wenn ich einmal.

VII.

Hessisch.

In der hessischen Mundart fehlt die südliche Diminutivform ganz; überall „che": „Mädche, Hunnche" u. s. f., daneben „Käzi", und wenn etwa ein Wort mit südlicher Diminutivendung eindrang, so wird die norddeutsche Endung darangehängt: „Mädelche, Hundelche".

In vielen Gegenden Diphthonganhäufungen und auffällige Consonantvertauschungen.

Mehrfach haben sich altdeutsche Charaktere erhalten; in Niederhessen finden sich — was diese Mundart in solchem Maße einzig mit der alemannischen und niedersächsischen theilt — die altdeutschen i, u und ü: „sin, bi, Nid, schriewen, binnes Glichen", für „sein, bei, Neid, schreiben, beinesgleichen"; „Huß, Buur, Brutt, Hutt, luure", für „Haus, Bauer, Braut, Haut, lauern"; „hüllt, düücht, gerüggen, Bütel, Schüüren", für „heult, beucht, gereuen, Beutel, Scheuern".

E Freuhjuhrschläid[1].

Mundart der südlichen Wetterau („Wearrera").

D'r Stoark[2] eas do, b's Hinkel leekt[3],
D'r Waald wird groi͞[4], bi Omschel[5] schleekt,
D'r Bauer fährt ean[6] Acker;
D's Mäsi[7] peist ez: Speatz bi Schoar[8]!
D'r Spatz der zwilcht; D's Haa[9] wird roar!
D'r Ruthschwanz mächt ahm wacker[10].

Di Bachstealz baukt[11], 's baukt bi Duol[12],
Ohm Rah[13] do bleukt[14] bi Mirzvajuol,
D's Kätzi öh de Weire[15];
Di Fraa henkt di Montur eraus,
D's Maadche kloppt bi Better aus,
D'r Boub mächt[16]: „Saft, Saft, Seire"[17].

D's Fuhrwerk greint, bi Gasel knallt,
D's „Hahr" ean „Heut"[18] voh weirem schallt;
M'r stitmpt aach Zauh ean[19] Hecke;
D'r Bauerschmann sein Hoawer seebt[20],
Di Bauerschfraa ihrn Goarte gräbt,
Im[21] Dickwurzkern se stecke[22].

---

[1] Ein Frühjahrslied. [2] Storch. [3] das Huhn legt. [4] grün. [5] Amsel.
[6] in (in den). [7] Meischen. [8] „Spitz die Schaar!" (im Elsaß: „D' Zit isch
do!"). [9] Heu. [10] macht einen wach. [11] baut. [12] Dohle. [13] am Raine.
[14] blüht. [15] Weiden. [16] singt. [17] Liedchen beim Losklopfen der Rinde der
Weidenpfeifchen. [18] Her! und fort! (was, da der Fuhrmann links geht, links!
und rechts! bedeutet). [19] und. [20] säet. [21] um. [22] zu stecken.

D'r Schäfer eas schund draus eam Pirch¹;
Di Sprihn² eas do, 's fingt bi Lirch,
Di Schwolwe wern baal komme.
Di Sonn scheint woarm, 's eas broackel³ draus;
Di Kean⁴ däi laafe all enaus
Ean souche Schlesselblomme.

Di Kirschbääm bleuhe wonnerschĩh,
Imschwormt vom Wesper ean vom Vĩh,
D'r Dölpel⁵ bleukt deneawe;
Di Weanterfrücht stiet prächtig do,
Di Wiß eas groĩ, d'r Himmel bloh,
Ean ũwerall eas Leawe.

Ean Sonndoaks fraikt⁶ sich Junk ean Ahlt,
Do giets jesamme ean⁷ de Waald,
Di Maricher⁸ däi singe:
„Und jetzund fängt das Frühjahr an,
Wo alles fängt zu grünen an⁹!"
Nooch¹⁰ danze se ean springe.

Etzt kann mer ean b'r Freuhjuhrschzeit,
Däi Goatt sei Dank nu vir am leit¹¹,
Seĩ Vieh eans Fuhrwerk spanne.
D'r Weanter woar aach goarsche¹² lank;
D's Retsche¹³ uf b'r Owebank
Eas glecklich ũwerstanne.

Peter Gelbel aus Klein-Karben.
(Unterhaltungsblatt zum „Oberhessischen Anzeiger", 1876, Nr. 18.)

---

¹ schon draußen am Pferch. ² Staar. ³ trocken. ⁴ Kinder. ⁵ Raps. ⁶ freut. ⁷ in. ⁸ Mädchen. ⁹ ein beliebtes wetterauer Volkslied (in Hochweisel bei Butzbach: „Auf ihr Bursch', seid wohlgethan, Jetzund fängt der Heuer [Heuerntefest, schweizerisch „Heuet"] an"). ¹⁰ nachher. ¹¹ vor einem liegt. ¹² gar so. ¹³ Rutschen.

VII. Hessisch.

Di Bäckersch-Käth.
Mundart der Wetterau.

Die Bäckersch=Käth eas wonnerschie
Ean[1] broav, boas will ich mane;
Su gebts uf weit ean braat käh mih,
Vō̆ Gäiße bis nooch Hane[2].

Ihr Löckelcher sei⁻ groab wäi Floas[3],
Ihr Bäckelcher zoum Muole,
Ean jedem Borsch gefällt aach boas, —
D'r Deiwel soll mich huole!

Ean wann se Sonndoaks Spille giht[4],
Woas dout se sich bo buotze;
Wäi schie ihr do b's Schlippche stiet
Om blohe deuchern Muotze[5].

Ean eas Musik beim Löwe=Schorsch,
Kimmt's Käthche aach geschwänzelt;
Nooch wird se dann vō̆ jedem Borsch,
Vō̆ Kla⁻ ean Gruß gedänzelt.

De Walzer danzt se goarsche[6] flink
Meat's Burjemaastersch Peter;
Do heppt se wäi e Deftelfink —
Es wonnert sich e jeder.

Si eas aach reich ean huot boar Geald,
Bei väijer dausig Gelle[7];
Dozou des schie Geländ eam Fealb
Ean aach — ihrn freie Welle.

Nur eabbes[8] bei b'r Bäckersch=Käth
Doas mächt m'r gruße Schmerze:
Wanns Desi[9] — nur kaan Schnurrboart hätt,
Se läibt ich se vō̆ Herze.

Peter Geibel.

---

[1] und. [2] von Gießen bis nach Hanau. [3] Flachs. [4] plaudern geht. [5] am blauen tuchenen Mützchen, d. i. Jäckchen. [6] gar so. [7] viertausend Gulden. [8] etwas. [9] Diminutiv von Aas (Kosewort).

Klage eines Liebhabers.
Mundart von Butzbach in der Wetterau.

Es soll sich halters kainer mit der Lieb abgewe,
Se bringt ja so manche schiene¹ Kerle im's Lewe.
Gestern hot mer mai͞ Trutschel² die Lieb ofgesaht;
Aich hün se verklaht³.

So giehts, wammer⁴ die Mädcher zum Tanze läßt geie⁵,
Do muß mer in Ängste und Sorge 'rum schweife;
Do reit't mer der Deuwel dem Schulze sain'n Haus,
Der führt se zum Tanz.

Nu schmeckt mer kai͞ Esse un schmeckt mer kai͞ Trinke,
Un wann aich soll ärwern⁶, so möcht ich versinke,
Und wann aich sollt schwätze, aich hätt se nett lieb,
Dann wär aich e Dieb.

Drum bin aich gestorwe, dann loßt mich begrawe,
Un loßt mer vom Schreiner sinwe Brerrer⁷ abschawe,
Un loßt mer zwa faurige Herze druf male,
Aich will se bezahle.

Un loßt mer anstimme die Sterwesgesänge:
Do leit⁸ nu der Esel die Quer un die Länge;
Im Lewe do hot mer sai͞ Liewesaffärn, —
Ze Dreck muß mer wer'n.

Volkslied.
(In sächsischer Mundart bei Rablof, I, 232.)

---

¹ schönen. ² Gertrud. ³ verklagt. ⁴ wenn man. ⁵ gehen. ⁶ arbeiten.
⁷ sieben Breter. ⁸ liegt.

VII. Hessisch.

Wie schreibt man „Zwetschen"?
Mundart des Susecker Thales in Hessen.

„Uff'm G'meindskippel die Quetsche[1],
Deï hou~ mer imwerig;
Kannst fir morge ausschelle:
Kawettscheverstrich[2]!"

— Sät zum Amtsdiener d'r Burgemeister,
Eme schnurrige Haus;
D'r macht seï~ Schreibes[3], nimmt die Schelle,
Mächt sich uff un rieft aus:

„„Morn Nachmittag,
Wann justement
Deï Wirrering[4]
So bleibe sellt,
So sell'n uff oïns Kippel[5]
Die Äppelbäm
Verstriche werrn!""

Das hirt dann ach der Burgemeister,
Fährt uf aus seï'm Mittagsschlof:
„Was schwätzt dann der da vun Äppel?
Komm 'eruff emol, du Schof!"

„Stieht vun Äppel ebbes in beï'm Wisch dann?
Äppel hou~ mer jetz' ja keï~,
Odder[6] eich glab, du host e Kennche[7]
Zuviel Äppelbranntewei~?"

---

[1] Zwetschen. [2] Zwetschenversteigerung. [3] Schreiben. [4] Witterung. [5] so sollen auf unserm Kippel (d. i. Kopf, Anhöhe). [6] aber (umgekehrt wird statt oder „awwer" gesagt: „zwei awwer drei"). [7] Kännchen.

„„Nix für ügut, Herr Burgemeister,
Dos is alles recht, ich glab's,
Es sein Äppel net, es sind — Kawettſche,
Odder der Deiwel der ſchrab's!"“

H. W.

Die zweite Zeile lautete in der erſten Auflage: „Die hawwe mer inwenig." In ganz ähnlicher Weiſe incorrect (rheinpfälziſch ſtatt heſſiſch) lautet bei Scheffel der Ausruf der „chattiſchen" Jungfrau: „Hammer dich emol!" ſtatt „Houn mer deich emol."

Verdenk merſch net.

Mundart des Oſleider Grundes, Ohmthal, bei Homberg.

Verdenk mer'ſch net, daß ech dech meire[1],
Weil dou ſo falſch ean[2] ech ſo dreu,
Soll dann das Herz gleach Scheafbruch leire[3],
So reiß des Band dr Leib enzwei;
Ean ſprich mech lus vo͞ aller Flicht,
Verdenk mer'ſch nicht, verdenk mer'ſch nicht!

Ech will naut mih[4] der Stroß betrere,
Allwu dou fer dr Dirc ſtiſt,
In ſeller[5] Kirch will ech net beere,
Allwu dou gegewärdig beaſt,
Ean wu ech dech werr ſiehen ſte͞h,
Werr ech fortge͞h, mog dech net ſa͞h.

(Einkleidung des hochdeutſch geſungenen Liedes
in den Dialekt durch den Herausgeber.)

[1] meide. [2] und. [3] gleich Schiffbruch leiden. [4] nicht mehr. [5] ſelbiger.

VII. Hessisch.

Drei Ruse.
Mundart des Ofleider Grundes.

Es wollt e Mädche Wasser hōin [1]
An eme deīse Born;
Da kuhm e Reirer gerirre doher,
Der begehrt met err zou baanze.

Jo, met merr baanze barsste schou͞,
Vreng merr zouerscht drei Ruse,
Deī meadbe eam [2] Weanter gewachse seī͞
Ean bleīhe um deī Ustern.

Er ritt deī Stroße uf ean ab
Ean sunn d'r Ruse kä͞ [3];
Do kuhm err fer enes Malers Der [4]:
Herr Maler, seid err dean [5]?

Goure Dog, goure Dog, Herr Maler mei͞,
Mal' err merr schwunn [6] drei Ruse,
Deī meadbe eam Weanter gewachse seī͞
Ean bleīhe um deī Ustern.

Ean als deī Ruse ferdig woarn,
Do deatt err se verglase:
Schatz, freue dech, ermontre dech,
Heī hoste deī drei Ruse!

(In den Dialekt übertragen vom Herausgeber.)

---

[1] Wasser holen (der Ausdruck des Originals: Wasser holen durfte streng genommen nicht beibehalten werden; der Dialekt kennt nur „Born holen, Born trinken"). [2] die mitten im. [3] leine. [4] Thüre. [5] drinnen. [6] geschwind.

Die Dorfbraut.
Niederhessisch.

Ach Motter, was soll vor Freede ich machen,
Me wird's jo vor den Ogen ganz blau.
Ich weeß nit, sall hüllen ich ober laachen,
Ach, nu ben ich schunt baale 'ne Frau!
Fritz hott in der Kippe¹ b's Schulmeesters Schriewen,
    Me künn uns liewen
    Ohn' uchch ze trülwen,
Denn ich seh wohl, de² freuet uchch au!

Nu moß ich geschwenne borch b's Dorf mol lauffen,
Daß ich 'ne Brutt ben, moß ich doch saa'n!
De kunnt frei baale den Bruttstaat me kauffen,
Spaart me nurscht nit so veele bobran.
Was wol bezu saa'n wird Nidhamel's Käthchen?
    Bie'm Spinneräbchen
    Hüllt³ wol manch Mäbchen,
Daß ich den Fritz bobun hon getraa'n.

(Schlußstrophen eines längeren Gedichtes in
„Altes und Neues aus Alt=Kasseler und Niederhessilcher Mundart",
Kassel, S. 7.)

---

¹ Tasche. ² ihr. ³ heult.

VIII.

Mitteldeutsch Fränkisch.

Im Henneberg'schen und in Mainfranken herrscht die Verkleinerungssilbe le; im Gebiete der pfälzischen Dialekte findet sie sich zwischen Rhein und Bergstraße. In der bairischen Rheinpfalz dagegen, einschließlich des Westrich, in der hessischen Rheinprovinz, um Darmstadt überall „che".

Der auslautende Zischlaut findet sich, in etwas weicherer Aussprache, in der Mehrzahl der Pfälzerdialekte. Im Hennebergischen und in Mainfranken fehlt derselbe.

Die häufigen r des Westrich für t und d: „Werrer (Wetter), Märe (Mädchen), gure (guter)", erinnern an die wetterauer Mundart.

Die Vertauschung des w mehrerer Worte mit b (Henneberg, Westrich): „ber kommt"? „bann (wann)" erinnert an das schlesische „ber sind".

Das häufige Wegwerfen der Infinitivendung: „bring, zerstöck" für bringen, zerstücken, hat das Hennebergische mit dem Westrich (theilweise auch mit Thüringen und ab und zu mit Schlesien) gemein.

Der lieb Gott is zum Gräserle gange.
Mundart von Wasungen im Hennebergischen.

Der lieb Gott is zum Gräserle gange
On hoet zu spreche ogefange:
Stiekt uff, ü[1] Gräserle, der Summer kömmt!
Die Bienerle honn schu ogestömmt!

Der lieb Gott is zum Heckerle gange
On hoet zu spreche ogefange:
's is Ziet, ü Heckerle, gät nu 'ruis,
Ü Schläfferle, uis euerm Huiß!

Der lieb Gott is zum Käferle gange
On hoet zu spreche ogefange:
Bannt[2] widder wollt diß Joh'r mitgehe,
So mößt it aber nu uffstehe!

Der lieb Gott is zum Vögele gange
On hoet zu spreche ogefange:
No, hatte di Stömmerle[3] guet probiert
On hatt di Liederle istudiert?

Der lieb Gott is zu jeden gange
On hoet zu spreche ogefange:
Kommt all'! kommt all'! ich bie=n=euch guet!
Ü hatt nu all' hilfsch uisgeruet!

---

[1] steht auf, ihr. [2] wenn. [3] habt ihr die Stimmlein.

Gänsblümle kömmt zuerst gekrache
On hoet zum liebe Gott gesprache:
Lieber Gott! bie=n=ich regt ogezöö¹?
Ja! sprecht der lieb Gott, bist hüsch og'zöö!

On fräädig kömmt a ä Möckle geslöö,
Hoet si gewäsche all² Räckle og'zöö,
On sprecht: 's is mi noch net zu kleei!
Der lieb Gott sprecht: 's is doch hüsch reei?

Do flattert a ä Vögele iher³
On brengt dem liebe Gott schu Mähr:
Lieber Gott! hü'r 'moel mi Liedle oh!
Galt, lieber Gott! hürst, bas⁴ ich ko?

Das hoet dem liebe Gott sehr gefalln,
On fräägt nach jeden, fräägt nach alln;
Kaum hoets der lieb Gott uisgesprache,
Kömmt alles lebendig schu virgekrache.

Das hoet dem liebe Gott sehr gefäät,
On hoet zu allen Erschaffne gesäät:
Sall keins vergehn, sei ümmer neu!
Will ewiglich euer Vater sei!

(Bei Firmenich, II, 136. Orig. 18 Strophen.)

Des betrübt Mädle.
Hennebergisch, Dorf Neubrunn bei Melningen.

Bann⁵ e Tanz es, frät sich alls,
Alles läfft doë hi,
Doch ich ko͞ mich net gefrä,
Käner tanzt mit mi.

---

¹ angezogen. ² sein gewaschnes altes. ³ einher. ⁴ was. ⁵ wenn.

VIII. Mittelbeutsch Fränkisch. — Henneberg.

Jeder tanzt när mit sän Schatz,
Aber ich hå kän;
Alle Mäblich¹ tanze boë,
Ich ellä blei stän.

Ko ich mich nu boë gefrä,
Bann die Geige sängt,
Bann Klanett on Flöte pföifst,
Alles höpft o sprängt?

Ach die Brust möcht mi zerspräng,
's dröckt me 's Herz schier å,
Bann se vör män Agene
Tanze nauf o nå².

(Zeitschrift für Mundarten, II, 269. Orig. 9 Strophen.)

Schnitterlied.
Dorf Neubrunn.

Schneit't, ü³ Leut, bal sen me röm⁴,
Aber setich⁵ ner nert öm,
Hütert, mi möß' ons tommel⁶!
Macht ner, bort in sälle Stöck⁷
Rüst 's es bie e Trommel:
Böck ben Röck! Böck ben Röck!
Arbet es zu euern Glöck,
Bär net ärbet, kömt zeröck!
Bann⁸ die faule Schniter gasse
Wäß die Wächtel Roët ze schaffe
On schreit ouß ben Waizestöck:
Böck ben Röck! Böck ben Röck!

¹ Plural von Mäble. ² herab. ³ ihr. ⁴ balb sind wir herum. ⁵ setzt euch. ⁶ beeilen. ⁷ selbem Getreibestück. ⁸ wenn.

Ner nert röm o nöm[1] geguckt
On mit Age 's Fält verschluckt,
Sät of euer Fänger[2]!
Faulet[3] mög sich niert geböck,
Rüft's ach lang o lenger:
  Böck ben Röck! u. s. f.

Schwängt die Sechel mit Gelach,
Wälte Feierâbet mach,
Ömmer zugeschnite!
Ärbet dörf me nert zestöck[4],
Bis se ganz bestrite.
  Böck ben Röck! u. s. f.
(Zeitschrift für Mundarten, I, 283. Orig. 5 Strophen.)

Überall die Weth[5].

Hennebergische Mundart (Dorf Ritschenhausen im Werragrunde bei Meiningen).

Nachzenâbet[6] woll ich hol
In ons Mitl deß Wäßemal[7],
Stunn der Ern[8] mit Mäblich vol,
Söll se doë dann, dächt ich, fal[9]?
Bie ich higuckt, staunt ich frei[10],
Dann die Weth wor ach bebei.

Nachzenâbet ging ich fort,
Däffelt zu ons Lenne[11] hi,
Borsch o Mäblich fäffe dort,
On ich kriegt en lust'ge Si.
Bie ich higuckt, staunt ich frei,
Dann die Weth wor ach bebei.

---

[1] nur nicht herüber und hinüber. [2] Finger. [3] Faulheit. [4] zerstücken.
[5] Elisabeth. [6] gestern Abend (aus „nachte-zen-Abet", d. i. nächten zu Abend).
[7] Weizenmehl. [8] Hausflur. [9] fehlen. [10] ganz und gar. [11] Linde.

VIII. Mitteldeutsch Fränkisch. — Henneberg.

Nachzenåbet, bie ich schlief,
Trämt' ich ou ich huërt im Träm,
Dåß e Kent mich Vätter rief,
Leis, es bie im Fält e Häm¹.
Bie ich higuckt, staunt ich frei,
Dann die Weth wor ach debei.
(Zeitschrift für Mundarten, III, 221. Orig. 5 Strophen.)

Der geplogt Vorsch.

Hennebergische Mundart (Dorf Euedorf im Werragrunde bei Meiningen).

Eß heuseln mich di Mädlich²,
Eß foppe mich di Loit;
Ma Liep is doch nert schäblich³,
Boß⁴ sol ar Spot bedoit?

Di Vorsch wou ömmer forschel⁵,
Bar zont⁶ ma Schetzle is;
Eß is jo nert di Orschel⁷,
Eß is di Annelis!

Si ströe Önn o Knotte⁸
Bo ürn⁹ Haus zu man¹⁰ Haus;
Bergabest¹¹ is ar Spotte,
Si spörn bi racht¹² nert aus.

Der Liebeswak hot Horschel¹³,
Dröm ströefe Genis¹⁴;
Eß is jo nert di Orschel,
Eß is di Annelis!

(Zeitschrift für Mundarten, II, 398.)

---

¹ als wie im Feld ein Heimchen. ² Mädchen. ³ nicht schäblich (bringt doch niemandem Nachtheil). ⁴ was. ⁵ wollen immer forschen. ⁶ wer jetzund. ⁷ Ursula. ⁸ sie streuen Ähnen (Flachsabfälle) und Leinknoten. ⁹ ihrem. ¹⁰ meinem. ¹¹ vergebens. ¹² rechte. ¹³ der Liebesweg hat Eisschrunden. ¹⁴ darum streuen sie Geniste.

A Lied.

Hennebergische Mundart (Hildburghausen).

Kummt, setzt euch, ihr Brüder,
Un rückt a weng[1] z'samm,
Mer senn[2] heit zum Singe
Nacht gaatlich[3] beisamm!

Zum Spaß amal well'n m'r
Den[4] Frühling a weng,
Den Winter zum Arger,
A Standerle[5] breng.

Ar is no vorüber
Dar Winter, der dumm',
Drümm sei uns der Frühling
Von Herzen willkumm!

Nar leider is öfters
An[6] Thüringer Wald
Dreivertel Jahr Winter
Un a vertel Jahr kalt.

Drümm well'n mer uns alle
Dem Frohsinn ergab
Un ausruf: Ihr Brüder,
Der Frühling soll lab!

T. Schneyer.
(Gedichte in Hildburghäuser Mundart, Hildburghausen 1875.)

---

[1] ein wenig. [2] wir sind. [3] stattlich. [4] dem. [5] Ständchen. [6] im.

Ner aaner[1].
Oberfränkisch (Cambach).

Ner aaner is hier,
Un der gefällt mir,
Hot schwarzbraune Äugelein
Und hüsche[2] Manier.

Ach wenn er ner käm,
Un daß er mich nähm'!
Weil silst[3] vor den Leutne
Ihr'n G'red ich mich schäm.

Nu is er schont da,
Drum bin ich fu froah.
Reich her dein Patschhändelein
Und fog ner: ja, ja!
(Bei Firmenich, II, 404.)

Ach frogt mi net!
Oberfränkisch (Bamberg).

Die Sunna scheint, die Sternbla scheina;
Sie soghn, es wär a schönä Dog,
A schöna Nacht — und i muß weina!
Ach frogt mi net!
Jä glabt mersch doch net, wenn i's sog.

Die Wiesn stenn voll Saft un Blumma,
Sie soghn, es wär a lautra Pracht.
I sieg's; mir will ka Freud net kumma.
Ach frogt mi net!
Mir gehts durchs Härz, wenn aaner lacht.

---

[1] nur einer. [2] hübsche. [3] sonst.

In taufeb Aagn Luft un Lebm,
Sie foghn, es wär a hella Zeit,
Un i fitz ftill un traurig nebm —
Ach frogt mi net!
Fort, fort is all mei Seeligkeit.
Sie wor mei" Alles! Gott nn Babbä!
Wu is a Freud, wu fie net is?
Draus licht fa hintän Kerchhofgabbä ¹,
Ach frogt mi net!
Draus licht in Grob mei Paradies.

Haupt.

(Bavaria, Landes- und Volkskunde des Königreichs Bayern, III, 259.)

Mittelfränkische Schnaderhüpfel.

Die Sunn scheint in Nebel,
Da Mond scheint ins Gras;
Wenn andre Leut schlaufa ²
Geih i zu mein Schatz.

Und i laß mi net sperra
Ins Häusela 'nei,
Mei Herz mueß a lusti'er
Waldvogl sei.

Wenn i af Fenstering ³ geih,
Git's an Reif und an Schnei;
Wenn i wieda hoami geih,
Git's an grün Klei ⁴.

J bin vo Hohtrübing ⁵,
Vo Hohtrüding gebürt ⁶,
Und i hob ja ka Glied in Leib,
Des si net rührt.

---

¹ Kirchhofsgatter. ² schlafen. ³ = fensterln gehen. ⁴ Klee. ⁵ Hohentrü-
bingen, zwischen Nördlingen und Ansbach). ⁶ gebürtig.

VIII. Mitteldeutsch Fränkisch. — Mainfranken.

Wenn glei die Leut saga,
I fahr a so rum:
I bin a jungs Bürschla
Und scher mi nix drum.
(Bavaria, III, 946.)

Der Schlosser und sein Gesell.
Mittelfränkisch, Nürnberger Mundart.

A Schlosser haut an G'sellen g'hat,
Der haut su longsam g'feilt,
Und wenn er z' Mittog gess'n haut,
Dan ober haut er g'eilt.
Der eiherst[1] in der Schüssel drinn,
Der letzt' a wieder draus,
Es iß kah Mensch su fleißi g'west
Ba'n Tisch im ganz'n Haus.

Diz[2] haut amaul der Master g'sagt:
„G'sell! dös versteih ih niht,
Es iß doch su mei Lebta g'west,
Und weil ih denk[3], die Ried':
Su wöi mer ärbet, ißt mer ah;
Ba dir geiht's niht asu,
Su longsam haut noh kahner g'feilt
Und ißt su g'schwind wöi du."

„Ja!" sagt der G'sell, „dös waß ih scho,
Haut all's sein gout'n Grund:
Des Ess'n wörd halt goar niht lang,
Die Ärbet verzih Stund.

---

[1] erste. [2] jetzt. [3] so lange ich denke.

Wenn ahner möist an ganz'n Tog
In an Stück ess'n fort,
Thät's af die Letzt su longsam geih,
Als wöi ba'n Feil'n dort."

   Johann Konrad Grübel, geb. Nürnberg 1736, † 1809.
   (Grübel's sämmtliche Werke, Nürnberg 1836.)

Der Käfer.
Nürnberger Mundart.

Dau sitz' ih, sieg¹ an Käfer zou,
Thout in der Erd'n kröich'n;
Öiz² kröicht er aff a Grösla naf³,
Dau thout sih's Grösla böig'n.

Er git sih ober alli Möih
Und rafft sich widder af,
Und hält sih on den Grösla oh,
Will widder kröich'n naf.

Bald kröicht er naf, bald fällt er noh⁴,
Banah a halba Stund,
Und wenn er halb oft drub'n iß,
So liegt er widder drunt.

Und wöi er sicht, daß goar niht geiht,
Und daß er goar niht koh,
So brat't er seini Flüg'l aus
Und flöigt öiz ganz dervoh.

Öiz denk ih: Wöi's den Käfer geiht,
Su thout's dir selber göih;
Der haut doch gleichwuhl meiher⁵ Föiß,
Du ober haust ner zwöi.

---
¹ sehe.   ² jetzt.   ³ hinauf.   ⁴ hinab.   ⁵ mehr.

Du kröichst scho rum su langa Zeit
Die Läng' und in die Quer,
Und kummst böstwög'n doch nicht weit,
Und werst af b' Letzt wöi der.

Wennst lang genoug dau in den Gros
Bist kroch'n, haust niht g'wüst um wos,
So wörst, nauch Sorg'n, Möih und Streit
Fortflöig'n in die Ewigkeit.
Grübel.

Die Glocke.
Nürnberger Mundart.

Die Burgerschaft in Zwief'lstadt [1]
Döi schafft a Glock'n oh;
In nächst'n Sunta läut't mer niet, —
Sie haut an roar'n Toh.

A sieb'ng'scheita [2] Burgersfrau,
Döi sagt: Moh, sog' mer ner,
Ob dir nit, wos in Toh betrifft
Die alt' viel löiber wär'?

I mah halt immer, sie klingt z' kloar,
Die alt' haut besser brummt,
Und wenn des Läut'n goar [3] is g'wöst,
Haut s' no es wöi lang g'summt.

„Döi Glock'n, Frau, döi is scho rächt,
Glab' mir, dös wörd scho kumma, —
Sie is no jung und knapp eirst taft;
I waß, sie thout no brumma.

---

[1] Wol ein erfundener Name (ein Zwiefelberg findet sich in Oberbaiern).
[2] überaus kluge. [3] zu Ende.

„Wenn döi in deini Jauh'r[1] kummt,
— J wett', wos aner mog,
Döi Glock'n macht's nau grod wöi du —
Sie brummt in ganzen Tog."

Joh. Wolfg. Weickert.

(Ausgewählte Gedichte in nürnberger Mundart, 2. Aufl., Nürnberg 1868.)

Dr Frankawai͂.

Unterfränkisch (Würzburg).

Bai Werzburg unn im Frankaland,
Do wechst a gsunder Saft,
A wahre Gab' aus Gottes Hand,
Voll Faier, voller Kraft.

Do siehat mr Wengert wät a brät
Un Bärg in Räbaschmuck;
O wär denn nur dän Wai͂ all hett,
Viel hunnert tauseb Stuck!

O Frankawai͂, du liaber Kunn!
J sing bai Lob, bai Ehr;
Du bist mai Mond, du bist mai Sunn,
Mai Stärn! — was will i mehr?

Du lustiar G'sell, du bist so guat,
'rfraist mr Kopf a Härz,
'rquickst mai Zunga, wärmst mai Bluat,
V'rtraibst mai Prast[2] a Schmärz!

---

[1] Jahre. [2] Kummer.

VIII. **Mittelbeutſch Fränkiſch. — Pfalz.**

Do brickt ke Sorg, ke Kummer mehr,
's is alles Lieabs a Guats,
Nur ee Moas um die annra här!
— 's koſt fraili Gäld — was thuats!
(Bavaria, III, 258.)

Fröhlich Palz, Gott erhalt's!

Loß de Lade nor zu.

Pfälzer Mundart.
(Umgebung der Bergſtraße, zwiſchen Heidelberg und Heppenheim).

Meim Badder ſein Häuſel
Hot hinne kaān Wänd,
Es hot ſe 'm geſcht Owend
E Gaasbock neīg'rennt.

Wanns Häuſel kaān Wänd hot,
Do kann mar gut naus,
Un ſcheint aa' der Mond nit,
Finn i doch noch ihr Haus.

Lalalaila, lalaila
Sing i do di ganz Nacht,
Ob mein Schatz in ihrem Bett drin
Nit ebber ufwacht.

E Gaasbock im Gaarde
Frißt's Laab un frißt's Gras,
Un mein Mahdel ſchlächt de Lade
Mer zu vor der Nas.

Im Gaarde ſtehne Blume,
Steht e Buſch Roßemrein,
Un wo i raus bin kumme
Schlubb i aa widder neī.

Un mit Stroh un mit Lahme¹
Flickt mein Badder sein Wänd,
Un i helf' se 'm verschmeere,
Mit der Lieb isch's am End.

Lalalaila, brauns Mahdel,
Loß de Lade nor zu,
Dann i werr jetz e Reider,
Un vor mir hoscht du Ruh.

Karl Gottfried Nadler.

(Fröhlich Palz, Gott erhalts! Gedichte in pfälzer Mundart, 5. Aufl. 1869, S. 6.)

Leb wohl mei˜ Haamethland.
Pfälzer Mundart
(Umgebung der Bergstraße, zwischen Heidelberg und Heppenheim).

Noch blinne Rewe² drowwe aus'm Wingart
Nemm ich mer mit for üwwers Meer,
Un 's Badders Flint und unser aldi Biwel;
Sunscht hewwi jo aa' gar nix bunnem³ mehr.

Die Name stehne drin vun all uns Kinner,
Un Johr un Dag, wie alt mer sin;
Un do sei˜ Leiblied vun de „g'fangne Reider", —
Un aa' der Modd'r ihr Dodesdag isch drin.

Schier maan i jetz, mar hätt nix mehr zu klage,
Un alles isch mer wie e Traam;
O! wann i drin bin⁴, noch so weit im Land drin,
Sin mei˜ Gedanke widder all darhaam!

---

¹ Lehm. ² Satzreben, die noch keine Wurzeln haben. ³ von ihm. ⁴ (in Amerika.)

VIII. Mittelbeutsch Fränkisch. — Pfalz.

I maan, i müßt die Haameth frisch drin baue,
En starke Bau, un schön un neu,
Wo alles recht dra᪲ wär, un niẋ zu flicke,
For alli Ewigkeit e stolz Gebäu!

Ach 's isch e Traam! doch mag mar geern so traame,
Do isch die Welt aam[1] niemols leer.
Frischzu darbei die Händ gerührt, nig gschlofe!
Des Wort soll unser Baß[2] sein immwers Meer.

Wann Stormwind dorch die dunkel Nacht dorch sause
Un Wolke fliege in der Höh,
Do denk an uns, wie mir die Nächt dorch fahre
Weit draus uf dere tiefe dunkle See.

Un seid'r winterowends bo beisamme,
So denkt an uns, im Land so weit,
Wie wir aa drittwwe an ilch ewig denke,
In Glück un Noth, in Fraad un Traurigkeit.

En frische Trunk gebt jetz noch her zum Abschied,
Ihr Brüder! all ihr Freund! Eur' Hand!
Lebt wohl! un Gott im Himmel soll ilch bschütze!
Leb wohl uf ewig du, mein Badderland!

K. G. Nadler.
(Gedichte in pfälzer Mundart, S. 27.)

---

[1] einem. [2] Baß, Losung.

's Lob vun Binge[1].

Pfälzer Mundart aus dem östlichen Theile der Rheinpfalz ("vorderpfälzisch").

Die herrlichscht Gegend am ganze Rhei͞
Deß is die Gegend vun Binge;
Es wachst der allerbeschte Wei͞,
Der Scharlach wachst bei Binge!

Die gschickt'schte Schiffleut die mer find't,
Deß sin die Schiffer vun Binge,
Un sicht mer in Meenz e' hübsches Kind,
Wo is es her? — Vun Binge!

Ke͞ Loch is uf der ganze Welt
So berühmt wie deß vun Binge!
Ke͞ Thorn[2] so keck in's Wasser g'stellt,
Wie der im Rhei͞ bei Binge.

Die Mäus' vum Bischof Hatto, sich[3]!
Sin g'schwumme bis noch Binge;
Ke͞ G'schicht war je so ferchterlich,
Wie selli dort bei Binge.

Un die heilig Hildegard, die war
Halt aach derheem in Binge
Un war Äbtissin dort sogar,
Deß alles war in Binge.

Es is e wahri Herrlichkeit
Deß liebe kleene Binge,
Mei͞ Vatter un Mutter un all mei͞ Leut
Ja mir sin all' vun Binge!

Franz von Kobell.
(Gedichte in pfälzischer Mundart, 5. Auflage, München 1862.)

---

[1] Bingen. [2] Thurm. [3] siehe.

's helft nir.

Es geht e kle⁻ Mädche um de Tisch,
Schenkt de Weī ei⁻;
Gott's Blitz, deß Mädche hot viel zu thu⁻,
Die muß flink seī!

Un eener der trinkt in eenr fort aus,
's will 'm schmecke,
Es is, als thät e dorschtiger Schwamm
In 'm stecke.

Do sicht halt der Werth als¹ leer seī Glas:
„Allons Fränsche²!
Was is 's dann, was schenkschst de dem Herrn nit ei⁻,
Du kle⁻ Gänsche?

„So geb mer doch Acht, mir hocke jo nit
Um e Sparbir" —
„„Ja Vatter gewiß, ich schenk 'm als ei⁻,
Aber 's helft nir!"'

Franz von Kobell.

Der Mensch.

Der Mensch is wie e Humpe Weī,
Betracht's emol so recht,
Der Humpe is oft schö⁻ un gut,
Was drinn is aber schlecht;
Der Humpe is oft reich bekränzt,
Doch drinn im Weī ke⁻ Blum,
Un alles, was emm³ g'falle thät
Nor auswendig 'rum.

---

¹ öfters. ² Francisca. ³ einem.

's is aber aach oft umgekehrt,
Der Humpe ficht nix gleich,
Drinn aber blinkt's wie flüffig Gold,
An Herrlichkeite reich;
Oft fehlt's an Form un an Façon
Un meenscht, 's wär gar nix dra͂,
Drinn aber is for·[1] Lieb un Luscht
E Himmel uffgetha͂.

Un doch is deß Exempl nix,
Dann Een's is ganz gewiß,
Daß mehr e großer Humpe faßt,
Als wann's e kleener is;
's git aber Leut wie die Kameel,
Sie könnte nit größer sei͂,
Un trichterscht dra͂ aach wie de willscht,
Du bringscht halt doch nix 'nei͂.

Un widder manche ann're git's,
Die gar ke͂ Riese fin,
Un sprudble doch vun Scherz un Witz,
Als wär e Faß voll drinn.
Sich! so ee[2], wann ich zaubre könnt,
Deß müßt' mei͂ Humpe sei͂;
Wie viele Liedcher thät ich do
Mir hole aus ihr'm Wei͂!

Franz von Kobell.

Als[3] noch 'n Schoppe!

O Wein du bischt e lieber Freund,
Dei͂ Sunn wann in mei͂ Gläsche scheint,
So soll's drauß wettre, wies nor mag,
Mir is, als wär der schönschte Tag.
  Als noch 'n Schoppe!

---
[1] für. [2] so einer. [3] immer.

VIII. Mitteldeutsch Fränkisch. — Pfalz.

's laaft in der Welt so mancher 'rum,
Der sicht nix grad, sicht alles krumm,
O Freund, so eener kennt dich nit,
Sunscht stünd's wohl nit so schlimm b'rmit.
    Als noch 'n Schoppe!

Uf dich mei˜ Schatz verloß ich mich,
Un will der Griesgram rühre sich,
Du weescht mer gschwind 'n Rooth drvor[1]
Un bischperscht[2] mer vertraut ins Ohr:
    „Als noch 'n Schoppe!"

Die Lieb is gar e korz Gedicht
Un 's Lebe is e langi Gschicht;
Du helfscht zu alle zwee getreu
Un bischt deß Beschte oft drbei.
    Als noch 'n Schoppe!

Wann ich e Weltverbeßrer wär,
Mit dir verbunne wär's nit schwer;
Zu aller Wohl dictirt ich dann:
„Kund un zu wisse jedermann:
    Als noch 'n Schoppe!"

Franz von Kobell.

Der Lump.

's is wohr, was der un der so sächt,
Ja ja ich bin e Lump,
Ich mag nix thu˜ un thu aach nix
Un sauf un spiel un pump.

---

[1] Rath dafür.   [2] flüsterst.

Als kleener Bu war's Werthshaus schun
Mei͞ liebschter Aufenthalt,
Un wann ich een'n beschummle¹ kann,
No! so beschummil ich halt.

Un Händl habe un Krawall
Deß geht mer all'm vor;
Drum wann mich eener heest 'n Lump,
Recht hot er, es is wohr.

Jetz aber kummt e annri Froch,
Die hab ich mer oft g'stellt:
Wann's gar ke͞ Männer gäb wie ich,
Wie wär's dann uff der Welt?!

Wann die Moral e Uneform
For alle Mensche wär,
Wo käm dann e Begeischterung
For Tugendhelde her?

Die wäre ganz zu Grund gericht'
Mit all dem Eenerlei,
Un Strebe, Ringe, Nocheifrung,
Deß alles wär vorbei.

E Kerchethorn zeigt a͞ die Kerch,
Un so 'was kann er bloß
Sich²! weil die Häuser kleener sin,
Mit dem nor is er groß.

Un wo Licht is, muß Schatte sei͞,
Un 's is gewiß ke͞ Lug,
Der wo dem Schatte weiht sei͞ Kraft,
Hot dra͞ zu thu͞ genug.

---

¹ übervortheilen. ² siehe!

VIII. Mittelbeutsch Fränkisch. — Pfalz.

Drum will ich bleibe aach e Lump,
Bis ich im Loch drinn liech,
Dann 's geschicht der Tugend nur zur Ehr,
Un for die opfr ich mich.

Franz von Kobell.

Vun der Natur.

O Reichthum der Natur! —
Jo wart e Weil', 's is nit viel bra͞,
Guck nor deß Ding genauer a͞,
Es is mit all dem viele Glanz
Doch alsfort nor der alte Tanz.
Geb Acht, e Perschjing[1] blüht als roth
Und geel e Butterblum,
E Elephant wiegt nie e Loth,
E Esel is halt dumm;
Die Sunn geht noch de alte Gang,
Grad wie vor hunnert Johr,
Der Taach is als im Summer lang,
De Böchl wachst ke͞ Hohr;
E Lerch singt noch das nämlich Lied,
Als wie zu Adam's Zeit
Un singt's noch ohne Unnerschied
Wie dort vor Vieh und Leut.
Un do d'rum macht mer so a G'schrei
Un ruft: Wie reich, wie schee͞!
Wär nit e Schelmerei derbei,
Es thät bal anners geh.
Weescht aber Freund, wie schlau sie's macht
Die goldich schee͞ Natur?
Sie zählt, wie lang mer se betracht
Genau noch ihrer Uhr;
Un meent se, eener hätt genuch

[1] Pfirsich.

In ihren Kram geguckt,
So muß er fort un werrn 'm gschwind
Die Aage' zugedruckt.
So halt se sich de Buckl frei
In ihrem Hoffahrtsbunscht;
Do bleibt mer freilich ewig neu —
Deß is e rechti Kunscht!

Franz von Kobell.

's Meer.

Wann d' a 'me[1] Bach stehschst, an 're Quell
Un alles ringsrum still,
Geb Acht, do fange se 's Plaudre a͞,
Was eens halt sage will;
Und die Quell verzählt un der Bach verzählt,
Un die Ufer die höre zu.
Dann die Wässer die kumme gar weit 'rum
Un habe selte 'n Ruh.

Un der Fluß un der Strom machts aach e=so,
Die wisse natürlich gar viel,
Die kenne die Städt aus 'm Fundament
Un kenne 's Mensche'gewühl.
Un sie reese, deß weeß mer, all ins Meer,
Warum? deß weeß ich nit,
's kann sei͞ 's is dort ihr großer Mark'[2],
Wo's Gschäfte zu mache git.

Un 's is aach grad als wann's so wär,
Un weil halt 's Meer so groß,
Git's oft e Verwerrung un is halt do
Alle Aage'blick was los.
Dann 's kumme Fremde aus jedm Land,
Die versteh'n sich oft nit,
Un natürlich schwimmt die kreuz un queer
Die Politik aach mit:

---

[1] an einem. [2] Markt.

VIII. Mittelbeutsch Fränkisch. — Pfalz.

Do kummt der Rhei⁻, der is gut deutsch,
Un die Thems, die englisch gsinnt,
Un die Sein ganz trüb un thut doch dick
Mit lauter Pariser=Wind.
Jetz stoße se sich halt im Gebräng
Un sobbre enuanner 'raus,
Do gits nocher Händ'l un werd am End
E Höll=Spetakl d'raus.

Do is e Gebrüll un is e Krawall,
Mer hörts viel Stunde weit,
Un bsunners die drei, die sin gar stolz
Un habe gar gschwind 'n Streit.
Un mischt wer sich 'nei⁻, so is es rischquirt,
Do kumme die Schiffbrüch her,
Un es sage nor Leut, die 's nit versteh'n,
Daß e Stormwind schuld dra⁻ wär.

Gehts aber aach friedlich un ruhich zu,
So hört mer doch als e Gebraus,
Un mer hört gar oft in stiller Nacht
Bekannte Stimme 'raus;
Deß is die Quell un is der Bach,
Die mer sunscht emol hot ghört,
E Landsmann, ach du lieber Gott,
Der vielleicht heem begehrt.

Der vielleicht denkt, wie war's doch dort
So schö⁻ in Flur un Wald!
Un dem's jetz bangt in dem Gewühl
Un dem's jetz nimmer g'fallt. —
Wer je am Meer hot g'horcht, der weeß's,
Un war'n emm' so 'was g'schicht,
So kann's jo gar ke⁻ Wunner sei⁻,
Sich! wann mer's Heemweh kriecht.

Franz von Kobell.

Vogelnamen.

(Bruchstück eines Gedichtes, „Der Pfälzer in Konstanz", in welchem ein Tiroler, Pfälzer, Schwabe und Schweizer eine Wette eingehen.)

— „Wer kann dunn drai Böchel d' Name
Am geschwindste saache z'samme?
Der soll d' Wett' gewunne hu͞
Un derf ohne Zech' dervu͞!"

Der Tiroler steht vum Polster
Glaich uf un kraischt: „Stor, Rob, Olster[1]!"
Un mir annere schraie z'mol,
Daß der's net gewinne soll.

Wie sie schun hend ägefange,
Nocher bin ich hergegange
Unn hebb glaich gesecht derno,
Sech ich: „Hinkel, Daibche, Po[2]!"

Jetz, aß wär die Zung em schwer,
Bebbert aach der Schwob doher
Unn kraischt: „Zaisle, Maisle, Fenk[3]!"
Ich hebb g'mänt, ich krich die Kränk'.

Unn der Letzt', der Schweizerzappe
Worgst[4] wie amme Appelkrappe[5],
Unn mächt ä Gesicht derzu,
Unn kraischt: „Dulla, Kchraia, Kchue[6]!"

A. H. Lang.

(In einem ähnlichen, von Schmeller mitgetheilten Gedichte sagt der Franke: Jink, Krah, Rab; der Schwabe: eͣ Fenkle, eͣ Zeisle, eͣ Raedschwenzle; der Baier: eͣ Staarl, eͣ Dahl, eͣ Späsackl.)

---

[1] Staar, Rabe, Elster. [2] Hühnchen, Täubchen, Pfau. [3] Zeisig, Meise, Fink. [4] würgt. [5] Apfelkrappen. [6] Dohle, Krähe, Kuh.

VIII. Mitteldeutsch Fränkisch. — Pfalz.

Der Fuhrmann.
Mundart des Westrich.

Ich bin und bleib e Fuhrmannsknecht,
Fahr alsfort uf der Stros:
Ob 's Werrer¹ recht, ob 's Werrer schlecht,
Dem Fuhrmannsknecht is alles recht,
Is rauh gewehnt² 'un blos!
  Schun frih am Dah³
  Do ranzt der Wah⁴,
Is munner ah⁵ der Fuhrmannsknecht —
Is luschtig uf der Stros!

Mei˜ Klebche racht⁶, mei˜ Geschel⁷ knallt,
Mei˜ Liedche loß ich los;
Wie hell es hallt im Holewald,
Mei˜ Geschel kracht un knallt un schallt
Un klappert uf der Stros!
  Als hott un har⁸
  Druf zugefahr⁹,
Die Mädcher aus em Nescht geknallt,
So klapper ich druf los!

Ei guck, was geht dort vorne her?
E Trutschel¹⁰ uf der Stros!
Ei Trutschelche, was fehlt denn der?
Dei˜ Fische knappt un schnappt so sehr,
Net wohr, dei˜ Weg is groß?
  Hock uf¹¹, mei˜ Schatz,
  Ich mach' der Platz,
Mei˜ Bleßche zieht an uns net schwer —
Fahr mit mer uf der Stros!

---

¹ Wetter. ² gewöhnt. ³ Tag. ⁴ da knarrt der Wagen. ⁵ ist munter auch.
⁶ mein Pfeifchen raucht. ⁷ Geisel. ⁸ immer rechts und links. ⁹ zugefahren.
¹⁰ Scherzname für kräftige Mädchen, ursprünglich Diminutiv von Gertrud.
¹¹ sitze auf.

He! Wertschaft, he! e Schoppe raus,
Eraus mit uf die Stros!
Mer lewe mol in Saus un Braus,
Meĩ Batze all die gebb ich aus,
Bin lerig¹ jo un los!
  Na, duh Bescheb!
  Meĩ enzig Fräd,
So Trutschelcher se fahre haus
Als Fuhrmann uf der Stros!

Ludwig Schandein.
(Gedichte in westricher Mundart,
Stuttgart und Tübingen 1854.)

Hertebu'².

Mundart des Westrich.

Mei Kihhorn³ un mei Geschelstock
Das is meĩ ganz Gescherr;
Un blos ich als⁴ die Kih eraus
Un klapper recht das Dor enaus:
  Do men ich, do men ich,
  Ich men, ich wär e Herr!

Un fahr ich in be Wald enaus,
Der Wald der is meĩ Reich;
Der kann jo niemand annerscht seĩ,
Die Kih, die Kälwer bin⁵ jo meĩ:
  Do men ich, do men ich,
  Keĩ Konig is mer gleich!

Un han ich trucke Brot im Sack,
Is Wasser ah meĩ Trunk,
Do schmackt mer's awer noch so gut,
's macht helles Ah⁶ un frisches Blut:
  Do han ich, do han ich,
  Do han ich glatt⁷ genunk!

¹ lebig. ² Hirtenbube. ³ Kuhhorn. ⁴ und blase ich immer. ⁵ sind. ⁶ Auge.
⁷ völlig.

VIII. Mittelbeutsch Fränkisch. — Pfalz.

Un fahr ich wirer hämezu,
Fahr häm in euer Hatz[1];
Un wann ich bei mei˜ Schätzche kumm
Un han em ebbes mitgenumm:
 Do krieh ich, bo krieh ich,
Ich krieh e gure Schmatz!

Un hammer uns Gunacht gesaht
Un geh ich dann zur Ruh,
Dann schlof ich awer noch so gut,
Bis frih der Ha˜[2] mich wecke but:
 So leb ich, so leb ich
Un bleib ich Hertebu'!

L. Schandein.

Das Mühlrad.
Pfälzsch
(aus der Gegend von Mainz).

Stehl besser, stehl besser!
Bum Simmer[3] drei Sester[4];
Ich kann mich vor's Mahle
Jo selber bezahle.

Des Nätze, des Nätze[5]
Muß alles ersetze,
Wo[6] schwerer, wo nasser,
Die Bach hot noch Wasser.

Viel mahle, viel schlucke,
Der Mehlstaab is trucke,
Des Wasser is schlappig,
Die Gorjel[7] micht's babbig.

---

[1] Hast. [2] Hahn. [3] ein Fruchtmaß. [4] ein kleineres Fruchtmaß. [5] naß machen. [6] je. [7] Kehle.

Wein sauf' ich am Krahne,
Dann owwe hot's Kahne [1];
's kann alles nix batte [2],
Ich lei' [3] uf de Platte,

Un sperre mein Maul uff,
Do krieht mich kään Gaul uff,
's leeft in mich die Krenk doch,
Als wär ich e Senkloch.

So fällt mer mein Lewe
Kään Treppche bernewe,
Verbrech kään Budelle [4]
Beim Schwenke und Stelle [5].

Bum Zeche un Schlemme
Do werd m'r nit warem,
Bumm Finne [6] un Nemme
Do werd m'r nit arem.

Des Kätzi deß seht [7] nix,
Des Mäusi verreth nix,
Wann doppelt ich moltern [8],
Der Bauer kann poltern.

Er werd doch bedenke,
Am Stään bleibt viel henke,
Sein Korn dut nix wiehe [9],
Was dut erscht verfliehe?

Statt Vorschuß zum Kuche,
Do liw'r ich em Kleie,
Der Bäcker werd fluche,
Gott mag's em verzeihe.

---

[1] Rahm, Hefenpilze. [2] helfen. [3] liege. [4] Flasche. [5] aufstellen. [6] finden. [7] sagt. [8] wenn ich mir mein Gemäß doppelt herausnehme. [9] wiegen.

VIII. Mittelbeutsch Fränkisch. — Pfalz.

Un klagt er, so kriecht er
Kään Recht, un dann zieht er
Leer ab vor Gericht do,
Er hot sein Gewicht jo.

Gips, Erbsemehl du ich
Aach ebbes derzu ich),
Das kann nix verderwe,
's werd niemand dran sterwe.

's reit¹ jedes sein Gailche:
Die hot e beeß Mailche,
Die schlumpt for de Nuße,
Die but sich gern buße.

Der än micht Honores,
Der anner Botschores²;
Der schnaußt³ uff de Jagde,
Was annere⁴ sich pachte.

Der bappelt beständig:
„Nein, zehe prozennig",
Un will dann mit else
Seim Nechste noch helfe.

Der do ensiehrt Mädcher,
Der dort feilt Dukätcher;
's giebt allerlä Diebcher
Bun goldige Liebcher.

Stehl besser, stehl besser!
Bum Simmer drei Sester;
Ich kann mich for's Mahle
Jo selber bezahle.

Friedrich Lennig.
(Etwas zum Lachen, 8. Auflage, Mainz 1879, S. 90.)

¹ reitet. ² betrügerischer Gewinn. ³ stiehlt. ⁴ andere.

Neuyork.

Mundart von Darmstadt.

Neuyork müßt einer so beschreibe,
Wie wann er Welle male will;
Is das e Woge, Branse, Treibe —
Die Straße selber stehn net still.

Das Dränge, Gurgle, Kreise, Tose!
Wie Wirbelström' in eme Fluß,
Und doch e Gleite, doch kei" Stoße,
Jed Tröppche weiß, wohin es muß.

Und immer Neues kommt geflosse,
Von tausend Schiffe ausgespuckt,
Kaum hat's auf's Ufer sich ergosse,
Is es auch gierig schon verschluckt.

Kam's elend auch von fremde Strande,
Was kummervoll die Küst' betritt,
Bringt's doch de neue Hoffnungslande
E reich Geschenk — zwei Arme mit.

Was nur die Sonn in ihre Laune
De Menjche als hat aufgebrennt,
Das Schwarze, Gelbe, Grünlichbraune,
Und was mer sonst for Farbe kennt —

Läuft mit — hier Neger, da Mulatte,
Chinese mit de lange Zöpp,
Kurz, Zeug von jedem Schlag und Schatte,
Wie neu und alte Meerschaumköpp.

Gar mancher hat sei" Heim verlore,
Doch wenig' sehne sich zurück;
Vom blonde Deutsche bis zum Mohre
Jagt jeder athemlos nach Glück.

VIII. Mitteldeutsch Fränkisch. — Pfalz.

Kommt mer aus Japan oder Hesse,
Ja aus 'me Land noch net entdeckt,
Mer kann hier plaudern, trinke, esse
Genau im eigne Dialekt.

Ich bin nu⁻ hier seit fast zwei Jahre;
Glaubst du, ich hätt in all der Zeit,
So wimmelt's da mit Gēh'n und Fahre,
Zweimal gesēh dieselbe Leut?

* * *

Am schönste sin die Frauenzimmer,
Die sind doch all, als wie gemalt,
Wie Wundervögel gehn sie immer;
Ich möcht nur wisse, wer's bezahlt.

Se sage, die mer da so sieht,
Daß net e jede arg viel nutzt,
So for ins Haus und fors Gemüth;
Doch wunnerschee⁻ sind se geputzt.

Se könne stricke net¹ und koche,
Und meistens fahrn se, wann se gēh;
Nur zweimal gehn se in de Woche,
Drum halte sich se auch so schee⁻.

Pelz, Sammet, Schleier, Kneifer, Spitze,
Se gehn drin so natürlich her,
Und Ohrring, Handschuh, Stiwel, Litze,
Als obs auf 'en gewachse wär.

Wie se de kleine Finger stelle,
Und schleppend schwebe, vornehm müd;
Die lange Kleider schlage Welle,
Wie wann en Schwan durchs Wasser zieht.

¹ nicht.

Gehörig auswärts gehn se hinne,
Vorn bolzegrad, das Köppche dreist —
Das sin Amerikanerinne,
Und ob das mit de Auge schmeißt!

Der Täng kühl, weich, e bische südlich,
Wie Rahm mit etwas Kaffe drin;
In siebeknöpp'ge Handschuh nieblich
Die kleine Händ verborge sin.

Und wie en Photograph die Mängel
Liebvoll verbirgt und überschmiert,
So sin hier die lebend'ge Engel
Mit Kunst und Sorgfalt retuschirt.

Im Mäulche hen se alsfort Zucker
Und auf dem Mäulche auch — Herrjeh!
Im Herzche e paar lose Mucker,
Und in de Händcher 's Portmonneh.

So trippele se in die Läde,
Und gucke sich euanner a͞,
Und keine ruht, als bis e jede
Is wie die anner ängedäh.

Hat eine dann auch nur e Zöppche
Net ängeheft wie ausgemacht,
Dreht jede zierlich gleich das Köppche
Und guckt ihr höhnisch nach und lacht.

Die Ärmste kann die Feinst' copire,
Ihr A͞nstand reicht mit wenig hin,
Mer könnt se uf de Hofball führe
In Dammstadt als e Herzogin.

Die Arbeitstheilung, kann mer sage,
Ist hier zu Land famos zuhaus;
Die Männer müsse 's Geld erjage,
Die Frauenzimmer kehrn's euaus.

Gustav Asmus.
(Amerikanisches Skizzebücherche, Köln und Leipzig 1875.)

IX.

Niederfränkisch.

Der wesentlichste Unterschied zwischen Niederdeutsch und Oberdeutsch beruht auf der dem Niederdeutschen fehlenden Lautverschiebung, infolge dessen zahlreiche an das Altgermanische erinnernde Formen sich finden. Vgl. z. B.: niederdeutsch unverschobenes „up" gegen hochdeutsch verschobenes „auf"; niederdeutsch unverschobenes „af" gegen hochdeutsch verschobenes „ab". Ebenso bleibt das alte it und dat, während bei Neuhochdeutsch ich und das eintritt.

Die westliche der beiden niederdeutschen Mundarten, die niederfränkische, zeigt mehrere unverkennbar hochdeutsche Charaktere. Vor allem:

Die alte Tenuis ist nur im T= und P=laute erhalten: „dat, op (auf)"; dagegen findet sich statt it „ich".

Der Zischlaut, der im Niedersächsischen fast durchweg fehlt, findet sich im Niederfränkischen bei anlautendem st und sp fast ausnahmslos, zuweilen aber auch auslautend. (In beiden niederdeutschen Gruppen wurde auch der anlautende Zischlaut, sofern er sich findet, durch sch hervorgehoben.)

Nd geht im Niederfränkischen häufig in ng über; „heronger, hingen, Kinger, Wing, Hunk" (herunter, hinten, Kinder, Wind, Hund); ganz ebenso im Alemannischen: „änger, hinger, Häng, Eng, Stuug" (unter, hinter, Hände, Ende, Stunde).

Endlich das Vorkommen des Binde=N. Der Kölner sagt: „Kölle", er wirft das n der Flexionssilben ab: „zesamme, gekumme"; dagegen:

„Zo Kölle=n=em ahle Kumpches=Hoff
Wonnte=n=ens nen Boërschmann" —

hier ist das n hinter „wonnte" deutlich das dem Worte selbst fremde süddeutsche Einschiebsel. Dieses n tritt in der kölner Mundart oft auch vor h, b und d ein: „ich komme=n=hück, ich komme=n=bal, ich sage=n=dir".

Zu den drei ersten Stücken dieser Gruppe sei bemerkt, daß dieselben, wiewol sie der geographischen Lage nach Mitteldeutschland angehören, hierhergestellt wurden, weil ihr Dialekt vorwiegend niederfränkisch ist (sie haben dat, et, af Liebsten u. s. f.). Bereits Radlof (II, 124) hat eine „westlich niederrheinische Mundart" mit Trier, Aachen, Köln und Bonn.

Vergl. die oben S. 152—154 gegebenen Lieder der siebenbürgener „Sachsen".

Äm Löndebaam.

Nach einem um Saarlouis lebenden Volksliede.
Mundart von Erler.

Dä onnen schdiehd e Löndebaam
Wohl ön dem grienen Dahl,
Hä=n=öß¹ beklaad²
Mödd Bliehd on Blaad,
Drönn söddsd en Nachdigall.

Dä onnen ön dem grienen Dahl
Wohl än derselwe Blaads³,
Wu söddsd mödd Schal
Die Nachdigall,
Schdiehd e Jäjer mödd seinem Schaads.

Se kössen sich, se dröcken sich,
Dä Jäjer öß nödd⁴ faul,
Hä gössd dem Könd
Dä än der Lönd
Zum Abschidd Maul⁵ off Maul.

Hä schpröngd jedsd off seï̈ Pährd eroff,
Hä söddsd öm Sabdel dief;
Dåch wie hä giehd,
Sei⁶ draurig schdiehd
On kreischd⁷ on schluchzd on riefd:

---

¹ Im Originale: „Hän öß"; wir erkennen in dem n das dem Worte Hä (er) durchaus fremde (süddeutsche) Binde=N. Ganz ebenso unten: „Hän och" (er auch). ² er ist bekleidet. ³ demselben Platz. ⁴ ist nicht. ⁵ Kuß. „Mäulchen". ⁶ sie. ⁷ weint (unten: „sie kreischt das Tuch thränennaß" — im Dialekte, wie vorher das Wort „Maul", ganz ohne unedle Färbung).

„Wann, Liefsden[1], kims dau dann zeröck?
Sâ mir ed off en Hååhr!
„„Glaaf meinem Wohrd,
Hei än dem Ohrd
Sieh mir[2] ons iwer 'd Jåhr."'

Ded Jåhr ging omm, ded Mädchen denkd:
Off hä=n=och[3] komme fold?
Ging bei dä Baam
Am Waldesfaam,
Wu Abfchidd fei gehold.

Se fchdelld fich än dä Löndebaam:
Wä kimd då fären[4] här?
Ed uhned hihr[5],
Ed kimd=er fier,
Als wenn ed de Lieffde wär.

„„Godd gries eich, Jongfer, jonk on fein,
Wadd kreifchd dir hei ellaan[6]?
Seddfd eich ön Nuhd
Der Äldern Duhd?
Hådd haamlich dir[7] e Maan?"'

„Meich dröckd nöd meiner Äldern Duhd,
Och fonfd neifd[8], Godd behied!
Nor öß ed hei
E Jåhr verbei,
Dadd mei Lieffde våm=mer fchied."

„„Dä[9] låhfd eich freindlich dorch meich fån[10],
Wadd fier e Glöck hä=n=habd:
Hä=n=hådd en Braud
Sich ågebraud
Zu Kölle=n=ön der Schdadd."'

---

[1] Liebster. [2] fehen wir. [3] ob er auch. [4] ferne. [5] es ahnet ihr. [6] was weinet ihr hier allein? [7] habt heimlich ihr. [8] nichts. [9] der. [10] fagen.

„Su sei de liewe Gobb möbb him[1]!
Daab meld em bäm=mer z'röck.
Kann hä nöbb mein
Ön Zukonfd sein,
Su wönsche=n eich[2] em Glöck."

Wabd zog hä=n=aus der Tasch? — eu Duhch,
Schnieweis on fein wie Gas[3];
Hä wörfd eb fruh
Dem Mädchen zu;
Höbb kreischd eb driehnennaas[4].

Wabd hölb[5] hä bänn dem Fönger sich?
E Rönk[6] bå Gold su ruhd:
„„Dän holl[7] zur Hand
Als Hochzeidsband!
Ons schaadd nor mieh den Duhd[8].""'

(Bei Firmenich, III, 530.)

De Schneï lait ob de Biërger[9].

Mundart von Luremburg („Letzeburg").

De Schneï lait ob de Biërger,
De Wald diën as[10] schtaar a wais,
Den Dal as glaat weï e Schpeigel,
A glenert[11] vu klorem Ais.
Baal schmelzt de Schneï an b' Sönnchen,
De Freileng a Mää ais brengt[12],
Da get[13] de Wald erem[14] donkel
An b' Dëchtegailche[15] sengt.

---

[1] mit ihm. [2] ich. [3] Gaze (Stoff). [4] sie weint es thränennaß. [5] holt.
[6] Ring. [7] halte, nimm. [8] uns scheidet nur mehr der Tod. [9] liegt auf den
Bergen. [10] der ist. [11] und glitzert. [12] die Frühling und Mai uns bringt.
[13] wird. [14] wiederum. [15] Nachtigällchen.

Da bleïhen b' Aarmenaien [1]
An och vil Rouse rout,
A [2] wan de Rouse bleïhen,
Da sen [3] ech Meedche Brout.

De Schnei dien as geschmolzen
An b' Dechtegailche sengt;
De Määsonn [4] woël vum Himmel
Su hel, esu leiwelech schengt [5].
Et bleïhen de Aarmenaien
An och vil Rouse rout,
A wei de Rouse bleïhen,
Du [6] wor b' aarmt Meedchen bout.
An hiren [7] Allerhäärzleiwsten
Die brecht [8] woël de Rousen aaf,
A schträät mat naasen Äën [9]
Der Braitchen se ob dat Graaf.

(Bei Firmenich, I, 539.)

Mai Schätzen, ech se krank.

Mundart von Luxemburg.

Mai Schätze=n,=ech se [10] krank,
Ja ja, vun Häärze krank;
Den [11] Docter wollt mer hälefen,
Hie gouv [12] mer e battern [13] Drank.

---

[1] wol dasselbe wie Almeneien, Allmorneien (alle Morgen neu?), angeblich eine Synanthere. „Anemöndli" und „Alemöndli", die schweizerische Bezeichnung für Anemone (Schweiz. Idiotikon 263), kommt dem Klange von Almenei sehr nahe. Aber „Rosen und Anemonen" wird man nicht leicht nebeneinander nennen; die in Betracht kommenden Arten von A. blühen nicht gleichzeitig mit den Rosen. Eher denkt man an Lilien, vielleicht an „Taglilie, Tagschön", Hemerocallis, so genannt „wegen der eintägigen Dauer der Blüte". [2] und. [3] bin. [4] Maisonne. [5] scheint. [6] da. [7] und ihr. [8] der brach. [9] Augen. [10] bin. [11] der. [12] er gab. [13] bitteren.

IX. Niederfränkisch.

Ach, Docter hiër an hin[1],
Mer halft käng Medezin;
Mai Schätzen, du kans mer hälefen,
Du eleng[2] kans mer d' Liëve gin[3].

E Koß vun dengem Mond,
Vun dengem Rousemond! —
Mai Schätze, loos dech erbieden, —
A[4] main Häärz as erem[5] gesond.

(Bei Firmenich, I, 537.)

Frühlingslied.
Hunsrücker Mundart, Gegend von Simmern.

Wat sinn eich, dehr Brierer[6],
Wat sinn eich so froh!
Der Winder iß danne,
Det Friehjohr iß do.

Crauser, dehr Bue[7],
Verloost auer Huhl[8]!
Wat weerd et ähm wierer
Im Freie so wuhl.

Im Haus hinn'gem Uwe[9],
Do iß nit uhs[10] Blatz;
Lo[11] drauß in dem Acker,
Do leit[12] uhser Schatz.

Der Bauer muß schaffe:
Seid noreſt[13] nit faul;
Et fliehe käh Tauwe
Gebrore[14] in't Maul.

---

[1] her und hin. [2] allein. [3] das Leben geben. [4] und. [5] ist wiederum.
[6] Was bin ich, ihr Brüder. [7] heraus, ihr Bursche. [8] eure Höhle. [9] hintrem Ofen. [10] unser. [11] da (dieselbe Mundart hat für dort „loorb"). [12] liegt.
[13] nur. [14] gebraten.

Drim luſtig an't Werik[1],
Uhs Herrgott will't hohn[2];
Dem fleißige Bauer,
Dem girr=er[3] ſei Lohn.

(Bei Firmenich, I, 531.
Original 8 Strophen.)

Der Mann von Neuwied.
Mundart von Neuwied.

Sächt mer nit am ganze Rhein her:
Ne! dat mach ich wie der Mann
Von Neuwitt! nu dat will heiße,
Daß mich keener zwinge kann.

's is kei Wunner! denn er macht' jo
Alles wie er's wollt allein,
Durft em keener commandire,
Wurd er ſchtitzig, wie 'ne Schtein.

Eemol lag er krank zum Schterwe,
Un da hat ſei Frau geflennt:
„Awwer bitt dich, Mann, bleib bei mer!"
Hätt' en bald vor Lieb verbrennt.

Doch da guckt er widder bockig:
„Heul' dich nit ſo ſchro[4] un roth,
Denn ich geh doch her un mach et
Wie ich will." Dreht ſich rum, war dod.

Seitdem ſächt am Rhei mer immer
Wenn mich eener hott't und hü't[5]:
„Laß in Fridde mich, dat mach' ich
Wie der Mann doch von Neuwitt!"

(Für „Die deutſchen Mundarten im Liede" gedichtet von Carmen Sylva.)

---

[1] Werk. [2] haben. [3] gibt er. [4] häßlich. [5] rechts= und links commandirt.

IX. Niederfränkisch.

Auswanderers Seufzer.
Mundart von Neuwied.

Hie wär er wohl süffig
Un billig der Wei,
Doch is e zu hitzig,
Die Gläscher zu klei.

E ordliche Schoppe
Dat sind mer hi nit,
Gleich is mer besoffe,
Noch eh mer's versieht.

Dat kimmt von de Sonn hie,
So heiß un so groß,
Mer taumelt von selwer
Un brennt wie ne Ros.

Mer will bald verderwe
Vor Hitz un vor Dorscht —
Dor gewwe's eim Wasser
Un Zucker statt Worscht.

Erscht nimmt mer e Löffel
Voll Sießem[1] ins Maul,
Un trinkt druf dat Wasser,
Ganz trüb un ganz faul.

Ich hatt doch im Lewwe
Um Sieß's nit gebitt't,
Noch kei Troppe Wasser
In'n Mage geschitt't.

Mer krichscht jo dat Fiewer,
Is auswennig Eis,
Un einwennig is mer
Wie e Hochofe heiß,

---

[1] Dulcézä (sprich Dultschasia), süßer Fruchtsaft.

Un klappert mit Zähne,
Die Nägel sein blau,
Un blau sein de Lippe
Wie Quetsche, un flau,

So flau is der Mage,
Un weh thun de Bei,
So wie Katzejammer,
Nur — ohne de Wei.

Un Dorscht hat mer gräßlich,
Da krichcht mer Chinin,
Noch bittrer wie Galle —
Bald hätt' mer's geschpieen.

Dat kimmt von dem Wasser,
Dem Deiwel sei' Trank,
Aus Sümpf un aus Pütze,
Mit faulem Geschtank.

Un trink ich e Troppe,
Guckt schepp[1] mer mich an;
„De Deutsche, die saufe
Wie's Loch!" sächt mer dann.

Mer brennt in der Höll nit
Wie's Fiewer erhitzt,
Die Bach bei der Schneeschmelz
Is nix, wie mer schwitzt.

Daheim wor ich lustig,
Un krank wor ich nie,
Doch dämlich un schlottrig
Un gelb werd mer hie.

O wär ich doch widder
Im Schtübche am Rhei,
Zehn Schoppe uf eemol,
Die wäre zu klei!

Carmen Sylva.

---

[1] schief.

Der Mai, der Mai, der luſtige Mai.
**Mundart von Hemmerich,
am Vorgebirge zwiſchen Bonn und Köln.**

Der Mai, der Mai, der luſtige Mai,
Er kummt daher geruſchen.
Ech brach mir ne Mai'[1]
Un ging mit nem Schwert
Durch einen Beuſch[2], war grone.

Ech ging vor Herzliebſt Fenſter ſchtonn[3]
Un ſchprach mit falſcher Zunge:
„Herzlieb, ſchtand op
Un laß mich herein!
Ech bring' dir 'ne Mai' mit 'ner Roſe."

„„Ech ſchtonn nit op, ech laß dich nit herein,
Wohl um den Mai' zu pflanzen.
Mein Bett ſchteht feſt,
Es trägt 'ne ſchwere Laſt,
Das thut ſich der Mai, der boſe.

„„Geh un ſetz ihn auf die weite, breite Straß',
Damit er nich befriere;
Der Mai'ſche koole Dau[4],
Der is ſich alſo kalt, —
Seine Kraft möcht' er verlieren."“

Zu Hemmrich ſchteht ein wohlgebautes Haus,
Dat es gedeckt met Leien[5],
Do kummt mein Lieb
Alle Sonndas heraus,
Bronenge[6] ſeind ſein Kleider.

---

[1] Maie, hier ein friſch belaubter Buchenzweig. [2] Buſch, Wald. [3] zu ſtehen.
[4] der kühle Ma'enthau. [5] daſſelbe Wort wie in Lorelei; lei (altſ.) = Schiefer.
[6] braun.

Un schtirf de Bruck[1] von Traurigkeit,
Wo soll man sie begraben?
Wohl unter den Rosen,
Kartümmelige[2] Baum,
Das Grab soll Rosen dragen.

(Aus dem Volksmunde aufgezeichnet von H. Wacker.
Firmenich, III, 519. Orig. 9 Strophen.)

Vergl. S. 22: „Lied der Kinder am 1. Mai" mit dem Refrain:
So fähre mir vo Maie in bi Rose.

Müschesschtell!
Mundart von Köln.

Müschesschtell! müschesschtell!
Kei' Gedüsch[3] gemaa't!
Hööschges[4], hööschges müschesschtell,
Wenn et Hanswöschge schriewe well!
   Müschesschtell, müschesschtell!
   Kei Gedüsch gemaat!

Unk ens her![5] Unk ens her!
D' Feder blieb söns schtohn;
Wann ich geine=n= Unk jiz krigge,
Wäde=n= ich bahl' en de Plute ligge[6].
   Unk ens her u. s. w.

Leve Jung, he es Unk,
Unk un och Papeer!
Leve Jung, no schrieb ens jett[7],
Schrieb ens jett, un bat räch nett!
   Leve Jung u. s. w.

---

[1] Braut. [2] Aprikosen. [3] Geräusch (holl. „Gedruisch"). [4] ganz leise („leischen"; höösch = leise). [5] Tinte einmal her (Unk, holl. Inct, engl. ink, von encaustum). [6] in den Lumpen liegen (d. h. den Muth verlieren). [7] schreibe einmal etwas (jett = ahd. iht).

IX. Niederfränkisch.

Eselsköpp! Eselsköpp!
Dä Unk, dä es zo schwatz.
Mingen[1], weßt ehr dat noch nit,
Eß su gähl' als we en' Quitt.
Eselsköpp u. s. w.

Runde Wing, wieße Wing,
Dat eß mingen Unk;
Dahrim prisenteert e Glaas,
Maat üch eus de Gürgel naaß!
Runde Wing u. s. w.

Zucker Hunk[2]! sößen Unk,
Do beß minge Mann!
Bun der Musel un dem Rhin,
Kan och vun der Ahr alb[3] sin.
Zucker Hunk u. s. w.

Schwatzen[4] dä mag ich nit,
Drievet zum Kopp eruus;
Ewwer Bleichert[5] brengt et dren,
Dröm han ich drop minge Sen,
Schwatzen dä u. s. w.

Müschesschtell, müschesschtell!
Nix es jiz mieh dren.
Leckt üch dröm de Feder uus,
Habb ehr nix mieh, dann gohd noh Huus,
Müschesschtell! müschesschtell!
Nix es jiz mieh dren!

(Kölnische Carnevalslieder, 1923—1828.)

---

[1] meine. [2] Zuckerhund (Kosewort). In einem kölner Wiegenliede heißt
es: „Schlof, do söhß lev Hüngelche". [3] schon. [4] schwarzen. [5] Bleichart, Roth-
wein von der Ahr.

Welcker. 17

Jan un Griht.
Kölner Mundart.

> Wer ist der, deri deri der?
> Wer ist der Hans von der Wer?*

Zo Kölle=n= em ahle Kümpches=Hoff
Wonnte=n= cus¹ 'nen Boërschmann,
Dä hatt en' Mähd, de nannt sich Griht,
'ne Knääch, dä nannt sich Jan.

Dat Griht dat wor en' fresche Mähd,
Grad we vun Milch un Bloht;
Dä Jan dat wor 'ne schtarke Poosch²,
Dem Griht vun Hätze goht.

Ens säät hä: „Saach", esu säät hä:
„Saach, Griht, ben ich deer rääch?³
Nemm mich zom Mann, boo beß en Mähd,
Un ich, ich ben ne Knääch."

Do säät it⁴: „Jan, boo beß 'ne Knääch,
Un ich en schön jung Mähd;
Ich well 'nen däft'gen Halfen⁵ han,
Met Löß un Köh un Pääd."

---

* Altes Volkslied, mit den Strophen:

> Weiß mir ein prafen Ritteromann,
> Der sich vor sein Feind wehren kann.
>
> Die Trummen hieß er brummen drein,
> Er tet allezeit lustig sein.
>
> Er schickt drei Trumpeter hinein:
> Weißenburg muß gewunnen sein!
>
> Man schicket sie gleich wieder davon,
> Sie sagen er wär ein's Bauern Sohn.
>
> Preßlein⁶ müssen geschossen sein;
> Das Volk ziehet in die Stadt hinein:
>
>> Wer ist der, deri deri der?
>> Wer ist der Hans von der Wer?!

---

¹ wohnte einmal. ² Bursche. ³ recht. ⁴ da sagte es (d. i. sie). ⁵ tüchtigen Halbwinner (Pächter). ⁶ Breschen.

IX. Nieberfränkisch.

Un als dä Jan dä Kall gehoot[1],
Do trok[2] hä en dä Krehg;
Schlog immer düchtig en dä Feind,
Holf wenne[3] mänche Sehg.

We widder hä no Kölle kom,
Soß hä op schtazem Pääd[4];
Dä Jan dä wor noo[5] Fäldmarschall,
Dä große Jan vun Wäät[6].

We widder an de Pooz[7] hä kom,
Soß en der Pooz dat Griht,
It soß vör einem Appelkrom,
Wo it Kruschteien[8] briht.

Un als dä Jan dat Griht däht sinn[9],
Leet schtell[10] sie Pääd hä schtonn,
Un größte=n= it[11], un säät zo imm:
„Griht! wär et hätt gedonn!"

Un als dat Griht dä Jan däht sinn,
Su blänkig uusgeroß[12],
Do größt it inn, un säät zo imm:
„Jan! wär et hätt gewoß!"

      * * *

Eer köllsche Mädcher, märk üch dat,
Un sitt meer nit zo frihd[13]!
Gar mäncher hät et leid gedonn,
Dat leht[14] vum Jan un Griht!

Carl am Rhein.

(Bei Firmenich III, 196. Mit etwas mehr städtischen Formen bei Simrock, Rheinsagen, 3. Auflage, S. 87.)

---

[1] die Rede gehört. [2] zog. [3] half gewinnen. (Eine ältere Lesart hatte in voriger Strophe wol: „Ich well nen däftgen Halfwinner han", sodaß das „schlog düchtig" und „holf wenne" ein artiges Wortspiel bildeten.) [4] auf stolzem Pferde. [5] nun. [6] Johann von Werth. [7] Pforte. [8] Kastanien. [9] sehen. [10] ließ still. [11] und grüßte es. [12] blank ausgerüstet. [13] spröde. [14] lernet.

Der geprellte Douanier.
Kölner Mundart.

Ich schtund ens[1] aan der Bröck,
Do quom vum Hafe — faldera!
'ne Kääl[2] ze laufe flöck[3].

En finger Fuuß[4] 'ne Kies[5],
Do hehl en op[6] 'ne — faldera!
'ne wöhbige Kummihs[7].

„Für dich willst schmuggeln hier,
Parbleu, payez erst — faldera!
Erst die Afzihs-Geld mir!"

„„Dann wör ich jo 'nen Dos[8],
Musje, doch hä, dä — faldera!
Dä dommen Kall[9] dä loß[10]!""

Hä ging dä Rhing[11] erop,
Un froß zom Fröhschtöck — faldera!
Dä ganze Kies üch op.

Drop quom hä zum Kummihs:
„We vill Afzihs deit[12] — faldera!
En mingem Lihv dä Kies?"

(Erk, III, 71 und Firmenich, I, 463.)

Allerfihlen[13].
Mundart aus der Gegend von Odenthal und Schlebusch (auf der rechten Rheinseite, drei Stunden abwärts von Köln).

Der Dag von Allerfihlen,
Der Dag der Ren[14] es hiick[15];
Hürst de nit dur di Velsen[16]
Duhschen dat Trurgelück?[17]

---

[1] einmal. [2] Kerl. [3] flügge, munter. [4] in seiner Faust. [5] Käse. [6] hielt ihn auf. [7] Kommis, Zollbeamter. [8] Ochse. [9] Geschwätz. [10] hier lasse. [11] Rhein. [12] thut (beträgt). [13] Allerseelen. [14] Trauer. [15] heute. [16] Pappeln. [17] rauschen das Trauergeläute.

IX. Niederfränkisch.

Rauriem [1] blenkt op de Wiesen,
Der wihße Nifel schlicht, [2]
Un bonkte Blahder [3] riesen
Op alle Pädcher dicht.

Mer trecken [4] met der Schöppen
No'm Kirchhof do erus,
Un schüffelen op di Grahfer [5],
Jädden die Quechen us.

Mem Schöppenschtill mer pahschen [6]
E Kritzchen op de Groug [7],
Un schtreuen dorop wahl Blohmen,
Des Herfstes latzter Fonk [8].

'nen Krahnz van Mädepalmen [9]
Geflohten wiihd [10] bedröhft,
Do op de Schtehn gehangen,
Der an dem Grahf zohöhft [11].

Do litt de Moor [12] begrafen,
Der Bestevar [13] litt do,
E Weht [14], ich lehv et ihlig [15],
Litt difem Holter [16] noh.

'ne Früng [17] der litt do hingen
Dem schtehnen [18] Krütz vorbei,
Un mir, mir all', mir kummen
Un föllen op di Reih.

---

[1] Rauhreif. [2] der weiße Nebel schleicht (über die Flur). [3] bunte Blätter. [4] ziehen. [5] schaufeln die Gräber auf. [6] mit dem Schüppenstiel wir pressen (scharren). [7] ein Kreuzchen auf den Grund. [8] Funb. [9] Immergrün. [10] wird. [11] zu Häupten. [12] Mutter. [13] Großvater (kölnisch: Bavva). [14] Mädchen. [15] liebe es eifrig (innig). [16] Hollunder (Sambucus). [17] Freund. [18] steinern.

Mer wellen he¹ nit truhren
Om di, di he en Rauh;
Om us hatt sich di Grahfer
Für us opgappen gau².

Mer wellen eckersch³ sennen
An jene ähnste Zickd⁴,
Wammer do ungen mölmen;⁵
Vellehts⁶ es si nit wickd.

Wat mölm, dat sind die Knochen,
Der beste Dehl⁷ es do
Bei uhsen Ahlen bovven⁸,
Un süht vom Himmel bloh.

Alles wuhd neu gefongen⁹,
Wat eener engebößt,
Wat eener do geledden,
All wuhd et nu versößt.

Em Kretsch¹⁰ van allen Lehven
Sinn¹¹ mer dann do herraf,
Un jeder süht met Freuden
Heronger op si¹² Grahf;

Süht, wi bi Kenger¹³ ihlen,
Di Kenges-Kenger wäht¹⁴,
Wi si den Hüffel rösten¹⁵
Met Seunen¹⁶ un Gebäht;

Wi si des treulich denken,
Wat mir für si gedonn,
Wi si en uhsen Tappen¹⁷
He treu op Ährden gonn.

¹ hier. ² schnell. ³ nur. ⁴ ernste Zeit. ⁵ wann wir da unten modern.
⁶ vielleicht. ⁷ Theil. ⁸ oben. ⁹ gefunden. ¹⁰ Kretse. ¹¹ sehen. ¹² auf sein.
¹³ Kinder. ¹⁴ werth. ¹⁵ Hügel rüsten (schmücken). ¹⁶ Sinnen. ¹⁷ Fußstapfen.

IX. Niederfränkisch.

— Kickt op, bi Nifel trecken[1]
Herop van allen Flöß[2];
Vellehts dat si nit schwefen
Do hingen ömesöß[3]!

(Bei Firmenich, I, 446.)

Han on Bruche.[4]
Mundart von Jülich.

Ich weeß e Woet[5], dat es net gruß,
On 't mäht de gruße Mann;
't es en de Nuth de beeste Trus,
Dat es et Wöetche: „han".

Ich wönsch mich al mi Lebbag maar[6],
Da'ch emmer sage kann,
On gehd et hott, of gehd et haar:[7]
A la bonne heure, Ich han!

Wi mänche ploog[8] sich öm si Brut,
Dat he net krigge kann;
Wi nettdches[9], wennste ohne Nuth
Da' sage kannf': Ich han!

Wi mänche söf[10] en brave Frou,
Di he net fenge[11] kann;
Wi ahdig[12], wennste setz[13] en Rou,
On denkf' bei dich: Ich han!

— Ich weeß e Woet, dat es net gruß,
On 't es de suurste Fruch[14];
Dat Woet mäht al de Armot us,
Dat es et Woet: Ich bruch[15].

---

[1] ziehen. [2] Flüssen. [3] umsonst. [4] haben und brauchen. [5] Wort. [6] nur.
[7] und geht es rechts, oder geht es links. [8] wie mancher plagt. [9] schön. [10] sucht.
[11] finden. [12] artig. [13] sitzest. [14] sauerste Frucht. [15] brauche.

Wi wür et en de Welt su nett,
Hött ekkesch¹ jeddermann,
On wür et Wöetche „bruche" net;
Dat sol der Kukkuk han!

(Bei Firmenich, I, 485.)

De Paltrock².
Mundart aus der Gegend von Elberfeld.

Et leet seck en Buur en Paltrock schnie'n,
Van sewenten Ellen,
Van sewenten Ellen
Leet he en seck schnie'n.

On äs nu de Paltrock fäbig was,
Do gink he, do schtong he,
Do gink he, do schtong he
Bi Litschen³ em Gras.

O Litschen, leew Litschen, säie meck⁴:
Wie döht meck setten,
Wie döht meck setten
De Paltrock min?

„Sall eck deck säien, wie he deck sett?
De Paltrock het ongen,
De Paltrock het ongen
On bowen⁵ en Schwipp⁶."

Het de Paltrock ongen on bowen en Schwipp,
Dann sall en betalen,
Dann sall en betalen
De Schnieder Wipp!

---

¹ nur.   ² Faltenrock.   ³ Lieschen.   ⁴ sage mir.   ⁵ und oben.   ⁶ verkehrte Falte.

IX. Niederfränkisch.

O Schnieder, leew' Schnieder, säie meck:
Du hest meck verdorwen,
Du hest meck verdorwen
Den Paltrock min!

„Du häw eck verdorwen den Paltrock din,
Dann häw eck 'n verdorwen,
Dann häw eck 'n verdorwen
Em Mondenschin."

Du hest du'n verdorwen em Mondenschin,
Dann söst[1] du'n betalen,
Dann söst du'n betalen
Em Sonnenschin!

„Du sall eck en betalen em Sonnenschin,
Dann meut[2] de Düwel,
Dann meut de Düwel
Din Schnieder sin!"

(Böhme, Altdeutsches Liederbuch, S. 577
und Firmenich, I, 426.)

Dat Micken[3] goof dem Jan 'ne Wink.
Ulederrheinisches Volkslied.

Dat Mieken goof dem Jan 'ne Wink:
Komm, mi Leefgen, komm!
Komm des Ovends beim Mondeschin,
Dann looß ich dich zor Thör herrin;
Komm, mi Leefgen, komm!

„We kumm ich dann zor Pooz[4] herenn?
Saag, Leefgen, saag!"

---

[1] sollst. [2] möchte. [3] Mariechen. [4] Pforte.

Nemm dä Rink un schöttel de Klink,
Dann meent mi Mooder dat thät de Wing[1];
Komm, mi Leefgen, komm!

„We kumm ich dann zor Dhör herrenn?
Saag, Leefgen, saag!"
Taaß[2] en beßjä linker Hand,
Do häng dä Schlössel an der Wand;
Komm, mi Leefgen, komm!

„We kumm ich dann wahl lanns de Hung[3]?
Saag, Leefgen, saag!"
Geff dem Hung jett[4] goode Wood,
Dann läät hä sich op singen Dod[5];
Komm, mi Leefgen, komm!

„We kumm ich dann wahl lanns dat Föör[6]?
Saag, Mädgen, saag!"
Geeß doch e beßje Wasser enn,
Dann meent mi Mooder, et reenden[7] drenn;
Komm, mi Leefgen, komm!

„We kumm ich dann de Trapp heropp?
Saag, Mädgen, saag!"
Nemm Hossen un Schoo'n en ding Hang[8],
Dann häst 'ne rechte liese Gang;
Komm, mi Leefgen, komm!

„Wo looß i dann minge Sonndagsrock?
Saag, Mädgen, saag!"
An der Wand do es 'ne Knopp,
Dran hängst doo dinge Sonndagsrock;
Komm, mi Leefgen, komm!

---

[1] Wind. [2] taste. [3] längs des Hundes. [4] ein wenig. [5] Ort. [6] Feuer.
[7] regnete. [8] nimm Strümpfe und Schuhe in deine Hand.

IX. Niederfränkisch.

„We kumm ich dann wahl in de Stub'?
Saag, Mädchen, saag?"
De Drücker eß kein Müllestein,
Gang doo Lömmle¹, un looß mich allein!
Gang doo Lömmle, gang!

(Deutsches Liederbuch, S. 345. Original 10 Strophen.)

Vgl. hiermit das von Uhland mitgetheilte: „Laß fragen fein." (Alte hoch- und niederdeutsche Volkslieder, I b, 679.) Dasselbe Lied in der Mundart des Kuhländchens, bei Erlach, IV, 232.

Wirb! Wirb!

Aachener Mundart (Scherbülsch).

Des Morgens ih' de Sonn opgeht
Et Schwolzbre-Männche² att³ opschteht,
En röst wirb! wirb! nun web doch wach,
Dohenge könt⁴ der neuen Dag!
        Wirb! wirb!

Et web schönn Weer⁵, de Luht es klor,
Noch schönner wie et gestre wor,
Et Fur könt hil⁶ en Overfloß;
Brengt Gott der Her⁷ 'ne Morgengroß!
        Wirb! wirb!

De Sonn geht op, der Dag es doh,
Nun hüürt me alle Vögel schloh,
En alle Möschhe⁸ rosse: schirp!
Se haut gehurt et⁹ Wirb! wirb! wirb!

        Joseph Müller.
(Prosa und Gedichte in aachener Mundart, 2. Aufl., Aachen 1869.)

---

¹ geh, du Lümmel. ² das Schwalben-Männchen. ³ schon. ⁴ dahinten kommt. ⁵ Wetter. ⁶ das Futter kommt heute. ⁷ dem Herrn. ⁸ Spatzen. ⁹ sie haben gehört das.

Der Rommelspott [1].
Aachener Mundart.

Faſtelovend könt eran,
Met hondert duſend Gecke [2],
En wenn ich ouch ge Pedche [3] han,
Dann rieh [4] ich op ming Stecke.
    Rupedupedup!

Horiſſe [5] ſieht me överall,
Ze Foß en ouch ze Ped,
En we net Geck es knal en fall,
De hauſt [6] noch, dat et wed,
    Rupedupedup!

Der Rommelspott beſengt hiel nett
De Faſtelovendspann,
Lot höm net ſtoh an get höm jett,
Dann könt he wier van dann.
    Rupedupedup!

Joſeph Müller.
(Proſa und Gedichte in aachener Mundart.)

Dülkener Faſtnachtslied.
Mundart von Vlerſen.

Kükölökükäk ſäät Nemes [7] Hahn,
Du diäte fin golde Spoaren an,
Geng domöt ut riän [8]
En dot Länschen [9] von Laabbrediän.

---

[1] Lärminſtrument („Rumpels = Topf"), beſpannt mit einer Schweinsblaſe, in der ein Stock reibt. Auch der Träger des Topfes hat jenen Namen.
[2] Narren. [3] Pferdchen. [4] reite. [5] Faſtnachtsnarren. [6] hofft. [7] Remigius'?
[8] ausreiten. [9] Läudchen.

IX. Niederfränkisch.

De Kot[1] soat an öt Füer on spoan,
Dot Kolöv[2] loag en bör Weägen[3] on sonk,
Deän Honk stuätet[4] dö Votter,
Die Schruät[5] speulet die Schotteln[6],
Die Fleärmmms bie keäret bot Huns,
Die Schwälleven brogen den Dreck erut
Bis eiten an die Schüer=Poart[7].

Doa soäten drei Capune vüör,
Die bar schötten Haferkoav[8],
Die breneten Veier,
Dot Veier begonk[9] tö brunfen,
Feilen all die Lotten[10] von bön Hunfen.

Doä quam e Scheppfen ut Engelonk,
Dot breit wahl[11] guten Muth.
Deä Scheppmoan[12] wollen wir weichen,
Deä Scheppmoan wollen wir streichen.
Stett dän Telder[13] an bot Dart,
Gev gett en der Rommelspott[14],
En Ei af zwei, en Ei af zwei,
Da wollen wir mit manieren[15],
Manieren ist Abieren.

Der wett wahl, wie die Meärkes[16] dont,
Dieös morgens so freug opstond,
Sö kiäken wahl hei, sö kiäken wahl doa,
Sö kiäken wahl nah öhr Leevke.

Senb[17] sö dann öt Leevke neit,
Denn kommen drei Schörschonten,
Deä Bnur sall op de Tromme schloan,
Deä Geck[18] sall liären donzen.

---

[1] Katze. [2] Kalb. [3] Wiege. [4] der Hund stieß. [5] Truthenne. [6] Schüsseln.
[7] bis hinten an das Scheuerthor. [8] schütten Haferspreu. [9] begann. [10] Latten.
[11] brachte wol. [12] die Schiffsleute. [13] Teller. [14] Rumpeltopf, Lärmtopf.
[15] Manieren beibringen. [16] Mädchen. [17] sehen. [18] Narren.

Härubetubedub, os Joon ös hei!
Härubetubedub, wat hett beä breit?
Enen ärme Schepperknecht.
Härubetubedub, voä ös beä bliäven?
Härubetubedub, öweg gebriäwen.

Aus „Des dülkener Fieblers Lieberbuch" mitgetheilt
von Birlinger und Crecelius in „Deutsche Lieder", S. 37.
Vgl. Wunderhorn, II, 746.

Bei J. A. und C. Leopold („Nederduitsche Dialecten", S. 46) findet sich unter der Aufschrift: „Lögendöntjes" (ostfriesisch):

Kükerükü, de rode Hahn
Treckt sien Stäfels un Sporen an,
Wo wiet wullt du rieden?
Van hier na Lammerdiden (Lombardei) —.

Weiterhin:

Ick sagg 'n paar griese Kreien,
De stunnen in't Land to meien —

was in unserm westfälischen Liede S. 278 sich wiederfindet.

X.

Niedersächsisch.

Die niederſächſiſche Mundart („alte Saſſenſprache") iſt ausgezeichnet durch Wohlklang, Weichheit und Geſchmeidigkeit. Neben der bei IX erwähnten hier durchgreifenden Beibehaltung der alten Hartlaute („bat, up, it"), ſowie der vorwiegenden Beibehaltung der altdeutſchen î, û und ü („min Hus, Hüſer, Lüd") iſt charakteriſtiſch der ſehr ſparſame Gebrauch des Ziſchlautes. Weſtfalen mit „Mens=chen, Gros=chen, S=chinken" geht hierin voraus. Dort, wie in Hannover, Braunſchweig, Oldenburg, fehlt der anlautende Ziſchlaut vor Conſo=nanten (außer vor r) gänzlich: „Sprache, Stein, Swin, Snieder"; „ſchall (ſoll), Liſchen (Liesche)" ſind vereinzelte Abweichungen. Weiter oſtwärts, in Holſtein, Mecklenburg, Preußen, ſtellt ſich in einzelnen Fällen im Auslaute der Ziſchlaut ein: „rechtſch, linkſch, nüſcht (nichts), Stückſchen".

Auch die Vocale ſind manchem Wechſel unterworfen. Doppelvocale ſind im ganzen ſelten, außer in dem auch ſonſt mehrfach ſtärker abweichenden weſt=fäliſchen Dialekte, in welchem ſie eine große Rolle ſpielen.

Das Volkslied auf Hermann,

wie es um die Grotenburg (bei Detmold, im Teutoburger Walde) lautet.

Hermann,
Sla[1] Lärm an!
La' piepen[2], la' trummen!
De Kaiser well kummen
Met Hammer un Stangen,
Well Hermann uphangen[3].

Un Hermann
Slaug[4] Lärm an,
Leit piepen, leit trummen.
De Fürsten sint kummen
Met all' ehren Mannen,
Hewt[5] Varus uphangen.
(Bei Firmenich, I, 360.)

Jehänsken sat im Schoatstein[6].

Mundart um Soest.

Jehänsken sat im Schoatstein
Un flikkede suine Schau;
Då kam säu'n[7] wacker Miäksken[8]
Un keik sän nuipe[9] tau.

---

[1] schlag'. [2] laß pfeifen. [3] aufhängen. [4] schlug. [5] haben. [6] Schornstein.
[7] so ein. [8] Mädchen. [9] guckte (sah) so genau.

Welcker.

„Schänsken, west diu friggen,
Dann frigge diu an mui¹;
Ick heww' en blanken Daler,
Diän well ick giewen bui." —

„Dat bau biu nit!² dat bau biu nit!
Se hiät en scheiwen Faut³."
„„Dat deit er niks; bei Daler mäkt,
Dat ick se niämen maut.""

(Bei Firmenich, I, 346.)

In andern, meist niederdeutschen Dialekten findet sich dies Volkslied bei
Firmenich, I, 185, 230, 264, 286, 295, 350, 351; III, 38, 114, 146, 150.

Sau manig, manig Minske[4].
Mundart von Osnabrück.

Sau manig, manig Minske
Heff nich et[5] leewe Braud;
Wenn he doch flietig spünne,
He wööre uut 'er[6] Naut!
Wer flietig spinnt, eß wol daran,
Drüm spinn' ick, wat ick spinnen kann.

Sau manig, manig Minske
Heff lange Wiel' un Tied;
Wenn he doch flietig spünne,
He wöör' se baule kwiet[7]!
Wer flietig spinnt, eß wol daran,
Drüm spinn' ick, wat ick spinnen kann.

---

[1] an (um) mich. [2] das thue du nicht. [3] schiefen Fuß. [4] so mancher Mensch. [5] hat nicht das. [6] aus der. [7] bald los.

X. Niederſächſiſch. — Weſtfalen.

Sau manig, manig Minſke
Heff Ärger un Vordreet¹;
Wenn he doch flietig ſpünne,
He ſünge banl' en Leed!
Wer flietig ſpinnt, eß wol daran,
Drüm ſpinn' ick, wat ick ſpinnen kann.

(Bei Firmenich, I, 240. Original 5 Strophen.)

De erſte Hood.
Mönſtersk (münſterſch) Platt.

Ick kann 't noch immer nich vergiäten,
Es² ick den erſten Hood up kreeg³;
Ick wehd 't noch wull, he hävv ganz lief⁴ nich ſiäten,
Lick⁵ up en Dahr, ſo 'n bietken ſchreeg.

Dat erſte Geld, wat ick ſo konn verdainen,
't ward alle ſparet to den erſten Hood;
Dat gouf nich gau,⁶ dat bruck ji nich to mainen,
Dao häörde Tied der to⁷ un guden Moth.

Twee Dahler füftain Groſken in Halv'marken⁸
Jau⁹! de häv ick daoför bethalt,
Pick=ſwatt¹⁰ waß he, en rechten ſturen¹¹, ſtarken;
En Dag för Pingſten, jau dao häv'k en halt¹².

Ick wehd et noch, ſo gud noch es van Dage¹³,
Pingſtdag waſſ't, Wiäder waam¹⁴ un nett;
Kien Menſk in Huſe wußt't, es uſſe kleine Blage¹⁵,
De aober nix daovon verraoden häd.

---

¹ Verdruß. ² als. ³ auf bekam. ⁴ gerade. ⁵ (= lütt) etwas. ⁶ das ging nicht raſch. ⁷ dazu. ⁸ eine Halbmark = 1 Fünfgroſchenſtück. ⁹ ja. ¹⁰ ganz ſchwarz. ¹¹ ſteifen. ¹² geholt. ¹³ als vom Tage, als wäre es heute. ¹⁴ warm. ¹⁵ Mädchen.

Den Hood, den hadd ick up, un an de Backen,
Dao blenkden¹ stolt de Batermörders hiär;
Min Moder draihd sick rund üm up de Hacken:
Der Dusend, Dusend! raip se, wat en'n Här!

Dat krimmeld² mi, dat Wöädken „Här" von Moder,
Dat krimmeld mi bis in den kleinen Theen³;
Mien Bader kennd' mi nich, mien Süster nich, mien
. Broder, —
Ick waß den ganzen Dag to Been⁴.

Un wenn ick so bi de bekenuden Lüde
Mien Hödken trock⁵ bes daipe nao den Grund,
Dat Wiedergröten waohrlich keener schüh'de⁶,
All's keck mi an met Niäse un met Mund.

Män⁷ wat man nich gewuent is! — Ick gont essen⁸
Bi'n Frönd in 't Hus, de waß nich up en Damm,⁹
Dao wull't Malheur, ick moß' ne Döäre treffen,
So sieg¹⁰, dat 't met den Hood der under quamm.

Un Schade! wat ick auk mogg putzen, strieken¹¹:
De Dück¹² waß dao, he gonk der nich wier¹³ aff,
Dat Dingen lait sick gar to slecht ankieken —
Dat waß de Hood, woa 't so viel Geld för gaff.

Ick gonk nao Hus un setted 'n in Gedanken
Den Hood so up en Stohl, dicht bi dat Fenster bi;
Mien Moder soag dat nich, waß lück an 't Kranken¹⁴,
Un setted so von boaven dal¹⁵ sick up den Hood — denk di!

Ick mainde doch, dat ick söll unwies¹⁶ wären;
Denk', Moder wägg mehr es tweehundert Pund!
So gong 't den Hood, so gong et met den Hären;
Ick waß bedräwt so recht ut Hiätensgrund¹⁷.

---

¹ blinkten. ² kitzelte. ³ Zehen. ⁴ auf den Beinen. ⁵ zog. ⁶ scheute.
⁷ aber. ⁸ eben. ⁹ der war unwohl. ¹⁰ niedrig. ¹¹ streichen. ¹² Delle. ¹³ da
nicht wieder. ¹⁴ war ermattet („war etwas an dem Kranksein"). ¹⁵ von oben
herab. ¹⁶ närrisch. ¹⁷ Herzensgrund.

X. Niederſächſiſch. — Weſtfalen.

Un lange durd' et, bes ick wier kann kriegen
So 'n ſchönen Hood, för ſo viel Geld;
Ick namm mi kienen haugen, ne! en ſiegen,
Un nüms¹ häww ick en up en Stohl wier ſtellt.

F. Dumbroock.

(Poetiſche Verſuche in weſtfäliſcher Mundart, Münſter 1868.)

Werbung.

Mundart von Schwelm in der ehemaligen Grafſchaft Mark.

Kind, Kind, ſühs du mi nich?
Kannſt du min Fleiten² nich hääöen?
Komm, min Hiärtken, un frigg³!
Friggen — we well et us wehren?

Såtersdag⁴⁼Åvend es nu,
Fieråvend jå hewwi⁵;
Kömmſt du, min Schätzken, o du?
Friggen un bitzen, dat wewwi⁶.

Sachte, ſitſſ⁷ kraket de Dür!
Nümmes⁸ ſall hääöen un kiken,
Wat met mi'm Schätzken eck kür⁹,
Wu eck¹⁰ min Hiärtken well ſtriken¹¹.

Du hääörs mi un eck di,
Du bits min Wecht¹², eck bin Jungen;
Knecht twår un Mäken ſiwwi¹³,
Fri åöwer un nich getwungen.

---

¹ niemals. ² Flöten (Pfeifen). ³ freie. ⁴ Samſtag (Saturday, dies Saturni). ⁵ haben wir. ⁶ küſſen, das wollen wir. ⁷ ſonſt. ⁸ niemand. ⁹ plaudere. ¹⁰ wie ich. ¹¹ ſtreicheln. ¹² biſt mein Mädchen. ¹³ ſind wir.

Nu noch en Bütżken¹! Nu gäh!
Lat bi wat Soites² nu brönnen!
Lat in di'm Hiärten mi dä
Släpen, min Schätzken, un brönnen!
(Bei Firmenich, I, 364.)

Soll me då nit lachen?
Mundart von Iserlohn.

If gonk enmal en Rhein erop³,
        Rhein erop,
Bat Wunners såch if då!⁴
Da stönnen mi⁵ twei Kraigen⁶,
Da wärn inner Wiese am Maigen⁷.
Was mi dat kain Christenwunner,
Dat de Kraigen maigen kunnen⁸?
Soll me då nit lachen?
Ho, ho, ho!

If gonk enmal en Rhein erop,
        Rhein erop,
Bat Wunners såch if då!
Da stönnen mi twei Hucken⁹,
Dä wärn bime Deike am Bucken¹⁰.
Was mi dat kain Christenwunner,
Dat de Hucken bucken kunnen,
Sol me då nit lachen?
Ho, ho, ho!

If gonk enmal en Rhein erop,
        Rhein erop,
Bat Wunners såch if då!
Da stönnen mi twei Füäske¹¹,
Dä wärn opper Deäle am Deäsken¹².

---

¹ Küßchen. ² Süßes. ³ den Rhein hinauf. ⁴ was Wunders sah ich da.
⁵ standen mir. ⁶ Krähen. ⁷ Mähen. ⁸ konnten. ⁹ Kröten. ¹⁰ bei dem Teiche am Klopfen (am Schlagen mit dem Waschholze). ¹¹ Frösche. ¹² auf der Tenne am Dreschen.

X. Niedersächsisch. — Westfalen.

Was mi dat kain Christenwunner,
Dat die Füäske deäsken kunnen?
Sol me dä nit lachen?
Ho, ho, ho!

If gonk enmal en Rhein erop,
                    Rhein erop,
Bat Wunners säch ik dä!
Da stönnen mi twei Kuiken¹,
Dä wärn inner Kileke² am Buiken.
Was mi dat kain Christenwunner,
Dat de Kuiken buiken kunnen,
Sol me dä nit lachen?
Ho, ho, ho!

If gonk enmal en Rhein erop,
                    Rhein erop,
Bat Wunners säch ik dä!
Da stönnen mi twei Hauen,
Dä kaimeden den Peären de Manen.
Was mi dat kain Christenwunner,
Dat de Hauen kaimen kunnen?
Sol me dä nit lachen?
Ho, ho, ho!

        Volkslied.
(Zeitschrift für Mundarten, V, 417.)

Vgl. hiermit: „Lügenmärchen" (bei L. Tobler, Schweizerische Volkslieder, II, 191), dessen Schlußstrophe mit angehängter Kette lautet:

I gang emol de Berg uf
 Heb Wunger groß!
Do g'seh'=n=i zwo Breme
'8 Brot us em Ofe nehme.
'8 nimmt mi Wunger über Wunger,
Wie die Storke könne morke,
Wie die Gräie könne mäie,
Wie die Frösche könne trösche,
Wie die Mucke könne schupfe,
Wie die Bröme könne nehme —
Ungerdesse nimmt's mi Wunger.

---

¹ Küchlein. ² Küche.

De kranke Sgaiper[1].
Mundart von Bielefeld.

De Sgaiper drift upper Heeë[2],
Siene Backen sind so witt,
He settet sick met dem Beeë
Anne Bikke[3], drin 't Water flütt.

He strickt an eenen Strumpe
Un grinnt gans bitterlick,
De Bloomen innen Sumpe
Hairt et un verwunnert sick.

De witte Lämmerwolke[4]
Sitht en bidröwet an,
De Powwe[5] röpt innen Kolke[6],
„Wer heelt den armen Mann?"

Den Sgaiper kann keener heelen
Un wör he 'n Kitönink auk,
Sienen Jammer kann keener deelen —
De Sgaiper vergeht as Rauk.

As up Failern[7] bränuende Strunke,
Starf siene leewe Brut;
Up iären Grabesbrinke[8]
Wäßt lange[9] Bloom un Krut.

An jeden Sunndagmuargen
Geht de Sgaiper an dat Graf:
De Jammer, inner Bost verbnargen,
Sinkt dann in Trainen haraf.

Dann säggt de Köster, de aule,
Wen he tom Lühen[10] geht:
„Den Sgaiper sing ick baule
Wal auk et Liekenleed."

---

[1] Schäfer. [2] auf der Heide. [3] Bach. [4] Lämmerwolke, wie umgekehrt für Wolle (cirrus) „Schäfchen" gesagt wird. [5] Frosch (Pogge). [6] Tümpel, Wasserloch. [7] Feldern. [8] Grabhügel. [9] wachsen längst. [10] Leuten.

X. Niedersächsisch. — Braunschweig.

Nun strickt he annen¹ Strumpe
Un grinnt gans bitterlik;
De Bloomen innen Sumpe
Hairt et un verwunnert sik.

He geht nich unner de Lühe²,
He denkt man annen³ Daud;
De kloofe Sgaiperrithe⁴
Läggt den Kopp in sienen Sgaut⁵.
(J. und A. Leopold, Nederduitsche Dialecten, II, 365.)

Dat Brunswikesche Mummeleet.

Mundart von Braunschweig.

Brunsewik du leive Stat
Vor veel dusent Städen,
Dei sau schöne Mumme hat,
Dar⁶ ick Worst kau freten.
Mumme smeckt noch mal sau fin,
As Tokai un Mosler Win,
Slackworst füllt den Magen.
Mumme settet Neirentalch,
Kann bei Winne ut dem Balch
As ein Snaps verjagen.

Wenn ick gnurre, kieve⁷, brumm',
Slepe mick mit Sorgen,
Ei, so gest mi gude Mumm'
Bet taum lechten Morgen!
Mumme un ein Stümpel Worst
Kann den Hunger un den Dorst,

---

¹ an dem   ² Leute.   ³ an den.   ⁴ Schäferhund (Rüde).   ⁵ Schos.
⁶ wo.   ⁷ keifen.

Of de Bennsgrillen,
Kulk, Podal un Tänepien,[1]
Sup' ick tain Halfstöffken[2] in,
Ogenblicklich stillen.

Hinrick mach bei Vöggel fangen,
Drosseln, Artschen[3], Finken,
Lopen mit der Liemenstangen[4] —
Ick will Mumme drinken!
Vor bei Slackworst lat ick stau
Sinen besten Uerhau[5];
Kann ick Worst geneiten,
Sei ick mick na nist meer um,
Lat darup vif Stöffken Mumm'
Dorch de Kele fleiten.

(Aus dem im Jahre 1718 im fürstlichen Theater zu Braunschweig aufgeführten Singspiele „Heinrich der Vogler", Text von J. U. König in Hamburg, später Hofdichter in Dresden.)

Rooken un Snuppen.
Mundart von Braunschweig.

Wer alltied passt un Toback rookt,
De ruket[6] wie en Swin;
Un annermal, wer Toback snuppt,
Sieht ut, as wie en Swin;
Men, de nich snuppt un rookt ook nich,
Dei lewet as en Swin.
H. W.

---

[1] Kolik, Podagra und Zahnschmerzen. [2] zehn Halbstübchen. [3] Grautsche = Hänfling. [4] laufen mit der Leimruthe. [5] Auerhahn. [6] riecht.

X. Niedersächsisch. — Hannover.

De Grossmid.
Mundart um Göttingen.

Een Grossmid sat in gode Roh
Un rookt sin Piep Toback doato,
Sieh büt, sieh dat, sieh doa.

„Wat klopt denn doa an mine Dör?
As wier[1] de Düwel sülwst davör?"

„„Dat is'n Breef mit de gettingsche Post,
De dre un dörtig[2] Penning kost.""

„Wat schrift mi denn min leiwe Fründ
Von minem Sohn, dat Düwelskind?"

„„He hät sick mit 'n Ölsten[3] slahn,
Un dörst nich mihr Collegen gahn.""

„Am Mahndag will'k na Gettingen gahn
Un minen Jung dat Jack vull slahn."

„„Ihr Diener, mein lieber Herr Papa!
Hat Sie der Teufel schon wieder da?
Es freut mich, Sie sein wohl zu seh'n!
Wie mag's mit meinem Wechsel steh'n?""

„Du Düwelsjung, wat häst du dahn,
Du häst di mit den Ölsten slahn!"

„„Ei ei, mein lieber Herr Papa,
So fährt man keinen Burschen an!
Die ganze Woch' hab ich studirt
Und drauf am Sonntag commersirt.""

---

[1] als wäre. [2] dreiunddreißig. [3] Aeltesten (Senior).

„Dat Kommerscheeren faſt du blüben lan,
Wend du din Geld to Beuker[1] an!"

„„Zwei Freunde duellirten ſich,
Ein Schmaus war ganz gelegentlich;
Da kamen ſie zu mir ins Haus,
Und ich gab den Verſöhnungsſchmaus.""

„Du faſt mi ward'n en Groffmidsknecht,
Und ſo geſchüht bi Dilwel recht!"

„„O allerwertheſter Herr Papa,
Laſſen Sie mich nur diesmal da;
Ich hab' ja noch nicht ausſtudirt
Und meinen Curſum abſolvirt.""

„Na ditmal fall di't ſchenken fin,
Un doa fohr dat Dunner und Wetter drin!

„Nu will'k man werre na Huſe gahn
Un düchtig up'n Ambos ſlahn."

„„O allertheuerſter Herr Papa,
Was macht die werthe Frau Mama?
Was machen die zarten Schweſterlein?
Und — ſchicken Sie brav Wechſel ein!""

„Se ſünd noch all recht fett un rund,
Se ſeggen, du biſt en Swienehund!"

Altes Studentenlied.
(Deutſches Liederbuch, S. 330.)

[1] für Bücher.

X. Niedersächsisch. — Hannover.

Un wenn nu de Pott en Lock hett?

Mundart im Fürstenthum Calenberg (in der Nähe der Stadt Hannover).

Un wenn nu de Pott en Lock hett?
Mien lebe Heinrich, mien lebe Heinrich!
„Stopp et tau, mien lebe, lebe Lischen[1],
Mien lebe Lischen, stopp et tau!"

Womit sall eck 't denn taustoppen, lebe Heinrich?
„Mit Stroh, mien lebe Lischen!"
Un wenn dat Stroh tau lang is?
„Snie 't af[2], mien lebe Lischen!"

Womit sall eck 't denn afsnien, lebe Heinrich?
„Mit 'n Messt[3], mien lebe Lischen!"
Un wenn dat Messt nu stump is?
„Mosst 't sliepen[4], mien lebe Lischen!"

Worup sall eck 't denn sliepen, lebe Heinrich?
„Up 'n Sliepstain, mien lebe Lischen!"
Un wenn de Stain nu drög[5] is?
„Göit[6] 'r up, mien lebe Lischen!"

Worin sall eck 't Water halen, lebe Heinrich?
„In 'n Pott, mien lebe Lischen!"
Un wenn nu de Pott en Lock hett?
„Stopp 't tau, mien lebe Lischen!"

Volkslied.
(Bei Firmenich, I, 187.)

---

[1] Lieschen. [2] schneide es ab. [3] Messer. [4] schleifen. [5] trocken. [6] gieße.

Frou ji fcholl'n[1] nå Hufe kommen.
Mundart von Fürftenau, Hannover.

Frou, ji fcholl'n nå Hufe kommen,
Jue[2] Mann — un däi is krank!
„Is he krank, — Gott fi Dank!
Nu noch 'n Dänsken twäi of[3] dräi!"

Frou, ji fcholl'n doch bolde kommen,
Juen Mann willt fe berichten[4].
„Willt fe'n berichten, mag he bichten[5].
Hopp, noch 'n Dänsken twäi of dräi!"

Frou, ji fcholl'n doch gaue[6] kommen,
Jue Mann — un däi will fterwen.
„Will he fterwen, kann ich erwen.
Erft noch 'n Dänsken twäi of dräi!"

Frou, ji mött't[7] nå Hufe kommen,
Jue Mann — un däi is dod.
„Is he dod, frett he nin[8] Brod.
Juch, noch 'n Dänsken twäi of dräi!"

Frou, will ji dann gar nich kommen?
D'r[9] is 'n Frigger, däi paffet up ju.
„Wat fegge ji, 'n Frigger varr mi?
Nu is varr dittmål 't Danffen varrbi!"

Volkslied.

(Nach der Aufzeichnung von A. v. Cye, in „Zeitfchrift für Mundarten",
II, 394. Findet fich in zahlreichen Dialekten: von Osnabrück bei Firmenich,
III, 160; bairifch bei Erk, S. 67.)

---

[1] ihr follet. [2] euer. [3] oder. [4] wollen fie mit den Sterbefakramenten verfehen. [5] beichten. [6] fchnell (jähe). [7] müffet. [8] ißt er kein. [9] da.

X. Niedersächsisch. — Hannover.

Die zwei Königskinder.
Ostfriesische Mundart.

Der wassen[1] twee Königeskinder,
Dee hadden eenander so leev;
Bi 'n ander kunnen se nich komen,
Dat Water was völs to deep.

„Du kanst ja good swemmen, min Leeve,
So swemme herover to mi:
Van Nacht[2] sall een Fackel hier brannen,
Di See to belüchten vör di[3]."

Der was ook een falske Nunne,
Dee sleek sück[4] ganz sacht na de Stee[5]
Un dampte dat Lücht hüm tomaal ut[6] —
De Königssohn bleev[7] in de See.

De Dochter sprak to de Moder:
„Min Harte dat deit mi so wee;
Laat mi in de Lucht[8] gaan to wandeln
An de Kante[9] van de See."

„„Do dat[10], min leeveste Dochter,
Doch dürst[11] du alleen nich gaan;
Weck up din jungste Broder
Und dee laat mit di gaan!""

„Och nee! min jungste Broder
Dee is so wild, dat Kind,
De schütt[12] na alle de Vögels,
Dee an de Seekante sünt.

---

[1] da waren. [2] heute Abend, heute Nacht (wie: „van Tag" = heute). [3] für dich. [4] schlich sich. [5] nach der Stelle. [6] dämpfte (löschte) das Licht ihm plötzlich aus. [7] blieb, ertrank. [8] in die Luft, ins Freie. [9] Rand, Ufer. [10] thue das. [11] darfst. [12] schießt.

„Un schütt he dann alle de macken[1]
— De wilden let he gaan —
Dann segt gliek alle Lüde:
Dat het dat Königskind daan!"

„„Doch, Dochter, leevste Dochter,
Alleen dürst du nich gaan;
Weck up din jungeste Süster
Un de laat mit di gaan.""

„Och nee! min jungste Süster
Is noch een spölend Kind,
Dee löpt na alle de Blöömtjes,[2]
Dee an de Seekante sitnt.

„Un plückt se dann alle de roden
— De witten[3] let se staan —
Dann segt gliek alle Lüde:
Dat het dat Königskind daan!"

De Moder gunk na de Karke[4],
De Dochter gunk an de See;
Se gunk so alleen un so trürig,
Dat Harte dat dee hör so wee.

„O Fisker, min gode Fisker,
Du sügst[5], ik bün so krank;
Du kanst un möst mi helpen:
Sett mut din Netten to Fank![6]

„Hier hebb ik min Leevste verloren,
Wat ik up Erden hab,
Doch riek[7] wil ik di maken
Kannst du upfisken den Schat[8]."

---

[1] zahmen (holl. mak). [2] die läuft nach allen den Blümchen. [3] weißen.
[4] Kirche. [5] siehst. [6] setze aus dein Netz zum Fange. [7] reich. [8] Schatz.

X. Niedersächsisch. — Hannover.

„„„Bör ju[1] wil ik Dage lank fisken,
Verdeend ik ook niks als Godslohn,"""
Un smeet[2] sin Netten in 't Water;
Wat funk he? — den Königssohn!

„Daar Fisker, leeveste Fisker,
Daar nimm din verdeende Lohn;
Hier hest du min goldene Ketten
Un mine demantene Kroon."

See nam hör Leevst in hör Armen
Un küsde sin bleeken Mund:
„O traue[3] Mund, kunst du spreeken
Dan worde min Hart weer gesund!"

Se drückde hüm fast[4] an hör Harte,
Dat Harte dat dee hör so wee,
Un langer kun se nich leeven,
Un sprunk mit hüm in de See.

Altes Volkslied.

In dieser Fassung (Böhme, Altdeutsches Liederbuch, S. 96) von Dr. Bueren in Papenburg (Ostfriesland) „aus dem Munde einer Amme aufgefischt". Eine andere ostfriesische Mundart (von Dornum) bei Firmenich, I, 15. Eine westfälische („Et wassen twee Künigeskinner") Wunderhorn, I, 335. Holländisch („Het waren twe coninoskinderen") bei Hoffmann von Fallersleben, Horae belgicae, II, 112. Die Melodie des Liedes, durch das schwedische: Det vora två ädle konungabarn" erhalten, gibt Böhme, a. a. O., S. 97.

---

[1] für euch.   [2] warf (schmiß).   [3] treuer.   [4] ihn fest.

De Waterkeerl in de Ja.[1]
Mundart des Jeverlandes im Großherzogthum Oldenburg.

Up 't Seefeld[2] en Buur waand[3], de 's riek noog un stolt[4];
Sien' dree Deerns sund em leever als all sien Gold,
  Och, de Ja 's so deep!

De een weer so knapp un d' anner weer so slank,
De drudde wull nien Keerl ar Tie'släven lank[5].

Un se freeit un loopt sik boll af de Sgoo:[6]
Moi Ida[7] lacht un seggt Nä darto.

Se kikt nich um na Pott of Pann[8],
Se holt[9] so fien un so witt är Hann'[10].

Man vaken den Gro'en hendaal[11] se geit,
Woor dat Water bruus't, woor de Seeluft wait[12],
  Och, de Ja 's so deep!

Un iseenmol[13] da weer se an b' Buterkant,[14]
De Tie[15] stigt up un stigt gegen dat Land.

De Bulgens all seeg se[16] kamen und gaan,
Un mit eens hett 'n fienen Heer vär är staan.

Hee greet't[17] wol heeflich, he spreckt wol good;
Mit em to spazeren är nich vedroot.

Hemmmer se gaat't[18] an Waterkant,
Man dat is so koold, und so koold siene Hand.

---

[1] der Wassermann (Wassernix) im Jadebusen. [2] ein Kirchdorf im Butjadingerland. [3] wohnte. [4] der ist reich genug und stolz. [5] die dritte wollte keinen Mann ihr zeitlebens lang. [6] und sie freien und laufen sich bald ab die Schuhe. [7] schön Ida. [8] nach Topf oder Pfanne. [9] hält. [10] Hand. [11] aber oftmals den Außengroden hinab. [12] weht. [13] einst, einmal. [14] Außenseite. [15] die Flut. [16] die Wogen alle sah sie. [17] grüßt. [18] sie gehen.

X. Niedersächsisch. — Oldenburg.

Un woor heerst[1] du to Huus? woor kumst du här?
„Ik kaam uut de Ja' un ik waan' in 't Määr.

„Un nien slimmer Huusen[2] as miens ik kenn,
Dar faart so väl'[3] wol aver een hen.

„Un koold un diester is 't in mienem Saal,
Daar kumt nien[4] Sunnenskien he'daal[5].“

't gräs't är[6]; se kikt in 'n seegreen Oog,
As he nu mit Gewalt är[7] na 't Water hendroog.

Un leeve Heer, laat't mi torugg an 't Land,
Un mienen gollen Rink legg ik jo[8] in Hand!

„Dien gollen Rink, de will mi nich anstaan,
Up de greene Eer warst du ni wedder gaan!“

In uns' Huus mien Vader un mien Moder weent,
Darto mien leeve Susters beid' vereent.

„Lat weenen in jo Huus, laat weenen weller will:
Mit den Waterkeerl geist du, weß mi[9] still!

„Laat weenen in jo Huus, laat weenen weller will:
Up 't greene Land ni kumst du meer — weß mi still!“

Na de Floot henin mit sien Roof[10] he springt,
Un nums unf'[11] moï Jda wedder bringt.
    Och, de Ja 's so deep!
        (Böhme, Altdeutsches Liederbuch, S. 185.)
    Sehr altes Volkslied, dem eine heidnische Sage zu Grunde liegt.

---

[1] gehörst du. [2] kein schlimmeres Hausen. [3] da fahren so viele. [4] kein. [5] hinab. [6] es grauset ihr. [7] sie. [8] euch. [9] sei mir. [10] Raub. [11] niemand unsere.

Ik blief siens[1] un he blift miens[2].

Mundart des Jeverlandes.

Jungens gift 't as Gras in d' Mee[3],
Fixen[4] sünd daarmanken[5]!
Man wenn een mi nögen de',[6]
't wull mi nett[7] bedanken.
   Ik blief siens un he blift miens!
   Wel hettaar[8] wat gägen?

Därens[9] gift 't ook brall un glatt,
Over[10] blift no' mennig[11]; —
Därens, Därens, 't helpt jo[12] niks,
Maakt ihn[13] nich afwennig.
   Ik blief siens un he blift miens!
   Wel hettaar wat gägen?

Moder seggt: „Mi hör du nett[14],
Nimm uns' riken Naber[15]!
Twintig Matt[16] mit Rogg' he het,
Dartig[17] Matt mit Hafer."
   Moder, Moder, swieg doch still,
   Ga mi[18] mit dien' Ollen!

Moder, kumm mitte[19] nich an,
Mag der ni[20] van hören!
Moder höffst mi[21], glöf du 't man,
Keen meer rekum'deren:
   Ik sün Jan siens, Jan is miens!
   Hef mi daar[22] niks gägen!

Nach dem von *Firmenich*, I, 31 mitgetheilten Gedichte. Die dritte Strophe wurde durch Verbindung einer vierzeiligen und zweier Zeilen einer sechszeiligen Strophe Firmenich's gebildet, worin mir J. A. und L. Leopold (Nederduitsche Dialecten, II, 90) gefolgt sind.

---

[1] ich bleibe die seine. [2] der meine. [3] gibt es wie Gras in der Mahde. [4] feste, mannhafte. [5] darunter. [6] doch wenn einer mich nöthigen wollte. [7] ich wollte mich schön. [8] wer hat da. [9] Dirnen (Mädchen). [10] übrig. [11] noch manche. [12] euch. [13] ihn. [14] mir gehorche du hübsch. [15] Nachbar. [16] zwanzig Matten. [17] dreißig. [18] geh' mir. [19] mit dem. [20] mag da nicht. [21] brauchst mir (von „behufen"). [22] habe mir da.

De Snieder un de Rieder.
Mundart des Butjadingerlandes[1].

Et weer enmal een Snieder,
De harr[2] een moje[3] Deern,
Un weer enmal een Rieder,
De harr de Deern so geern.

Herr Snieder, sprook de Rieder,
Gäwt mi jo junget Wich[4]!
Herr Rieder, sprook de Snieder,
Dat Wich dat kriegt ji[5] nich.

Un willt ji mi nich gäwen
Dat löwe junge Blot,
So nehm ick mi dat Läwen
Un morgen bin ick dod!

Un nehmt ji jo[6] dat Läwen
Un sünnt[7] ji morgen dod,
Dat Wich will ick nich gäwen,
Dat löwe junge Blot.

Een Rieder un een Snieder
De gaht[8] nich goot tosaam,
Een Snieder un een Rieder
Paßt nich in eenen Rahm.

Up'n Diske[9] sitt de Snieder,
De Rieder sitt to Pär[10],
Darum Ade, Herr Rieder,
Ick danke vär de Ehr!

(Bei Firmenich, III, 15.)

---

[1] Land „buten de Jade", d. i. jenseit der Jade. [2] hatte. [3] schöne. [4] euer junges Mädchen. [5] ihr. [6] ihr euch. [7] seid. [8] gehen. [9] auf dem Tische. [10] zu Pferde.

Platz da wär 'n Späldisch!
Oldenburgische Mundart.

Platz dar wär 'n Späldisch, min Dochter will danzen!
Söck[1] Deerns as min Trina sünd rar up de Welt.
Un ick bün de Baber, un ick möt dat weten[2],
Ick gew öhr as Utstühr[3] Hus, Garen un Geld.

Blas't up, ji Musikanten, min Dochter will danzen,
So hoch un so deep un so lu[4] as ji känt!
Klarnetten un Fideln, Trumpetten un Brummbaß,
Spält up, ji Musikanten, dat 't Hus dervan drähnt!

Dar hei[5] ji 'n blanken Dahler, min Dochter will danzen!
Nu spält mi den besten, den neesten[6] Galopp! —
Nu süh is[7], nu kiek is, wat is 't doch en Deeren,
Mankeert ok nien Haar an[8] van Fot bet to Kopp!

Kiek, Moder, wenn du bi as Deern noch is[9] sehn wullt!
Du weerst just so smuck un so brall as Kathrin.
Hurrah, Jungs lat't rieten[10]! Verdagen[11] is Sonndag!
Dat kann noch wat lieden[12]! Glicks seß[13] Buddel Wien!

Nu süh is, nu kiek is! Dat heet ick noch danzen!
De annern de suckelt un struckelt[14] man so;
Min Dochter, de kann bi't! Se dreiht sik as 'n Krüsel!
Ut 'n Weg, wat 'r nich docht[15]! Un man jümmer jümmer to!

Franz Poppe.

(Marsch und Geest, Gedichte in oldenburg=niederdeutscher Mundart, Oldenburg 1879.)

---

[1] solche. [2] wissen. [3] Aussteuer. [4] laut. [5] habt. [6] neuesten. [7] nun seh einmal. [8] fehlt auch kein Haar baran. [9] einmal. [10] laßt es reißen. [11] heute („van dage", von diesem Tage). [12] erleiden (es kann noch etwas daraufgehen). [13] sechs. [14] trippeln und stolpern. [15] taugt.

Harfſtbild.

Mundart von Quelgönne, im Stadlande im Großherzogthum Oldenburg.

Dat weer mien litje leev Deeren[1],
De steit as in 'n[2] deepen Droom:
Se kikt wol där[3] dat Fenſter
Na den oolen Linnenboom.

So mof ſik 't fär uns[4] twee beiden
Unner 't greene Linnentelt ſeet[5],
Wenn 's Sommers luſtig ſungen
De Swaalken är Avendleed.

Man Swaalken ſund weg un de Sommer,
Un de Beem' to troren ſtaat't[6],
Un in lange, lange Reegen[7]
Averhen[8] de Wulken gaat't.

De Harfſtwind ſiene Fitjes[9]
Wol aver dat Land nutreckt,
Un all de Blä', de gälen[10],
He van de Teege brekt[11].

Un all de Blä', de gälen,
Up de ſwart ſwarte Eer he ſait[12],
Un he ropt[13]: ji[14] Minſgenkinner,
So weer' ji[15] ook ve'wait!

Un vär 't[16] Huus de Linnenteege,
Wat he ſe plucken[17] kann!
Ineens fleegt Bläderſguuren[18],
Gegen d' Kamerfenſters an.

---

[1] Kleines, liebes Mädchen. [2] das steht wie in einem. [3] durch. [4] so schön sich es für uns. [5] saß. [6] zu trauern stehen. [7] Reihen. [8] brüberhin. [9] Fittige. [10] Blätter, die gelben. [11] den Zweigen bricht. [12] Erde er säet. [13] ruft. [14] ihr. [15] so werdet ihr. [16] und vor dem. [17] pflücken. [18] in einem fort fliegen Blätterſchauer.

Och! de Boom, de so green van 't Sommer¹,
Nu is he bloot² un kaal!
As Bruut un Brägam³ wie seeten
In sien'n Schabben to 'n lestenmal.

Dat is 't, dat mien litje leev Deeren
Steit as in 'n deepen Droom,
Dat kikt se wol där bat Fenster
Na ben oolen Linnenboom.

(Bei *Firmenich*, III, 21.)

Dat Vogelneest.
Mundart von Bremen.

Kumm, kumm mal mit hier langs den Haag⁴,
Min Heini, wat du noch nich weest,
Hier dichte bi, duhn⁵ an den Slag⁶,
Kiek her, hier sitt en Vogelneest!

So duhne hefft se an den Padd
Ahr lütjet Weeswark⁷ boot; —
Dar kannst du sehn, min Heini, wat
Se up ähr Gluck vertroot.

Un du heft jummer noch nien Moht
Un wi, wi sund doch mehr!
Min leeve Heini, wäs⁸ so goot
Un segg man blot: Wannehr⁹?

F. **Bühtmann.**

---

¹ d. i. „den Sommer über". ² bloß. ³ Bräutigam. ⁴ Hecke, Zaun. ⁵ nahe.
⁶ Thür. ⁷ Hauswesen. ⁸ sei. ⁹ wann.

Fråg nich.

Mundart von Bremen.

Fråg nich, worum de Steern so blinkt,
De Nachtigål ehr Lieder singt,
Dat Water still in 'n Winter steiht,
De Sunne up= un unnergeiht.

Ick weet dat nich. Un fragst du mi,
Worum ick di[1] so leew heff, di,
Dat mi dat Blod to Harten schutt[2]: —
Ick weet dat nich, — ick nutt, ick nutt!

Wilh. Rocco.
(Vor veertig Jahr, en plattdütsche Geschichte
ut 'n Bremer Lanne, S. 23.)

Min Moderspråk.

Ditmarscher Mundart (im westlichen Holstein, zwischen Elbe und Eider).

Min Moderspråk, wa klingst du schön!
Wa büst du mi vertrut!
Weer ok min Hart as Stahl un Steen,
Du drevst[3] den Stolt herut.

Du bögst min stiwe Nack so licht,
As Moder mit ehrn Arm;
Du sichelst mi umt Angesicht,
Un still is alle Larm.

Ik föhl mi as en lüttjet Kind,
De ganze Welt is weg.
Du pust[4] mi as en Bärjahrswind[5]
De kranke Boß[6] torecht.

---

[1] dich. [2] schießt. [3] triebst. [4] hauchst. [5] Frühjahrswind. [6] Brust.

Min Obbe¹ folt mi noch de Hann'
Un seggt to mi: Nu be²!
Un „Baderunser" fang it an,
As it wul fröher de.

Un föhl so deep: dat ward verstan,
So sprickt dat Hart sik ut,
Un Rau³ vunn Himmel weiht mi an,
Un Allns is wedder gut!

Min Modersprak, so slicht un recht,
Du ole, frame⁴ Red!
Wenn blot en Mund „min Vader" seggt,
So klingt mi 't as en Bed⁵.

So herrli klingt mi keen Musik
Un singt keen Nachtigal;
Mi lopt je glik in Ogenblick
De hellen Thran hendal.

Claus Groth.
(Quickborn, plattdeutsche Gedichte ditmarscher Mundart,
11. Auflage.)

Orgeldreier.
Ditmarscher Mundart.

It sprung noch inne Kinnerbüx,
Do weer it all en Daugenix,
Dat sän ok alle Nawers⁶ gliks:
De Jung dat ward en Sleef⁷.
Wat schert mi all dat Snätersnack!
It sing un dreih min Dudelsack,
Belach den ganzen Rummelpack,
De mi keen Süsselnk⁸ gev!

---

¹ Großvater. ² bete. ³ Ruhe. ⁴ fromme. ⁵ Gebet. ⁶ Nachbarn. ⁷ Schlingel.
⁸ Sechsling.

X. Niedersächsisch. — Holstein.

Min Vader schick mi hen na Schol.
Ik hal mi oft en Puckel vull
Un mak den Rekter splitterndull:
Min Lex¹ den wuß ik slech.
Sum sus — dat wull der gar nich 'rin;
Ik flök² den Kram tum Döwel hin,
En Prester steek der doch nich in!
Mi stunn dat Swart³ inn Weg.

Min Moder leet⁴ mi'n netten Knüll⁵ —
Vull Wutteln⁶ un Kantüffelpüll⁷;
Dat weer ehr letzte gude Will:
Ik schull'n Plantasche gründ⁸.
Harr⁹ ik man Lust hatt, Gras to mei'n,
Ann Ellbagn ran inne Schit to klei'n¹⁰,
Mitn Sack umme Nack den Rogg to sei'n¹¹,
So kunn ik Goldkorns finn!

Kantüffeln weern der as min Hot¹²,
Un Wutteln as min Been so grot,
Un Dreck to klei'n in Äwerflot —
Dat weer di en Vergnögn!
Min Ol¹³ sin Saen de weer ni dumm:
Bunt Arbeidn ward man stif un krumm;
Ik sett den Knüll in Sülwer um
Un tehr¹⁴ vun min Vermögn.

Juchheisa! in en Reiterbüx!
Bequaste Steweln blank in Wichs!
Klar is de Kees¹⁵, de Junker fix!
So gung ik denn to Mark.
Klei du in Dreck bet äwern Kopp!
Din Fru sett di en Spint¹⁶ derop,
Un hett se di de Jack utkloppt,
So humpel du to Kark¹⁷.

---

¹ Lection. ² fluchte. ³ Schwarze (Gedruckte). ⁴ hinterließ. ⁵ Stück Land.
⁶ Moorrüben. ⁷ Kartoffelsträucher. ⁸ gründen. ⁹ hätte. ¹⁰ wühlen. ¹¹ säen.
¹² wie mein Hut. ¹³ Vater. ¹⁴ zehre. ¹⁵ fertig ist der Käse. ¹⁶ großen Hut.
¹⁷ Kirche.

Min Geld is all, min Knüll vertehrt,
De Junker is keen Dreelnk¹ weerth,
Min Knep² heff ik vun buten³ lehrt:
Sus sum — de Welt geit rum!
Wat schert mi all dat Rummelpack,
Ik heff min heel⁴ Musik um Nack,
Ik sing min Leed un mak min Snack
Un dreih min Orgel rum.

Kl. Groth.

Prinzessin.
Ditmarscher Mundart.

Se weer as en Pöppen⁵, so smuck un so kleen,
Se seet mi in Schummern⁶ to dröm'⁷ oppe Kneen,
Se sat mi de Hand un ik strak⁸ ehr Gesicht,
Vertell ik er jümmer⁹ de ole Geschicht:

„Dar weer en Prinzessin, de seet in en Bur¹⁰,
Harr¹¹ Haar as en Gold, un seet jümmer un lur¹²;
Do keem mal en Prinz, un de hal ehr¹³ herut,
Un he war de König un se war de Brut."

Un gau¹⁴ is se wussen, un nu is se grot!
Se sitt mi in Schummern noch still oppen Schot,
Se hollt mi de Hand un ik küß ehr Gesicht,
Vertell ik er jümmer de ole Geschicht:

„Dar weer en Prinzessin, di seet bi en Bur,
Harr Haar as en Gold, un seet jümmer un lur;
Do keem mal en Prinz, un de hal ehr herut;
Un ik bün de König un du büst de Brut!"

Kl. Groth.

---

¹ Treiling. ² Kniffe. ³ auswendig. ⁴ ganze. ⁵ Püppchen. ⁶ in der Dämmerung. ⁷ zu träumen. ⁸ streichelte. ⁹ immer. ¹⁰ Gefängniß. ¹¹ hatte. ¹² wartete (lauerte). ¹³ der holte sie. ¹⁴ schnell.

Dünjens.
Ditmarscher Mundart.

I.

Jehann, nu spann de Schimmels an!
Nu fahr wi na de Brut!
Un hebbt wi nix as brune Per,
Jehann, so is 't ok gut!

Un hebbt wi nix as swarte Per,
Jehann, so is 't ok recht!
Und bün ik nich uns Weerth sin Sän,
So bün 'k sin jüngste Knecht!

Un hebbt wi gar keen Per un Wag',
So hebbt wi junge Been!
Un de so glückli is as ik,
Jehann, dat will wi sehn!

II.

Wi gingn tosam to Feld, min Hans,
Wi gingn tosam to Rau,
Wi seten achtern Disch tosam,
So warn wi old un grau.

Bargop so licht, bargaf so trag,
So menni, menni Jahr —
Un doch, min Hans, noch ebn so leef,
As do in brune Haar.

A. Groth.

He sä mi so vel.

Ditmarscher Mundart.

He sä mi so vel, un if sä em keen Wort,
Un all wat if sä, weer: Jehann, if mutt fort!

He sä mi vun Leev un vun Himmel un Eer,
He sä mi vun allens — if weet ni mal mehr!

He sä mi so vel, un if sä em keen Wort,
Un all wat if sä, weer: Jehann, if mutt fort!

He heel mi de Hann[1], un he be mi so dull[2],
If schull em doch gut wen, un ob if ni wull?

If weer je ni bös, aver sä doch keen Wort,
Un all wat if sä, weer: Jehann, if mutt fort!

Nu sitt if un denk, un denk jümmer deran,
Mi düch[3], if muß seggt hebbn: Wa geern, min Jehann!

Un doch, kumt dat wedder, so segg if keen Wort,
Un hollt he mi, segg if: Jehann, if mutt fort!

K. Groth.

De Duv[4].

Ditmarscher Mundart.

Wo is din Vadershus,
Wo is de Port?
„Buten[5], dat Dörp to Enn',
Buten den Ort."

---

[1] hielt mir die Hand. [2] hat mich so toll (d. i. so erregt). [3] mir däucht.
[4] Taube. [5] draußen.

X. Niedersächsisch. — Holstein.

Wo is din Kamerdör,
Wo is din Stuv?
„Baben¹ na 't Finster rop
Rankt sik en Druv.

„Kumm du um Merrennacht,
Kumm du Klock een:
Vader slöppt, Moder slöppt,
Jk slap alleen.

„Kumm anne Käkendör,
Kumm anne Klink:
Vader meent, Moder meent,
Dat deit de Wind."

Baben nan Finster rop
Rankt sik en Druv:
Achter² dat Swölkennest³
Bu't en witte Duv!

K. Groth.

Leeder för de dütsche Flott.
Holsteiner Mundart.
I. Ankerlichten.

Hühup! den Anker in de Höh —
   He — i — juchhe!
Nu geiht dat wedder in de See —
   He — i — juchhe!
Un denn geiht dat mit Sing un Sang
De leeve Gotteswelt hinlang —
   He — i — juchhe!

---

¹ oben. ² hinter. ³ Schwalbennest.

So 'n Theerjack is wat stief un swart —
    He — i — juchhe!
Doch lustig sleit ehr Seemannshart —
    He — i — juchhe!
Un kamt dar¹ Wind und Wellen an,
Wie dampt² dar lustig gegen an —
    He — i — juchhe!

Un hult de Storm ut Ost un Nord —
    He — i — juchhe!
Un gaht de Wellen över Bord —
    He — i — juchhe!
So is uns' Herrgott ok in Sicht
Un de verlett keen Theerjack nich —
    He — i — juchhe!

Un lett he uns ok itunergahn —
    He — i — juchhe!
So maet wir em man recht verstahn —
    He — i — juchhe!
Denn bringt he uns mit Mann un Mus
Ja blot torüch in't Vaderhus —
    He — i — juchhe!

II. Hoch unser Kaiser Wilhelm!

So Jungens, nu mal all up 't Deck
Un denn de Punschtrin her!
So'n Punsch rükt doch verdüwelt nett,
Rükt beter noch as Theer.
    Hurrah — sa — sa! Hurrah — sa — sa!
Rükt beter noch as Theer.

---

¹ kommen da.   ² dampft.

X. Niederſächſiſch. — Schleswig.

So 'n warm Glas Punſch), dat geiht darmit
Recht kräſig¹ un recht ſtief.
Dat ſmödigt² een de Seel un Boſt
Mitſammts dat Ünnerliew.
    Hurrah — ſa — ſa! Hurrah — ſa — ſa!
Mitſammts dat Ünnerliew.

Un ward wi warm, ſo heet dat gliek:
„Hurrah! un Vivat hoch!
Unſ' Kaiſer Wilhelm, de ſchall leb'n!
Schall leben — Vivat — hoch!
Unſ' Kaiſer Wilhelm, de ſchall leb'n!
Hurrah! un — Vivat — hoch!"
                        Joachim Mähl.

Gode Nacht.
Schleswigſche Mundart (Huſum).

Över de ſtillen Straten
Geit klar de Klockenſlag;
God' Nacht! Din Hart will ſlapen,
Un morgen is ok en Dag.

Din Kind liggt in de Wegen
Un ik biln ok bi di;
Din Sorgen un din Leven
Is allens um un bi.

Noch eenmal lat uns ſpräken:
Goden Abend, gode Nacht!
De Maand ſchient op de Däken³,
Unſ' Herrgott hölt de Wacht.
                       Theodor Storm.
         (Geſammelte Schriften, Braunſchweig 1872.).

[1] ſtark, ſcharf.   [2] geſchmeidigt.   [3] Dächern.

De Veerlander Swier.[1]
Mundart der Vierlande bei Hamburg.

Glück to, Kompeers[2], kamt nöger her,
Un laat en Gläschen klingen,
Ick will ju[3] hier de neë Swier
Vun gans Veerlanden singen.
Vun Bardorp[4] an dat hooge Sand,
Da liggt dat sööte Eerbeernland,
Wo man in Freud un Segen
Sien Lief un Wief kann plegen.

(Bei Firmenich, I, 63.)

Wahrt jo vör de Deerens!

Saapt[5] nich so sehr, mien leew Kompeer[6],
Un snückert[7] um de Deerens;
Se laten all so nett un brall,
Affunderlich van fehrens[8].
Deels sehn se fram[9] un ehrbar ut,
Deels sünd se flink, as ene Brud,
Mit Ögeln un mit Straken[10],
De Keerls verleewt to maken.

En Deerensding hüppt um den Ring[11]
Un beit so seef un aarig[12];
Man as se friet[13], du leewe Tied!
Wo ward se kettelhaarig[14]!

---

[1] Trinklied der vierländer Bauern. „Swieren", lustig leben, schwärmen.
[2] Gevattern, Kameraden (v. französisch compère). [3] euch. [4] Landherrenschaft Bergedorf. [5] schnappet (nach Luft schnappen, aufgeregt sein). [6] Gevatter.
[7] schnüffelt. [8] von ferne. [9] fromm. [10] Streicheln. [11] hüpft um den Tanzplatz.
[12] artig. [13] doch wenn sie freit, (sich) verheirathet. [14] kitzelhaarig.

X. Niedersächsisch. — Vierlande.

Den eersten Morgen heet et[1]: Fix!
Nimm du de Schört[2], gif mi de Bix!
Sunst jag' ik ut de Plitmen[3]
Di up den Hönerwiemen[4]!

Doot[5] Dag un Nacht ut aller Macht,
Wat se befehlt un käkelt[6];
Doch warter wat[7], bald bit bald dat,
Begnägelt[8] un bemäkelt.
Da murrt un gnurrt dat Murmeldeert,
Se rümpt de Näs un breit den Steert,
Ja vaken[9] kriegt ji Knitffel[10]
Mit ehrem spitzen Tütffel[11].

Drum gäwt Gehör, mien leew Kompeer:
Bliewt hübsch alleen im Neste;
Wol oft bedrügt en rod Gesicht,
Brun Haar un witte Böste.
Eerst sind se aller Framheit vull;
De Brudnacht makt se splitterdull,
Den armen Mann to brüden[12]:
Dat mag de Kukuk lieden!

J. H. Voß.

(Sämmtliche Gedichte, II, Königsberg 1802.)

Voß bezeichnet die Sprache seiner beiden niederdeutschen Idylle, in deren eines („De Geldhabers") das obige „nach einem vierländer Swier gemachte" Gedicht eingelegt ist, als einen „Nachhall der saffischen Buchsprache — mit Vermeidung zu alter Worte und Fügungen". Im ganzen entspricht obiges Gedicht dem Dialekte der Vierlande. J. H. Voß (geb. 1751) darf neben Grübel (geb. 1736), Hebel (geb. 1760) und Arnold (geb. 1780) — s. S. 221, S. 3 und S. 33 — als einer der bedeutendsten Begründer der heutigen deutschen Dialektpoesie genannt werden.

---

[1] heißt es. [2] Schürze. [3] Flaumfedern. [4] Latten, auf welchen die Hühner schlafen und das Rauchfleisch hängt. [5] thuet. [6] plaudert. [7] doch wird ba was. [8] bemängelt. [9] oftmals. [10] Schläge. [11] Pantoffel. [12] zu quälen, aufzuziehen.

Die sieben Zeichen Rostocks.
Mundart von Rostock.

Säven Dähren[1] to Sünt Marien Karke,
Säven Straaten von den groten Marke,
Säven Döhre so da gahn to Lande[2],
Säven Koopmannsbrüggen[3] bi dem Strande,
Säven Thören[4], so up dem Rathhus stahn,
Säven Klocken, so da däglick slahn,
Säven Linden up dem Rosengahrden:
Dat sind der Rostocker Kennewahrden[5].

(Nadlof, II, 346.)

Das Plattdeutsch.
Mecklenburgisch-vorpommersche Mundart.

Ick weit einen Eikbom[6], de steiht an de See,
De Nurdstorm, de bruf't in sin Knäst[7];
Stolz reckt hei de mächtige Kron' in de Höh,
So is dat all dusend Johr west;
    Kein Minschenhand,
    Die hett em plant't;
Hei reckt sick von Pommern bet[8] Nedderland.

Ick weit einen Eikbom vull Knorrn un vull Knast,
Up denn' fött[9] kein Bil nich un Äxt.
Sin Bork is su rug[10], un sin Holt[11] is so fast,
As wir hei mal bannt un behext[12].
    Nix hett em dahn[13];
    Hei ward noch stahn,
Wenn wedder mal dusend von Johren vergahn.

---

[1] Thüren. [2] Thore auf der Landseite. [3] sieben vom Strande aus in die Warnow ragende, auf Rosten ruhende Stege, welche zum Anlanden der Schiffe dienen und schwere Lastwagen tragen; jeder Steg bildet die Fortsetzung einer auf den „Strand" mündenden Straße. [4] Thürme. [5] Kennzeichen. [6] Eichbaum. [7] Aeste. [8] bis. [9] faßt. [10] rauh. [11] Holz. [12] gebannt und bezaubert. [13] gethan, geschadet.

X. Niedersächsisch. — Mecklenburg.

Un de König un sine Fru Königin
Un sin Dochter, de gahn an den Strand:
„Wat deiht dat för 'n mächtigen Eikbom sin,
De sin Telgen¹ reckt äwer dat Land?
    Wer hett em plegt,
    Wer hett em hegt,
Dat hei sine Bläder so lustig rögt?"

Un as nu de König so Antwurt begehrt,
Trett vör em en junge Gesell:
„„Herr König, ji hewwt jug jo süs nich d'rüm schert²,
Jug' Fru³ nich un juge Mamsell!
    Kein vörnehm Lüd',
    De hadden Tid,
Tau seihn, ob den Bom ok sin Recht geschüht.

Un doch gräunt so lustig de Eikbom up Stunns⁴,
Wi⁵ Arbeitslüd' hewwen em wohrt⁶;
De Eikbom, Herr König, de Eikbom is uns',
Uns' plattdütsche Sprak is 't un Ort⁷.
    Kein vörnehm Kunst
    Hett s' uns verhunzt,
Fri wüssen s'⁸ tau Höchten⁹ ahn¹⁰ Königsgunst.""

Rasch giwwt em¹¹ den König sin¹² Dochter de Hand:
„Gott seg'n di, Gesell, för din Red'!
Wenn de Stormwind eins¹³ bruf't dörch dat dütsche Land,
Denn weit ick 'ne sekere Stäb':
    Wer eigen Ort
    Fri wünn un wohrt¹⁴,
Bi denn' is in Noth ein¹⁵ tau 'm besten verwohrt."

Fritz Reuter.
(Hanne Nüte, 15.)

---

¹ Aeste. ² bekümmert. ³ eure Frau. ⁴ zur Stunde. ⁵ wir. ⁶ ihn gewartet. ⁷ ist es und (plattdeutsche) Art. ⁸ wuchsen sie. ⁹ zur Höhe. ¹⁰ ohne. ¹¹ gibt ihm. ¹² dem (des) König seine. ¹³ einst. ¹⁴ gewann und wahrte. ¹⁵ einer, man.

De Kirschbom.
Mecklenburgisch-vorpommersche Mundart.

In Rittermannshagen, dor was mal en Mann,
De läd sik woll hen, üm tau starwen,
Un wil nu doch keiner wat mitnehmen kann,
So let hei sin Kinner dat arwen.

So deilt hei sin Hus un sin Hof un sin Feld
Tau gliken Deil för sin Döchter.
„Ok krigt nu en jeder von jug¹ glikes Geld
Un de Hälft' von den Goren"², so seggt er.

Un kum, dat de Oll verstorwen nu was
Un was in Freden begraben,
Dunn³ rafften de beiden mit Hast un mit Haß
Dat Arwdeil tausam, as de Raben.

Dat Geld, dat würd deilt, un de Hofstäd dortau,
Un kein' von de beid' was taufreden;
Un as sei sik deilten den Goren genau,
Dunn heww'n sei sik gruglichen streden⁴.

In den middelsten Stig würd' en Kirschbom sin,
Nich rechtsch un nich linksch stunn hei 'ranner.
„Dat's min!" säd de öllst', „de Kirschbom is min!"
„„Du bilst woll nich klauk"", säd de anner.

Un as nu de Kirschen rip wiren binah,
Dunn wull ok de öllst' sei sik austen⁵.
„„Herut ut den Bom! Herunner! Ik slah!""
Rep de jüngst. „Dat sall di wat hausten⁶!"

---

¹ euch. ² Garten. ³ da. ⁴ greulich gestritten. ⁵ ernten. ⁶ husten.

Sei schüllen sik 'rüm un sei fohrten tansam
Un kratzten sik as de Gesichter,
Sei slogen sik krumm un sei slogen sik lahm
Un lepen tauletzt nah den Richter.

De Kirschbom, de blänht, de Kirschbom, de brog,
De Avvekaten, de kemen;
Dat Frugensvolk jöhrlich sik wedder slog,
Denn kein von ehr wull sik bequemen.

De Kirschbom, de blänht, de Kirschbom, de brog,
Un jöhrlich gaww't en Getagel[1],
Un wil[2] dat eine de annere slog,
Vertehrten de Kirschen de Vagel.

Dat Hus, dat is hen, un die Arwschaft verdahn,
Üm Geld un Gaud sünd sei ritmmer;
De Kirschbom is lang all verdrögt[3] un vergahn,
De Strit äwerst wohret noch ümmer.

Fritz Reuter.
(Läuschen un Rimels, plattdeutsche Gedichte
in mecklenburgisch-vorpommerscher Mundart, 7. Auflage, 1864.)

Wat wull de Kirl?
Mecklenburgisch-vorpommersche Mundart.

Ne, Fiken[4], denk di, wo 't mi gung! —
As 't gistern an tau schummern[5] fung,
Dunn gah ik hen nah' n Water halen;
Und as ik kam nah unsen Sod[6],
Dunn steiht en Kirl vor, rauh un grot,
Un smuck von Kopp bet up de Salen.

---

[1] Prügelei. [2] während. [3] lang schon verdorrt. [4] Fi, Diminutiv Fiken = Sophie. [5] dämmern. [6] Brunnen.

  Hei kickt mi an,
  Ik kik em an,
  Hei seggt mi nicks,
  Ik segg em nicks
Un lat min Emmern¹ in den Sod.

 Und as de Emmern nu sünd vull,
Und ik nah Hus nu gahen wull,
Dunn kümmt de Kirl — nu denk bi, Fiken! —
Dunn helpt hei mi de swore Dracht
Ganz fründlich up un strakt² mi sacht
Un ward mi in de Ogen kiken.
  Hei kickt mi an,
  Ik kik em an,
  Hei seggt mi nicks,
  Ik seg em nicks
Un nem de Emmern up un gah.

 Un as ik gah de Strat hendal³
Dunn geit de Kirl — nu denk bi mal! —
An mine Sid entlang de Straten,
Un as ik sett min Emmern hen,
Dunn kümmt hei ran un ward mi denn
Ganz leiw in sine Armen faten;
  Ik kik em an,
  Hei kickt mi an,
  Ik segg em nicks,
  Hei seggt mi nicks,
Un ik gah wider hen nah Hus.

 Un as ik an de Husdör kamm
Un mine Dracht herunner namm
Un sett't min beiden Emmern nedder,
Dunn namm hei mi in sinen Arm
Un drückt un herzt un küßt mi warm —
Un denk bi mal — ik küßt em wedder.

---

¹ Eimer. ² streichelt. ³ der Straße entlang.

X. Niedersächsisch. — Mecklenburg.

Hei kickt mi an,
Ik kik em an,
Hei seggt mi nicks,
Ik segg em nicks.
Dunn kamm uns' Fru taum Huf' herut,
Dunn was dat mit dat Kilssen ut. —
Nu segg mi mal, wat wull de Kirl? —

Fritz Reuter.

De Afgunst [1].
Mecklenburgisch-vorpommersche Mundart.

De Fisch, de wull'n en König wählen.
Je, wer süll 't sin?
Na, wer am fixsten swemmen künn,
De süll von nu an König spelen
Un in de Ostsee cummandiren! —
Sei sünd denn nu ok alltausamen
Heranner treckt[2] von nah un firn,
Ut Bäk un Strom un Landsee kamen
Tau de, de in de See all wir'n.
Dat Mal wirrd prickt[3] entlang den Strand
Von Trawemün'n bet Warnemün'n,
Un an de beiden En'n dor stün'n
De Wils un Dösch[4] mit Fahnen in de Hand,
Denn de wirrd'n dor as Richters stahn,
Dat all'ns mit Rechten tau süll gahn.
De Fohrt geiht los, los geiht de Jagd.
Wo[5] hett dat Volk sik afmaracht!
Dat jappt un snappt un swabbt un spaddelt[6]
Mit Keim[7] un Mul, mit Start un Flott[8],
Un Männigein hett — leiwer Gott! —
Sik richtig bet tau Dod afmaddelt.

---

[1] Neid. [2] herangezogen. [3] abgesteckt. [4] der Wels und Dorsch. [5] wie.
[6] zappelt. [7] Kiemen. [8] Schwanz und Flosse.

So kamen j' gegen Dobberan,
Dunn is dat dörch ehr pustig[1] Reih'n
Denn hen un her mit Fragen gahn:
„Wer is nu vör?" fröggt irst de ein.
„Wer is nu vör?" fröggt all's tausamen. —
„„De Hiring!"" röppt't von vören her,
„„De Hiring hett de Spitz nu namen!
De Hiring! Hiring! de is vör!
Mit den'n kümmt hült kein Deuwel mit!""
„De nakte[2] Hiring?" seggt de Bütt,
Un tog ehr leiwes Mul verquer,
„De nakte Hiring? De is vör?
Nu kik doch mal!"
Und tog ehr leiwes Mul vör Afgunst dal.
Dunn stödd[3] de Bedklock tau Dobb'ran,
Dunn blew dat Mul ehr scheiw bestahn.

Fritz Reuter.

Adjüs, Herr Leutnant!
Mecklenburgisch-vorpommersche Mundart.

In Ludwigslust stunn bi de Granedir
Einmal en Leutnant, Herr von Fink.
Dat was en wohres Krätending,
Obglik de Kirl man keshoch wir.
Na, de let mal Rekruten inexiren
Un let sei rechtsch un linksch marschiren.
Dat Ding sprung allentwegen 'rümmer
Un schreg un cumunandirte immer,
Un makt dorbi so'n dullen Larm
Un smet un fuchtelt mit de Arm,
Ja, likster Welt[4], grad as so'n Hampelmann,
Un jeden snauzt dat Dingschen an.

---

[1] athemlose. [2] nackte, b. i. unbedeutende. [3] da schlägt. [4] gerabeso (wörtlich: gleich der Welt), Verstärkung zu „grab as".

X. Niedersächsisch. — Mecklenburg.

Un: „Rechten, Linken, Speck un Schinken,
Donnerwetter! Eins, zwei, eins, zwei,
Stroh un Hen, Stroh un Hen!
Werft die Bein und reckt die Glieder,
Absatz hoch und Spitzen nieder!"
So schreg dat Ding un cummandirt,
Dat ein sin eigen Wurt nich hürt.
Un as hei mit de Hauptsak fahrig was,
Namm hei den einen Kirl sik noch apart
Un slog „mit großer Geistesgegenwart"
Den dummen Bengel hellsch verdwas[1]
Mit dat Gefäß von sinen Degen
Bald unner't Kinn, bald up den Bregen[2].
De Kirl, dat was en groten Bengel,
So lang un dünn, just as en Pumpenswengel,
Hei stunn denn ok so grab un stiw,
De Leutnant reckt em man an't halwe Liw;
Un't Ding höll doch nich up tau slahn,
De Kirl süll ümmer grader stahn,
De Bost süll 'rut, de Buk süll 'rin;
Bald slog hei'n an de Bein,
Bald stödd hei 'n unner't Kinn.
Doch as hei sach, hei künn't nich wieder[3] briwen,
Dunn säd hei tau den Kirl: „So soll es sein!
So, du Carnallie, so nun steh!" —
„„So sall'k nu ümmer stahn hier bliwen?"" —
„So stehst du mir: Kopf in die Höh',
Die Arme 'ran, auswärts die Füß,
Die Brust heraus, den Bauch herein!" —
„„Na, denn, Herr Leutnant, denn abjüs!
Denn krig 'k Sei nümmer mihr tau sehn!""

Fritz Reuter.

---

[1] höllisch querüber. [2] Schädel (engl.: brain, Gehirn). [3] weiter.

As ick in dat Hus rin kem.
Mundart der Umgegend von Strelitz.

As ick in dat Hus rin kem,
Juchhe, ne, Herrje!
Da seg ick väle Piir¹ da stan,
Eent, twe, dre.
 O segg mi doch, min leewste Fru —
 „Min Mann, wat wist² denn du?"
 — Segg mi, wat sall'n de Piir hier all?
 Segg mi, wat all dat sall!
„So segg mi doch, wo sünt hier Piir?
Segg, bist du reign³ verrückt?
Melkkö⁴ sünt et ja,
De mi de Morer⁵ schickt."
 Melkkö mit Säbbel? —
 O Wind, o Wind, o Wind!
 Bedragen sünt wi Mannslü'r⁶,
 Wo sonne Frugens⁷ sind.

Un as ick in den Stall rin kem,
Juchhe, ne, Herrje!
Da seg ick väle Säbel da,
Eent, twe, dre.
 O segg mi doch, min leewste Fru —
 „Min Mann, wat wist denn du?"
 — Segg mi, wat sall'n de Säbel all?
 Segg mi, wat all dat sall? —
„So segg mi doch, wo Säbel sind?
Mann, bist du reign verrückt?
Bratspieß sünt et ja,
De mi de Morer schickt."

---

¹ viele Pferde. ² willst. ³ rein. ⁴ Melkkühe. ⁵ Mutter. ⁶ betrogen sind wir Mannsleute. ⁷ solche Frauen.

X. Niedersächsisch. — Mecklenburg.

Bratspieß mit Trobbeln an?
O Wind, o Wind, o Wind!
Bedragen sünt wi Mannslü'r,
Wo sonne Frugens sind.

Un as ick up dat Schapp[1] rup seg,
Juchhe, ne, Herrje!
Da seg ick väle Schackos da,
Eent, twe, dre.
O segg mi doch, min leewste Fru —
„Min Mann, wat wist denn du?"
— Segg mi, wat sall'n be Schackos all?
Segg mi, wat all dat sall? —
„So segg mi doch, wo Schackos sind?
Mann, bist du reign verrückt?
Melksatten[2] sünt et ja,
De mi de Morer schickt."
Melksatten mit Knöpp an?
O Wind, o Wind, o Wind!
Bedragen sünt wi Mannslü'r,
Wo sonne Frugens sind.

Un as ick in de Kammer kem,
Juchhe, ne, Herrje!
Da seg ick väle Mannslü'r da,
Eent, twe, dre.
O segg mi doch, min leewste Fru —
„Min Mann, wat wist denn du?"
— Segg mi, wat sall'n be Mannslü'r all?
Segg mi, wat all dat sall!
„So segg mi doch, wo Mannslü'r sind?
Mann, bist du reign verrückt?
Querfäck sünt et ja,
De mi de Morer schickt."

---

[1] Schrank. [2] Milchtöpfe.

Querſäck mit Schnurrbärt?
O Wind, o Wind, o Wind!
Bedragen ſünt wi Mannslü'r,
Wo ſonne Frugens ſind! —

Da haalt ick denn min Stöckſchen rut,
Juchhe, ne, Herrje!
Un garwt[1] de Fru den Puckel ut,
Eent, twe, dre!
„So ſegg mi doch, wat wiſt denn du?" —
Wat givt, min leewſte Fru?
„So ſegg, wat ſall'n de Prügel all?
Segg mi, wat all dat ſall?"
So ſegg mi doch, wo Prügel ſind?
Fru, biſt du reign verrückt?
Leewkoſungen ſünt dat ja,
De bi de Morer ſchickt!

Volkslied.

Dieſem in mehrern Sprachen und Faſſungen vorkommenden Volksliebe liegt eine altſchottiſche Ballade zu Grunde: „Our goodman came hame at e' en." Eine hochdeutſche Bearbeitung von F. L. W. Meyer („Ich ging in meinen Stall, da ſah ich, ei ei!") erſchien im Göttinger Muſenalmanach für 1790, S. 61. Dieſelbe endet:

„Potz Gimpel und kein Ende! wer ſteht denn Reuter hier?
Milchmädchen ſind es, die Mutter ſchickt ſie mir."
Milchmädchen mit Zwickelbärten? Wind über Wind!
Ich bin ein Mann, Gott beſſer's! wie viele Männer ſind."

Das Gedicht iſt bei Firmenich, dem obiger Text entnommen iſt (III, 66), in vierzeiligen Strophen abgedruckt, deren je vier ich zuſammenzog, worin mir J. und L. Leopold (Nederduitsche Dialecten, 1882, II, 277) gefolgt ſind. Daſſelbe gilt von meiner Aenderung: „Und as ick in de Kammer kem".

Über die Herkunft dieſes Liedes vgl. die Angaben von Binkel, Strodtmann und Freiligrath in „Gegenwart", Jahrg. 1874, Nr. 43, 45 und 47.

---

[1] gerbte.

Die sieben Städte der Altmark.
Mundart der Altmark.

De Soltwedler hebben det Goth,
De Tangermünder hebben den Moth,
De Stendaler drinken gern Win,
De Gardeleger wullen Junker sin,
De Seehufer det sint Ebenthür[1],
De Werbner geben det Weitenbüür[2],
De Osterborger wullen sich dick bohn
Un freten de Uul[3] vorn Rebhohn.

Aller Volksreim.
(Bei Firmenich, III, 504.)

Märtin, Märtin Vögelken!
Mundart von Stendal in der Altmark.

„Märtin, Märtin Vögelken
Met die vergoldte Flögelken,
Fleeg hoch bes öber'n Wiem[4];
Morgen is et Märtin,
Märtin is en goben Mann,
De uns all wat gäwen kann."
(Kinderlied.)

As ick noch en Bengel woar
So von acht bes drüttein Joahr,
Leep ick immer met herüm,
Wenn wi sungen üm un bitm:
Märtin, Märtin Vögelken!

Ach! det was doch goar to schön,
Dörch de ganze Stadt to tehn[5]
Un von Hus to Hus to sing'n,
Dät de Fenstern muchten spring'n:
Märtin, Märtin Vögelken!

---

[1] Abenteurer. [2] Weizenbier. [3] Eule. [4] Balken, an welchem das Rauchfleisch hängt. [5] ziehen.

Äppel gaf et, Nöt[1] un Bärn,
Wat de Kinner äten gärn;
Woar kuum ener, de nüscht gaf,
Sungen wi det Leed äm af:
   Märtin, Märtin Vögelken!

Ach! wo is de Tiet so färn,
Krieg det Leed nich mehr to hör'n;
Öber kümmt Märtini ran,
Mücht ick singen noch as Mann:
   Märtin, Märtin Vögelken!

Un dänn mitcht ick wäbber sünd
As vör bitssen[2] noch en Kind,
Wußte nitscht von Ploagen doa,
Schweeg ick ober sung ick froh:
   Märtin, Märtin Vögelken!
               (Bei Firmenich, III, 130.
                Original 9 Strophen.)

Der Eckensteher Nante.
Berliner Mundart.

Det beste Leben hab ick doch,
Ick kann mir nich beklagen,
Pfeift ooch der Wind durchs Ermelloch,
Det will ick schonst verdragen.
Det Morjens, wenn mir hungern duht,
Eß ick ne Butterstulle,
Dazu schmeckt mer der Kümmel jut
Aus meine volle Pulle.

---

[1] Nüsse. [2] wie früher.

X. Niederſächſiſch. — Mark.

Een Eckenſteher führt uf Ehr
Det allerſchönſte Leben,
Man friert anjetzt zwar manchmal ſehr,
Doch bald is det zu heben:
Von außen hau ick mit de Fauſt
Mir in de Seit un Rücken;
Un wenn een Schneegeſtöber ſauſt
Muß Kümmel mir erquicken.

Ick ſeh manchmal, wenn jroße Herrn
Hinein ins Weinhaus jehen,
Da ſteh ick denn ſo ſtill von fern:
Duh uf den Kümmel ſehen;
Un denk' bei mir: „'s is janz ejal,
Ob Wein, ob Schnaps im Jlaſe —
Von beeden kriegt man allemal
Doch eene rothe Naſe!"

Komm ick det Abends nu zu Haus,
Will meine Olle brummen,
So lang' ick blos die Pulle raus,
Un gleich duht ſie verſtummen.
Sie nimmt 'nen Schluck, un das beweiſt,
Wie ſchätzenswerth die Gabe;
Der Kümmel iſt mein juter Jeiſt,
Durch den ick Ruhe habe.

Nee, nee, der Nante is nich dumm,
Nachgrade kriegt er Bildung;
Er dient ja ſtets dem Publikum,
Das ſeht man an die Schildung.
Zu Ihrem Dienſt ſehr gern bereit,
Wenn Sie 's befehlen, danz ich);
Un hat der Nante Sie erfreut,
So jubelt Zwee = und = Zwanzig.

Beckmann.
(Erlach, IV, 180.
Original 10 Strophen.)

An mine Jung's.
Pommersche Mundart, Stralsund.

Ik harr dree lütte Bengels;
Wo wier¹ dat Glück so grot!
Se wier'n min Een un Allens —
Nu is de Ollste dod.

Ik hew em sillwsten graben²,
Hew nich vel rohrt³ un klagt,
Un doch — sit dit mitßt kamen,
Is mi de Kopp begragt⁴.

Nu liggt 'e⁵ vele Milen
Von mi in kolle Jer⁶,
Ik kann em nich vergeten,
He fehlt ball dor, ball hier.

De twee sünd mi noch bleben,
De Grot so rod un brall,
Blag' Ögings⁷, gele Locken,
De Lütt so witt un small⁸.

Un abends, wenn dat schummert,
Nehm ik se up den Schoot,
Den Lütten möt'k noch stütten⁹,
Un riden deet de Grot.

Dat Lütting grint¹⁰ un nörrickt¹¹,
De Grote redt all mit,
Un makt soveel' Mafökeu¹²,
Dat he noch runnerglitt.

---

¹ wie war. ² begraben. ³ geweint. ⁴ grau geworden. ⁵ er (hei). ⁶ Erde.
⁷ blaue Aeuglein. ⁸ schmächtig. ⁹ muß ich noch stützen. ¹⁰ lächelt. ¹¹ lallt, plaudert. ¹² Bewegungen, Manöver.

X. Niederſächſiſch. — Pommern.

Denn möt if ludhals¹ lachen
Un ward uf werre Gör²;
Un doch — dörch all dat Hägen³
Dor klingt en Rup henbör⁴.

De klingt ut wide Fiěrn
So trurig, dat if ween:
„O kumm doch, lewes Babing⁵,
Jf ligg hier ſo alleen!"

Oswald Palleske.
(Kubbelmubbel, plattdütſche Gedichte,
2. Auflage, Stralſund 1873.)

Plattdütſcher Snieberſpott.
Pommerſche Mundart, Inſel Rügen.

De Katt de ſatt in'n Nettelbuſch⁶,
In'n Nettelbuſch vörborgen,
Då kemen drei Lumpenſnieder gahn
Un böb'n ehr goden Morgen.
Wiſt du nich to Huſe gahn?
De Klock de hett all Tein ſlan,
 Du Zickelbuck, du Rottenkopp⁷, du Snieder!

De Supp is kalt van Müggenmelk⁸,
Van Müggenmelk in'n Manſchin,
Een Flicken van des Schulten Broock⁹,
Dat was dåto ehr Deckelboock¹⁰,
 Du Zickelbuck, du Rottenkopp, du Snieder!

---

¹ aus vollem Halſe. ² Kind. ³ Freude, Ergötzen. ⁴ ein Ruf hinburch.
⁵ Väterchen. ⁶ Neſſelbuſch. ⁷ Rattenkopf. ⁸ Mückenmilch. ⁹ des Schulzen
Kleid. ¹⁰ Decktuch.

De Fru de hett den Disch gedeckt,
Den Disch gedeckt tom Spisen,
De Gerichter sünt all alle klar,
Drei Lils' un eene Schullerswâr,
  Du Zickelbuck, du Rottenkopp, du Snieder!

Se drog to Disch eene Flöhpastet,
Eene Flöhpastet in de Schachtel
För unsen olden Zickelbuck,
De Maltid is ball all to smuck.
  Du Zickelbuck, du Rottenkopp, du Snieder!

Toletzt kam noch een Eierback,
Een Eierback mit Lusbeern [1] —
Hei lustig! sünt de Spellüd hier?
De Snieder danzt na sin'm Plaisir.
  Du Zickelbuck, du Rottenkopp, du Snieder!

Dat Bier is sur, de Branwin ut,
De Branwin ut — lat bruen!
In de Nätschell [2] maischt sick 't got,
Sla äwer in ben Fingerhot,
  Du Zickelbuck, du Rottenkopp, du Snieder!

Dat Hoiken föbbert bi up tom Danz,
Di up tom Danz — lat springen!
In de Krütz un in de Quer,
De Zeeg de danzt all bi bi her,
  Du Zickelbuck, du Rottenkopp, du Snieder!
        (Mitgetheilt von E. M. Arndt
     in „Schriften für und an seine lieben Deutschen", I, 57.)

---

[1] Vgl. „Flöhpastet". [2] Nußschale.

X. **Niedersächsisch.** — **Preußen.**

Wenn man bim Bure deent.
Mundart des Marienburger Werders.

Wenn man bim Bure deent,
Deent man bim Plog [1];
Krecht man 't Jåhr eenen Keddel [2], —
Weinich [3] genog!
 Keddel onn keen Knowske [4] dran,
 Buer es keen Äddelmann,
 Buer es e Buer, Buer blifft e Buer,
 Schälm von Natur!

Wenn man bim Bure deent,
Deent man bim Plog;
Krecht man 't Jåhr een Pår Stäwle [5] —
Weinich genog!
 Stäwle onn keene Schächtkes [6] dran,
 Buer es keen Äddelmann,
 Buer es e Buer, Buer blifft e Buer,
 Schälm von Natur!

Wenn man bim Bure deent,
Deent man bim Plog;
Krecht man 't Jåhr eenen Hot [7] —
Weinich genog!
 Hot onn keen Bobbemke [8] dran,
 Buer es keen Äddelmann,
 Buer es e Buer, Buer blifft e Buer,
 Schälm von Natur!

Volkslied.
(Bei Firmenich, I, 116.
Original 6 Strophen.)

---

[1] Pflug. [2] Kittel. [3] wenig. [4] Knöpfchen. [5] Stiefel. [6] Schächtchen. [7] Hut. [8] Boden.

Aus dem Werder.

Hansken on Gretken ging'n äwer dat Steg,
Hansken full 'nönnen[1] on Gretken rennd weg.
Gretken, min Mäken, komm' help mi herut,
Du sallst uf warren min beste Brut!

On wenn wi warren ön't Sommerfeld gahn,
Garwen on bingen as ander Lied dohn[2]:
Op ander Liebs Acker wast scheenet Korn[3],
Op onsem wassen man[4] Distel on Doorn.

Distel on Dooren öß dat nich scheen Krut?
Dor wing öck[5] miner Gretken en Kranzken darut,
Öck sett et ehr hier, öck sett et ehr dar,
Öck sett et op ehre schmocke, kruse Haar!

(H. Frischbier, Preußische Volksreime,
Berlin 1867, S. 241.)

Kloof gewählt.
Oftpreußisches Volkslied, aus Alt-Pillau mitgetheilt.

Op eener greenen Weese,
Da satt[6] en Mäken sien;
Da keem en Schnieder gereede:
Hör', Mäke, du böst mien!
O nei, o nei, du Zeegebock,
Du stelst en Flöck[7] von jedem Rock;
Een andrer sall mie waare[8]
Een andrer sall mie sien!

---

[1] hinein. [2] Garben machen und binden, wie andere Leute thun. [3] auf anderer Leute Acker wächst schönes Korn. [4] nur. [5] daraus winde ich. [6] saß. [7] du stiehlst einen Fleck. [8] mir werden.

X. Niedersächsisch. — Preußen.

Op eener greenen Weese,
Da satt en Mäken sien;
Da keem en Schuster gereede:
Hör', Mäke, du böst mien!
 O nei, o nei, du Pöchkebråt,
 Du neegst[1] so manche falsche Råt;
 Een andrer sall mie waare,
 Een andrer sall mie sien!

Op eener greenen Weese,
Da satt en Mäken sien;
Da keem en Student gereede:
Hör', Mäke, du böst mien!
 O nei, o nei, du Tintefatt,
 Ga ön de School on leere[2] wat;
 Een andrer sall mie waare,
 Een andrer sall mie sien!

Op eener greenen Weese,
Da satt en Mäken sien;
Da keem en Schmöd gereede:
Hör', Mäke, du böst mien!
 O nei, o nei, du Pinkepank,
 Du maakst mie miene Kopp so krank;
 Een andrer sall mie waare,
 Een andrer sall mie sien!

Op eener greenen Weese,
Da satt en Mäken sien;
Da keem en Pracher[3] gereede:
Hör', Mäke, du böst mien!
 O nei, o nei, du Pracherpack,
 Verleerscht dat Brot ut diene Sack;
 Een andrer sall mie waare,
 Een andrer sall mie sien!

---

[1] nähst. [2] lerne. [3] Bettler (poln: pracharz).

Op eener greenen Weefe,
Da fatt en Mäken fien;
Da keem een Speelmann gereede:
Hör', Mäke, du böft mien!
O jå, o jå, du Speelmannsknecht,
Danze on Springe öś mie recht,
Kein andrer fall mie waare,
Kein andrer fall mie fien!
(Zeitfchrift für Mundarten, VII, 210.
Vergl. das ähnliche Lied in vogtländer Mundart
„Gleich und Gleich", S. 189.)

Anke van Tharaw.

Aeltere famländifche Mundart, zwifchen dem Pregel und dem Aurifchen Haff.

Anke van Tharaw öß, de mi geföllt,
Se öß mihn Leven, mihn Goot on mihn Gölt.

Anke van Tharaw heft wedder eer Hart [1]
Op mi geröchtet ön Löw' [2] on ön Schmart.

Anke van Tharaw, mihn Rihkdom, mihn Goot,
Du, mihne Seele, mihn Fleefch on mihn Bloot.

Quöm [3] allet Wedder glihk ön ons tho fchlahn,
Wi fin gefönnt bi een anger tho ftahn.

Krankheit, Verfälgung, Bedröfnos on Pihn
Sal unfrer Löve Vernöttinge [4] fin.

Recht aß een Palmen=Bohm äver föck ftöcht,
Je mehr en Hagel on Regen anföcht:

So wardt be Löw' ön ons mächtig on groht,
Dörch Krihtz, dörch Liden, dörch allerlei Noth.

---

[1] Herz. [2] in Liebe. [3] käme. [4] Vernietung.

X. Niedersächsisch. — Preußen.

Wördestu glihk een mal van mi getrennt,
Lewdest dar, wor öm¹ dee Sönne kuhm kennt:

Öck wöll bi folgen börch Wöler², börch Mär,
Dörch Ihß³, dörch Ihsen, dörch sihnblöcket⁴ Hähr.

Anke van Tharaw, mihn Licht, mihne Sönn,
Mihn Leven schluht öck⁵ ön bihnet henönn.

Wat öck geböde, wardt van bi gebahn,
Wat öck verböde, dat lätstu mi stahn.

Wat heft de Löve dach ver een Bestand,
Wor nich een Hart öß, een Mund, eene Hand.

Wor öm söck hartaget⁶, kabbelt⁷ on schleiht⁸,
On glihk den Hungen on Katten⁹ begeiht.

Anke van Tharaw, dat war wi¹⁰ nich dohn,
Du böst mihn Dühfken, mihn Schahpken, mihn Hohn¹¹.

Wat öck begehre, begehrest du ohck,
Öck laht den Rock bi¹², du lätst mi de Brohk¹³.

Dit öß dat, Anke, du söteste Ruh',
Een Lihf on Seele wardt uht öck on du¹⁴.

Dit niahckt dat Leven tom hämmlischen Rihk,
Dörch Zanken wart et der Hellen gelihk.

Simon Dach.
(Gest. Königsberg 1659.)

(Wunderhorn, II, 45, woselbst das Lied nach dem Originale (Alberts
Arien und Melodeyen, Königsberg, 1836—50, Theil 5) unter der Aufschrift
„Aria incerti autoris" abgedruckt ist. Einige Aenderungen der Schreibung
nach neuerer Textkritik.)

---

¹ da, wo man. ² Wälder. ³ Eis. ⁴ feindliches. ⁵ schließe ich. ⁶ wo man
sich streitet (haarzauset). ⁷ zankt. ⁸ schlägt. ⁹ gleich den Hunden und Katzen.
¹⁰ werden wir. ¹¹ mein Täubchen, mein Schäfchen, mein Huhn. ¹² ich lasse
den Rock dir. ¹³ Beinkleider (bracca). ¹⁴ aus ich und du.

Putthöhnke.
Mundart der Deutschen in Litauen.

Putthöhnke, Putthöhnke,
Wat deist ön onnsen Hoff?
Du plöckst je alle Blohmkes aff,
Du makst et allto groff.
Mamake ward di keife,
Papake ward di schlahn.
Putthöhnke, Putthöhnke,
Wie ward et di ergahn!

Putthöhnke, Putthöhnke,
Häst Blohmkes affgeplöckt,
Dat Blohmke, dat so fründlich kickt,
Dat söt wie Honnich rickt.
Nu ös Mamake kurrich,
Papake hett de Knut;
Putthöhnke, Putthöhnke,
Lop ut den Garde rut!

Putthöhnke, Putthöhnke,
Häst je en Sporn am Been;
Huck di doch opp e Perdke
Denn böste nich mehr kleen.
Denn kannste gallopäre,
As mancher Rieder deit.
Putthöhnke, Putthöhnke,
Gallopär ut den Garde rut!

(Frischbier, Preußische Volksreime,
Berlin 1867, S. 21.)

X. **Niedersächsisch.** — **Litanen.**

Op dö gröne Wese.[1]
Mundart der Deutschen in Litauen.

Opp dö gröne Wese,
Fariromm!
Steit ä Bohm mött Näte[2],
Fari fara verr Näwelke
Verr wunderschenet Knäwelke[3],
Fari fara faromm!

Wär satt denn da darunder?
Fariromm!
Dö Lieske, dö junge Jumfer,
Fari u. s. w.

Wär satt denn da darbi ähr?
Fariromm!
Dö Kristjahn, dö junge Frieer,
Fari u. s. w.

Wat sull sö mött[4] dem Bengel?
Fariromm!
Ös ä Mäke wie ä Engel,
Fari u. s. w.

Dem wöll wi ähr wechnähme,
Fariromm!
Dem Michel wöll wi ähr gäwe,
Fari u. s. w.

Wat sull sö möt dem Molkebröch[5],
Fariromm!
Ös ä Mäke wie ä Sölwerströch[6]
Fari u. s. w.

---

[1] auf der grünen Wiese. [2] mit Nüssen. [3] für wunderschönes Knäblein. [4] was soll sie mit. [5] Molkenbauch. [6] wie ein Silberstrich, d. h. ein schlankes, zierliches Mädchen.

Dem wöll wi ähr wechnähme,
  Fariromm!
Dem Friede[1] wöll wi ähr gäwe,
  Fari u. s. w.

Dem sull sö woll behole,
  Fariromm!
Vom Nieē bös tom Ohle[2]
Fari fara verr Näwelke
Verr wunderschenet Knäwelke,
  Fari fara faromm!

(Bei Firmenich, I, 107.)

[1] Gottfried.   [2] vom Neuen bis zum Alten, d. i. immer.

Polyglotten.

I. Matten

Zu Grunde liegt das bekannte

1. Bärlcher Mundart.

De Has.

's gumpet¹ en Has
Uf em grüenige Gras,
'r ischt am Schtubire,
Wott² 'sch Tanze probire
Un hüpft ganz elei͞
Uf 'm hindere Bei͞.

De Fuchs schunnd bezue
Un lab em kei͞ Rue,
Seib: „Lustgschöns Hasli,
Wie schpringscht uf em Grasli!
Un tanzischt elei͞
Uf em hindere Bei͞?

„Kchum, gib mer bi͞ Haub,
Mer tanzib mitenand!
I mache bir 'sch Meibli,
D' Kchrä giget is weibli³
Mer tanzib Drei=elei͞⁴
Uf em hindere Bei͞."

Er schtreckt em fis Kchapli⁵,
De Has gib em 's Tapli⁶,
Heb's Tanze vergasse,
De Fuchs heb en g'fraffe,
Und b' Kchrä bie flügt hei⁷
Mit eme hindere Bei͞.

U. Hug.

2. Nürnberger Mundart.

D'r Hos.

An ärtlier⁸ Hos
Macht Mänbla⁹ in'n Gros;
Will e͞ bißla schtubeirn,
D's Tauzn probeirn
Un tanzt ganz ella͞
Af 'n hinterstn Ba͞.

Kummt pfiffi' der Fuchs,
'r glotzt wöi e Luchs
Und sagt: „Du bist g'schwind
Af 'n Banen, löibs Kind!
Wos tanzst ganz ella͞
Af bein hinterst'n Ba͞?

„Kumm, tanz m'r ze zweit!
Ich mach bei Dam g'scheid¹⁰;
Döi Kraua tout¹¹ geig'ng,
Döi Fibl brav schtreich'ng;
Su tanzst ganz ella͞
Af bei͞ hinterstn Ba͞."

'in Hof'n g'fällt der Raut,
D'r Fuchs beißt 'n taub,
Tout — wer will's 'n wiërn?
's Hesla verziërn;
Döi Kraua kröigt a'
Su e͞ hinteres Ba͞.

J. W. Weickert.

---

¹ hüpfet. ² wollte. ³ tüchtig, wacker. ⁴ ein beliebter ländlicher Tanz.
⁵ Pfote. ⁶ Täppchen. ⁷ heim. ⁸ artiger, niedlicher. ⁹ Männchen. ¹⁰ vortrefflich.
¹¹ thut.

Haſ'.

Gedicht von Klaus Groth (Nr. 4).

3. Koburger Mundart.

'es Klasla¹, der Hos.

'es Klasla, der Hos,
Macht ſich luſt'g im Gros,
'r ſchtubirt herbei garn,
Möcht 's Tanz'n gelarn²,
Und tanzt ganz ella
Auf ſei'n hinterſtu Ba.

Kümmts Füchsla abei
Un denkt: Du biſt mei!
Segt: „Klasla, Herrje!
Wie kannſta gegeh³!
Un danzſt doch ella
Auf dein hinterſt'n Ba?

„Kumm, ge har zu mir!
Ich tanz ſchö mit bir;
Di Kraä⁴ geigt auf,
No' geht's erſt hellauf —
Des ſollſta emol ſa⁵
Auf dein hinterſt'n Ba."

D's Klasla ſchlegt ei:
Mei Fuchs packt'n ſei,
Tregt 'n hinter e Heck
Un leßt ſich's wohl ſchmeck;
Die Kraä kriegt a
So e hinteres Ba.
    Karl Frommann.

4. Ditmarſcher Mundart.

Matten Haſ'.

Lütt Matten⁶, de Haſ',
De mal ſit en Spaß,
He weer bi 't Stubeern,
Dat Danzen to lehrn⁷,
Un danz ganz alleen
Op be achterſten⁸ Been.

Keem Reinke, de Voß,
Un dach: Das en Koſt!
Un ſeggt: „Lüttje Matten,
So flink oppe Pabben?
Un banzſt hier alleen
Oppe achterſten Been⁹?

„Kumm, lat uns toſam!
Ik kann as de Dam!
De Krei¹⁰ be ſpelt Fitel,
Denn geit dat canbitel¹¹,
Denn geit dat mal ſchön
Op be achterſten Been!"

Lütt Matten gev Pot:
De Voß beet em bot,
Un ſett ſik in Schatten,
Verſpieſ' be lütt Matten;
De Krei be kreeg een
Vun be achterſten Been.
    Klaus Groth.
(Zeitſchrift für Mundarten, I, 296.)

---

¹ Klaus, ein Beiname des Haſen. ² erlernen. ³ gehen. ⁴ zweiſilbig zu leſen. ⁵ ſehen. ⁶ Klein Martin. ⁷ lernen. ⁸ hinterſten. ⁹ Pfoten. ¹⁰ Krähe. ¹¹ luſtig.

II. Laßt

Zu Grunde liegt

1. Alemannisch (Zürich).

Lönd mi la ga!

Lueg, Nachber, was mi Fröüd
    ischt, —
Früe i ber Sunnbigsrue,
Da los[1] i gern im Gartli
Dem Gloggellüte zue.

Es ischt se schtill und früubli
Und gib kei Zank und Striit:

Im Himel isch 's nüb schöner
Und ischt er doch so wiit.

Dankscht eine[2] da a Böses,
Se mueß er suscht öppis ha:
Denn schäm em i br Kchille
De Sinn prezis au bra.

Nüüb gaga 's Ga i b' Kchille!
Das sag mer scheine na:
Nüb 'n jebere heb es Gartli
Und Fröüb am Gloggeschla.

Doch wenn i mit mim Schöpfer
So ellei=n=im Gartli bi, —
Verzieh mer's be Herr Pfarrer! —
Da gah=n=i halt nüb bri.

's ischt au schö=n=i ber Kchille,
Wenn racht vil Lüt gönb bri:
Doch schöner ellei im Gartli
Mit euf'm Herrgott si.

        U. Hng.

2. Oberbairisch.

Laßt 's mi gēh!

Schau, Nachbe, was miei͞ Freud
    is, —
In Sunntaē, in ber Frūe,
Gern lunf' i in mein Gaartl
'n Kircheläut'n zue.

Da is's so schtill und haemli,
Kae͞ Lärm, kae͞ G'schrae kimmt
    'nei:
Ju'n Himmi ka's nit schöner
Was[3] in mein Gaartl sei͞.

Denn ba was U͞rechts ei͞fallt,
Dem hat's scho=n=allwei g'feit[4],
Der kimmt aa' in ber Kirche
Mi 'n Besserwern nit weit.

Nit, baß i ebbe[5] faghet,
's war's Kirchegēh nit g'scheit:
Denn 's hat nit jeb's e Gaartl
Und so an G'fälln an'n G'läut.

Bi=n= aber i in 'n Gaartl,
Mei'n lieben Gott in 'n Sinn,
Verzeih me's ber Herr Pfarrer!
Da bleib i lieber drin.

's isch schö͞, wann's in ber Kirche
G'schtedt voll is vo͞ b'r G'maē:
I bi halt mit mei'n Schöpfer
In 'n Gaartl gern allaē.

        F. v. Kobell.

---

[1] lausche. [2] benkt einer. [3] als. [4] gefehlt. [5] etwa.

mich gehn!
wol Nr. 4.

3. Nürnberger Mundart.

Laußt mi gei!

Siig, Nachber, was mei͞ Freib
 is, —
Die Schtunte in der Frei,
Dau luus i in mein Gärtle
Af's Priibiläut'n bei.

Dau is su schtill un hamli,
Ka͞ Lärm, ka͞ Gschra kummt nei͞;
In Himml koon's niit stiller
Als in mein Gärtle sei͞.

Wen dau was Unrechts ei͞fällt,
Mit den is nau scho͞ aus;
Der geit aa as der Kering
När als e͞ Schlinkl 'raus.

Niit, daß i sogh, es wäret
Des Kirchegei niit g'scheib, —
Niit jedes haut e Gärtle,
Niit su en G'falln au 'n G'läut.

Bin ober ich in Gärtle
Mein leibm Gott in Sinn, —
I' glab der Pfarrer selber
Er saget: „Bleib när brin!"

's is wul schei͞, wenn bi Kering
G'schteckt vull is von br G'maa:
I bin halt mit mei͞n Schöpfer
In 'n Gärtle ganz ellaa͞.
   Joh. Wolfg. Weikert.

4. Koburger Mundart. [1]

Laßt mich ge!

Sat, Nachber, wos mei Fräb is, —

Di Sunntigh früü mei Ruh,
Do här ich in mein Gartla
D'n Gloggngläut'n zu.

Do is's so schtill un hamlich,
Ka Zank un ka Geschrei;
In'n Himml kann's net schönner
Wie in mein Gartla g'sei.

Wan do wos Schlimm's in'n Kopf
 kümmt,
Dan war noch necks Guts brinn;
Dan klimmt aa in der Kerch'n
Necks Besserich nei sein' Sinn.

Necks gegr'ich Kerch'ngenna!
Des sog mer kanner nooch!
Net jeder hot e Gartla
Un Fräb an'n Gloggngschlogh.

När wenn ich mit mein Schöpfer
Ella in Gartla bin,
Verzeih mer'ich der Herr Pfarra!—
Do blei' ich lieber drin.

Ich lob mer'ich in der Kerch'n
Nacht voll von der Gemaa;
In Gartla mit mein Schöpfer
Bin ich halt garn ellaa.
   Dr. Friedr. Hofmann.

---

[1] Die Dialektabweichungen der nur wenige Stunden auseinander liegenden Orte Koburg, Eisfeld, Themar, Suhl sind sehr charakteristisch (s. S. 338 und 339). In der Schreibung habe ich einiges nach den Angaben eines Eingeborenen geändert.

5. Mundart von Eisfeld.

Loßt mich geh!

Sai, Nachber, wos am Liebst'n
D'n Sunntig früü iich tu:
Do här ich in mein Gartla
Halt garn b'n Läut'n zu.

Do is's so schtill un hemlich,
Ke Zank net und ke G'schrei;
Du6m 'n Himml ka 's net schenner
Wie in mein Gartla g'sei.

Wan bo[1] wos Schlachts nei'n Kopf kümmt,
Dan war nuch niß Guttsbinn;
Dan kümmt aa' in der Kirch net
Niß Besserfch nei sei'n Sinn.

Des Kerch'ngenn is aa schö,
Sog kenner mir wos nooch!
Doch hot net jeb'r e Gartla
Un Freeb an'n Gloggngschlogh.

Drüm wenn ich mit mein' Schöpfer
Ellee in Gartla bin, —
Verzeih mersch d'r Herr Pfarre,—
Do blei ich lieber binn.

Ich lob mer'sch in b'r Kerch binn,
Nacht vuul von der Gemee: —
In Gartla mit mein' Schöpfer
Bin ich halt garn ellee.

6. Mundart von Themar.

Laßt mich geë!

Sett, Nochber, bas[2] mei Fröb is, —
D'n Sonntigh, en der Früü,
Horch ich gern en mei'n Gärtle
Zu'n Gloggeläute nüü.

Doë is so schtill on hämlich,
Kä Zank on kä Geschrei:
Eu Himm'l ko 's net schünner
Wi en mein Gärtle g'sei!

Benn boë[3] wos Schlimms eu Kopf kömmt,
Doë woër noch niß Guts benn;
Doë kömmt aa' en b'r Kerche
Niß Besserfch eu b'n Senn.

Niß gege 's Kerchelasse!
Doë mußt bei Maul bu hall':
Net jeder hot e Gärtle
On Fröb on[4] Gloggeschall.

När benn[5] ich mit mein' Schöpfer
Ellä en Gärtle setz, —
Verzeih der'sch der Herr Pfärrer!—
Doë bleist be lieber, Fretz.

Ich lob mer'sch en der Kerche
Nacht vel vo der Gemä: —
En Gärtle mit mein Schöpfer
Beu ich halt gern ellä.

Jakob Fuhrmeister.

---

[1] wenn da. [2] was. [3] wenn da. [4] und Freude an. [5] nur wenn.

7. Mundart von Suhl.

Laßt mich gea!

Guck, Nobber, bas mei Fröed
    is,—
Früü in der Sonntigsruh
Hür ech gern in mein Gärtla
D'n Glåggeläute zu.

Da is so schtell on haimlich,
Kai Zank on kai Geschraai:
In Himmel is net schönner
On wär me bort allai.

Ban boa epps Schlemmes in Kopf
    kömmt,
Dan wor noch niß Guts benn,
Dan kömmt ag in der Kerche
Niß Bessersch in b'n Senn.

Niß ha ich gege die Åbacht
Beim fromme Kerchegaang.
Net jeder hoit e Gärtla
On Fröed on Glåggeklang.

När benn ich mit mein Schöpfer

Allai in Gärtla stea,—
Vergab me's der Herr Pfarrer!—
Möcht ich net raus gegea.

Ich lob' me's in der Kerche
Recht voll von der Gemai:—
In Gärtla mit mein Schöpfer
Da bin ech gern allai.

            Horneffer.

8. Westfälisch.

Lat mi gan!

Harr', Naber, wat min Fraib is,
Den Sönnbagh Morrens fruh,
Dann hör ik in min Gaaren
Den Glokkenlüen tau.

Dar is't so still und fraiblik,
Dar gif't kin Striet nog Schrien:
In'n Himmel kann 't nig better,
As in min Gaaren sin.

Kummt Slimmes in den Kopp
    da,
Dar was nicks Gaues brin;
Dar kump ok in be Kerken
Wat Betters nig in'n Sinn.

Marr tret mi nig tau nahe!
Nicks tegen't Kerkengahn!
Nig jeder häv 'n Gaaren
Un Fraib an 't Klokkenslan.

Wann ik mit minen Harrgott

Alläin in 'n Gaaren bin,—
Vergev mi 't be Pastauer!—
Dar bliv ik läiver drin.

It lov mi wall be Kerken
Recht vull van be Gemäin:—
In 'n Gaaren mit min Harrgott
Bin ik tau geern alläin.

            Dr. A. v. Eye.
(Zeitschrift für Mundarten, I, 143.)

III. Abend-
Die älteste Form

1. Alemannisch (Elsaß).

Z' Nachts, wenn i schlofe geh,
Vierzeh Engele bi m'r schteh':
  Zwei zuer Reᵒchte,
  Zwei zuer Linke,
  Zwei ze Häupte,
  Zwei ze Füeße,
  Zwei, die miᵃch becke,
  Zwei, die miᵃch wecke,
  Zwei, die m'r zaïe
Das himmlische Varrebiß.
        Stöber, S. 34.

2. Alemannisch (Schweiz).

Jetz wei mer [8] niebergo,
Achtzehn Engeli mit is lo:
  Zwei zur Hauptete,
  Zwei zue Fueßete,
  Zwei zur rechten Seiten,
  Zwei zur linken Seiten,
  Zwei daß uns decken,
  Zwei daß uns wecken,
  Zwei daß uns wiesen,
  Zwei daß uns spiesen,
  Zwei daß uns führen ins Para-
    bies.
     L. Tobler, Schweizerische Volks-
     lieder, 196.

5. Cimbro-Sprache.

Haint geh=n=i nibar suaze [1]
Bit brai Enghiler a be Fuaze [2]:
  Daz becka=bi [3]
  Un oaz borbecka=bi [4]
Un oaz huata [5] =bi von alljen
      poasen [6] Tromen,
Derwai der liabe, liachte Tak
      kinnt [7].
(Mundart der Sette communi in
den venetianischen Alpen. Bei Firme-
nich, II, 830.)

6. Mitteldeutsch.

Ich will heint schlafen gehn,
Zwölf Engel soll'n mit mir gehn,
  Zween zu Häupten,
  Zween zur Seiten,
  Zween zu Füßen,
  Zween, die mich decken,
  Zween, die mich wecken,
  Zween, die mich wiesen
Zu den himmlischen Paradisen.
  Inschrift auf dem Grabsteine Fried-
rich's mit der gebissenen Wange (†1319).

9. Niedersächsisch (Iserlohn).

Awens, wann di te Bedde gatt,
Vertien Engelkes bi mi statt:
  Twee ten Höften,
  Twee ten Failten,
  Twee ter Rechten,
  Twee ter Linken,
  Twee, dä mi becket,
  Twee, dä mi wecket,
  Twee, dä mi wies't
  Int hillige Paradis.
    (Bei Firmenich, III, 179.)

---

[1] süße. [2] Füßen. [3] decke mich. [4] erwecke mich. [5] behüte. [6] bösen.
[7] kommt. [8] wollen wir.

Polyglotten.

gebet.
ist Nr. 6.

3. Bairisch.

Z' Abends wann i schlofa geh,
Vierzeh Engl um mi schteh:
  Zwoa zuan Kopfe,
  Zwoa zuan Füßen,
  Zwoa zu 'r Rechten,
  Zwoa zu 'r Linken,
  Zwoa, bi mi decka,
  Zwoa, bi mi wecka,
  Zwoa, bi mi eini führn
Ins himmlische Parabis.
  H. W.

4. Niederösterreichisch.

In Gott's Nåm leg' e mi schlaff'n,
Sechs Engerln san mr b'schaff'n:
  Zwoa z' Häupt'n,
  Zwoa z' Füeß'n,
  Zwoa neb'n meiner.
Wie bi=n=i unsern Herrgob so
          freund,
Daß er mi alli Nacht deckt
Un zu der recht'n Zeit auferweckt.
(Zeitschrift für Mundarten, VI, 113.)

7. Niederfränkisch (Trier).

Ohwens, wemmer schloofen giehn,
Verrzehn Engeln met mer giehn:
  Zwai zu Kopp,
  Zwai zu Füß,
  Zwai zu rechter Seit,
  Zwai zu lenker Seit,
  Zwai sollen mich decken,
  Zwai sollen mich wecken,
  Zwai sollen mich weisen
Zu den himmlischen Para=
            beißen.
(Bei Firmenich, I, 535.)

8. Niedersächsisch (Münster).

Aowens, wenn ick in min Bettken
          triäde,
Triäb ick in Maria's Schaut [1].
Twiälf Engelkes goaht met mi:
  Twee an dat Kopp=Enb,
  Twee an ben Föten=Enb,
  Twee an be rechte Siet,
  Twee an be linke Siet,
  Twee, be mich becket,
  Twee, be mich wecket,
Jesus in Hiätken, Maria in Sinn,
In Goabes Namen slaop ick in.
(Bei Firmenich, I, 295.)

10. Niedersächsisch (Osnabrück).

's Arends, ween 'k to Bebbe gaae,
Folgt mi veertein Engel na:
  Twee to minem Koppe,
  Twee to minen Föten,
  Twee to miner rechten Siet,
  Twee to miner linken Siet,
  Twee, be mi becket,
  Twee, be mi wecket
Un twee, be mi 'n Weg tom
          Hemel wies't.
(Bei Firmenich, I, 246.)

---
[1] Schos.

11. Niederländisch.

's ovends as ik slopen goo
Volgen me sestien engelkes
          noo:
  Tweë oon men rechter seide,
  Tweë oon men linker seide,
  Tweë oon men hoöfdende,
  Tweë oon men voetende,
  Tweë die me dekken,
  Tweë die me wekken,
  Tweë die me leëren
  Den weg des heëren,
  Tweë die me waisen
  Nor[1] t hemelsse paradeise.
    (Bei Firmenich, III, 661.)

12. Dänisch.

Hwar awten a til sænge går[2]
Fjowten Gudsengler om mæ
         står[3]:
  Tow ve mi hojem[4],
  Tow ve mi fojem[5],
  Tow ve mi hywer si[6],
  Tow ve mi veneter[7] si,
  Tow mæ vækk[8],
  Tow mæ dækk,
  Tow mæ vej vis'[9]
  Te den evig paradis!
    (Bei Firmenich, III, 804.)

---

[1] nach. [2] jeben Abend, wenn ich zu Bette gehe. [3] Gottesengel um mich stehen. [4] zwei bei meinem Hauptenbe. [5] Fußende. [6] rechten Seite. [7] linken. [8] wecken. [9] Weg weisen.

Alt-, Mittel- und Neudeutsch.

Die in der Entwicklung der deutschen Sprache angenommenen Abschnitte sind:

I. Althochdeutsch und altniederdeutsch (altsächsisch).
Aelteste Zeit bis zum Beginn der Kreuzzüge
(8. Jahrhundert bis gegen Ende des 11. Jahrhunderts).

Beide Sprachen unterscheiden sich von den späteren Stufen, dem Mittelhoch- und Mittelniederdeutschen, besonders dadurch, daß sie in den Flexions- und Bildungssilben die alten vollen Vocale bewahren, die im Laufe des 12. Jahrhunderts sich zu einförmigem e abschwächen: ahd. gimachôt, hiutu = mhd. gemachet, hiute; altf. gimakôd, nahtun = mnd. gemaket, nahten. Vgl. in nebenstehendem Stücke: „ginnihit, namo, erthu, unseraz".

Kennzeichen hochdeutscher Sprache ist die „zweite Lautverschiebung", während das Niederdeutsche im allgemeinen den urgermanischen Consonantenbestand bewahrt: ahd. zûn, tuon, ich, pfunt; altf. tûn, dôn, ik, pund.

Für die drei Personen des Plurals besitzt das Altniederdeutsche nur eine einzige Form (werdad = wir, ihr, sie werden).

II. Mittelhochdeutsch und Mittelniederdeutsch.
Von der Zeit der Kreuzzüge bis zur Reformation
(Anfang des 12. bis Anfang des 16. [Mnd. 17.] Jahrhunderts).

Gemeinsames Kennzeichen beider Sprachen gegenüber der vorigen Periode ist die Abschwächung der vollen Flexions- und Bildungssilben zu e.

In Baiern (und Österreich) treten gegen Ende der Periode an Stelle der langen Vocale û, î und iu (ü) die Diphthonge au, ei und eu (mhd. hûs, lîp, hiute = nhd. haus, leib, heute).

Die Unterschiede der Dialekte, welche die Dichter der mittelhochdeutschen Blütezeit zu unterdrücken bestrebt waren, treten im 14. Jahrhundert stärker hervor, doch bereitet sich allmählich durch den Einfluß der kaiserlichen und kursächsischen Kanzlei eine neue Schriftsprache vor, in welcher der bairische Vocalismus herrschend wird.

Das Mittelniederdeutsche hat die Consonanten des Gemeingermanischen im ganzen beibehalten; es theilt mit dem Altniederdeutschen die Neigung zu einfachen Vocalen. Der Umlaut, der im Mittelhochdeutschen sehr häufig ist, tritt im Mittelniederdeutschen wenig hervor: mhd. hœren, füeren = mnd. hôren, vôren.

III. Neuhochdeutsch und Neuniederdeutsch.

Die neuhochdeutsche Schriftsprache, besonders gekennzeichnet durch die aus dem Bairischen entlehnte Diphthongirung sowie durch die Ausgleichung der Singular- und Pluralformen im starken Präteritum (mhd. bant, bunden; nhd. band, banden), gewinnt namentlich durch den Einfluß Luther's mehr und mehr Boden. Daneben leben im Volksmunde die Dialekte fort.

Das Neuniederdeutsche unterscheidet sich von dem Mittelniederdeutschen besonders durch die reichere Entfaltung des Umlautes: mnd. bôme, grôtest, sunde, lude; nnd. bœm, grötest, sünd, lüd. Ferner durch die Abwerfung des auslautenden e: mnd. slège, hunde; nnd. slèg, hunn.

I. Althochdeutsch und Altniederdeutsch.

Vater unser.
Aus dem Weißenburger Katechismus.
Althochdeutsch des 8. Jahrhunderts
(rheinfränkisch).

Fater unser, thû in himilom bist,
giuuîhit [1] sî namo thîn.
queme [2] rîchi thîn.
uuerdhe uuilleo thîn, sama sô in himile, endi in erthu.
broot unseraz emmezzîgaz [3] gib uns hiutu.
endi farlâz uns sculdhî unsero, sama sô uuir farlâzzem scolôm
  unserêm.
endi ni gileidi uusih in costunga [4].
auh arlôsi unsih fona ubile.
(Müllenhoff und Scherer, S. 159.)

Vater unser.
Handschrift zu St. Gallen.
Althochdeutsch aus dem Ende des 8. Jahrhunderts
(alemannisch).

Vater unsar, thû pist in himile,
uuihi namun dînan.
qhueme rîhhi dîn.
uuerde uuillo dîin, sô in himile sôsa in erdu.

---

[1] geweihet. [2] es komme. [3] unaufhörliches (d. i. tägliches). [4] Versuchung.

prooth unsar emezîch kip uns hiutu.
oblâz uns sculdî unsaro, sô uuir oblâzem uns sculdikêm.
enti ni unsih firleiti in khorunka.
ûzzer lôsi unsih fona ubile.

(**Müllenhoff** und Scherer, 164.)

Aus dem Hildebrandsliede.

Althochdeutsch, mit niederdeutschen Beimischungen [1].

Aelteste deutsche Dichtung, aus dem 8. oder dem Anfang des 9. Jahrhunderts.
Stabreime.

(Lücken des Originals sind durch *, Auslassungen unserer Wiedergabe durch † bezeichnet.)

Ik gihôrta dhat seggen*	Ich hörte das sagen,
dhat sih urhêttun	Daß sich erhießen (herausforderten)
êuôn muotin	zu Einzelbegegnungen (Zweikampf)
Hiltibraht joh Hadhubrant	Hiltebrand und Habubrant,
untar herjun tuêm.	unter (zwischen) Heeren zweien.
sunufatarungôs	Sohn und Vater,
iro saro rihtun,	ihre Panzer richteten sie,
garutun se iro gûdhamun,	Gerbten (machten bereit) sie ihre Kriegshemden,
gurtun sih suert ana,	gürteten sich ihre Schwerter an,
helidôs, ubar hringâ,	die Helden, über die Ringe (des Panzers),
dô sie ti derô hiltju ritun.	da sie zu dem Kampfe ritten.
Hiltibraht gimahalta	Hiltebrand sprach
— er uuas hêrôro man,	— er war der hehrere (ältere) Mann,
ferahes frôtôro —	Des Geistes der klügere —
er frâgên gistuont,	er zu fragen begann
fôhêm uuortum,	Mit wenigen Worten,
huer sîn fater wâri	wer sein Vater wäre
fireô in folche*	Der Männer im Volke,
„eddo huelihhes cnuosles dû sîs.	— „oder welches Geschlechtes du seist.

---

[1] Man nimmt an, daß das Hildebrandslied von einem Hochdeutschen abgefasst, aber von einem Niederdeutschen aufgezeichnet sei.

ibu dû mi ênan sagês,
  ik mi dê ôdre nuêt,
chind, in chuuincriche:
  chûd ist mi al irmindeot."

Hadubraht gimahalta,
  Hiltibrantes sunu:
„„dat sagêtun mî
  ûserê liuti,
altê joh frôtê,
  deâ êr hina wârun,

dat Hiltibrant hêtti mîn fater:
  ih heittu Hadubrant.
forn er ôstar giuueit,
  flôh er Ôtachres nid,
hina mit Theotrîhhe
  enti sînero deganô filu.
er furlêt in lante
  luttila sitten
prût in bûre,

barn unwahsan
  arbeô laosa;
er rêt ôstar hina.†
eo folches at ente,
  imo uuas eo fehta ti leop;
chûd was er managêm
  chônnêm mannum.
ni wânju ih iu lib habbe*.""

„Wêttû irmingot (quad Hilti-
  brant)
obana fona hevane,
  dat dû neo dana halt
diuc ni gileitôs

mit sus sippan man." *

Want er dô ar arme
  wuntanê bougâ,
cheisuringû gitân,

Ob (wenn) du mir Einen sagest,
  ich mir die anderen weiß,
Jüngling, im Königreiche:
  kund ist mir alles Menschen-
    volk."

Hadubrand sprach,
  Hiltebrand's Sohn:
„ „Das sagten mir
  unsere Leute,
alte und kluge
  Die eher hin waren (b. i.
    starben),
Daß Hiltebrand hieße mein Vater,
  ich heiße Hadubrand.
Vordem (einst) er ostwärts zog
  (er floh Ottacher's Haß)
von hinnen mit Theotrich
  und seiner Degen viele.
Er ließ zurück im Lande
  klein (hülflos) sitzen
Die Braut (Gattin) im Bauer
  (Kammer),
das Kind unerwachsen,
  Des Erbes beraubt;
er ritt ostwärts von hinnen.
Je (immer) an des Volkes Spitze,
  ihm war immer Gefecht zu lieb;
kund war er manchen
  kühnen Männern.
nicht wähne (glaube) ich, daß er
  noch Leib (Leben) habe.""

„Wehe! allwaltender Gott (sprach
    Hiltebrand)
oben vom Himmel,
  Daß du niemals
Ding nicht geleitetest (Kampf
    nicht führtest)
Mit so sippem (verwandtem)
    Mann!"

Wand er da vom Arme
  gewundene Ringe,
Aus einer Kaisermünze gethan,

so imo sê der chuning gap,
Hûneô truhtîn:
„dat ih dir it nû bi huldî
    gibu."
	so ihm sie der König gab,
	Der Hunen Herr:
	„daß ich dir es nun mit Huld
	    gebe!"

Hadubraht gimâlta,
  Hiltibrantes sunu:
„„mit gêrû scal man
  geba infâhan,
ort widar orte.
Dû bist dir, altêr Hûn,
ummet spâhêr;
  spenis mih *
mit dinêm wortun, wili mih
dinû sperû werpan.
Pist alsô gialtêt man,
sô dû êwîn inwit fuortôs.
Dat sagêtun mî
  sêolîdantê
westar ubar wentilsêu,
  dat inan wîc furnam;
tôt ist Hiltibrant,
  Heribrantes suno.""
	Habubrant sprach,
	  Hiltebrant's Sohn:
	„„Mit dem Gere soll man
	  Gabe empfangen,
	Spitze wider Spitze.
	Du bist bir, alter Hune,
	Unmäßig spähe (schlau),
	  spanest (lockest) mich
	Mit beinen Worten, willst mich
	mit beinem Speere werfen.
	Bist ein Mann, altgeworben,
	indem du ewigen Betrug übtest.
	Das sagten mir
	  Seefahrende
	Westwärts über den Wendelsee¹,
	  baß ihn die Schlacht hinweg-
	    nahm.
	Tobt ist Hiltebrant,
	  Heribrant's Sohn.""

Hiltibraht gimahalta,
  Heribrantes suno: †
— „Welaga nû, waltant got!
wêwurt skihit.
Ih wallôta sumaro
enti wintro sehstic,
dâr man mih eo scerita
  in folc sceotantero, †
nû scal mih suâsat chind
  suertû hauwan,
bretôn mit sînû billjû,
  eddo ih imo ti banin werdan.
Doh maht dû nu aodlihho,
  ibu dir dîn ellen tauc,
in sus hêremo man
  hrusti giwinnan,
	Hiltebrant sprach,
	  Heribrant's Sohn:
	— „Wehe nun, waltender Gott!
	Weheschicksal geschieht!
	Ich wallete der Sommer
	und Winter sechzig,
	Da man mich immer scharte
	  in das Volk Schießender;
	Nun soll mich mein eigen Kind
	  mit bem Schwerte hauen,
	Erschlagen mit seinem Stahle,
	oder ich ihm zum Mörder
	    werden!
	Doch magst bu nun leichtlich,
	  ob dir dein Ellen (Kraft) taugt,
	An so hehrem Manne
	  Rüstung gewinnen,

---

¹ Das Mittelländische Meer.

I. Althochdeutsch und Altniederdeutsch.

rauba birahanen, ibu dû dâr ênîc reht habês."* †	Raub erbeuten, wenn du dazu einig Recht hast."

Dô lêttun se êrist
askim scrîtan,
 	
scarpên scûrim,
dat in dêm sciltim stônt;
 	
dô stôpun ti samane,
staim bort chludun,
heuwun harmlîcco
huîttê scilti,
unti im iro lintûn
 	
luttilô wurtun.*
	Da ließen sie erst
	mit den Eschen (die Rosse)
	   schreiten,
	Mit scharfen Schauern,
	daß es in den Schilden stand
	   (stecken blieb).
	Dann stapften sie zusammen;
	die Schilde spalteten sich,
	Sie hieben harmlich (verderblich)
	weiße Schilde,
	Bis ihnen ihre Linden (Linden-
	   bastschilde)
	klein wurden.

(Text nach **Müllenhoff** und **Scherer**, Denkmäler, S. 4 fg.)

Aus dem Heliand.
(Codex monacensis 4310.)

Altsächsische Evangelienharmonie, von unbekanntem Verfasser in der ersten Hälfte des 9. Jahrh. in niedersächsischer Mundart gedichtet (Stabreime).

Schilderung des Weltunterganges.
Altniederdeutsch.

An themu mâreon daga:
that wirdid hêr êr an themu
   mânon skin
jac an theru sunnon sô same:
giswerkad siu bêthiu,
mid finistre werdad bifangan;
 	
fallad sterron,
hwît hebentungal,
endi hrisid erde.
Bivôd thius brêde werold,
— wirdid sulicaro bôkno
   filu —:
	An dem berühmten Tage:
	das wird hier zuerst an dem
	   Monde sichtbar werden
	und an der Sonne ebenso.
	Verdunkelt werden sie beide,
	mit Finsterniß werden (sie) be-
	   fangen;
	(es) fallen Sterne,
	weiße Himmelslichter,
	und es erzittert die Erde.
	Es bebet diese breite (weite) Welt,
	— es erscheinen solcher Zeichen
	   viele —:

grimmid the gróto sêo,
 wirkid thie gebenes strôm
egisou mid is ûdhiun
 erdbûandiun.
Than thorrôt thiu thiod
 thurh that gethwing mikil,
folc thurh thea forhta;
 than nis fridu hwergin,
ac wirdid wîg sô maneg
 obar these werold alla
hetilic afhaben,
 endi heri lêdid
kunni obar ôdar;
 wirdid kuningo giwin,
meginfard mikil;
 wirdid managoro qwalm,
open urlagi:
 — that is egislic thing,
that io sulik mord sculun
 man afhebbien —:
Wirdid wôl sô mikil
 obar these werold alle,
mansterbôno mêst,
 thero the gio an thesaru
  middilgard
swulti thurh suhti:
 liggiad seoka man,
driosat endi dôiat
 endi iro dag endiad,
fulliad mid iro ferahû.
 ferid unmet grôt
hungar hetigrim
 obar helido barn,

metigêdeôno mêst:
 Nis that minniste
therô witeo an thesaru weroldi,
 the hêr giwerden skulun
ôr dômos dage.
 Sô hwan sô gi thea dâdi
  gisean
giwerden an thesaru weroldi,
 sô mugun gi than te wâran
  farstanden,
that thau the lazto dag
 liudiun nâhid

es ergrimmet die große See,
 es wirket des Meeres Strom
Schrecken mit seinen Wellen
 den Erdbewohnern.
Dann verdorret das Volk
 durch die Bedrängniß, mächtige,
das Volk durch die Furcht;
 dann ist nicht Friede irgendwo,
sondern es wird Kampf so viel
 über diese Welt alle
gehässig (feindlich) erhoben,
 und Heere führet
Ein Geschlecht gegen das andere;
 es wird Streit der Könige,
Heeresfahrt, mächtige;
 es wird Vieler Tod,
offener Kampf:
 — das ist erschreckliches Ding,
daß je solchen Mord sollen
 die Männer erheben —.
Es wird eine Seuche, so mächtig,
 auf dieser Welt überall,
Männersterben, das größeste,
 derer, die je in dieser Welt

hinstarben durch Sucht;
 es liegen siech die Männer,
fallen hin und sterben
 und enden ihren Tag,
erfüllen (ihn) mit ihrem Leben;
 es fährt unmäßig großer
Hunger, haßgrimmig,
 über der Helden Geborene
  (Kinder),
Hungersnoth, die größeste.
 Es ist nicht die mindeste
der Strafen in dieser Welt,
 die hier werden sollen
vor dem Gerichtstage.
 Wenn ihr die Thaten sehet
werden in dieser Welt,
 so möget ihr dann in Wahr-
  heit verstehen,
daß dann der letzte Tag
 den Leuten nahet,

I. Althochdeutsch und Altniederdeutsch.

mâri te mannun	bekannt den Männern,
endi maht godes,	und die Macht Gottes;
himilcraftes hrôri	der himmlischen Schar Bewegung
endi thes hêlagon kumi	und des Heiligen Ankunft,
drohtines mid is diuridun.	des Herrn mit seiner Herrlichkeit.

(Text nach Sievers, S. 293.)

Aus Otfrid's Evangelienbuch.

Althochdeutsch,

Rheinfränkische Mundart, vom nördlichen Rande des Elsaß.

Erste deutsche Dichtung, die statt des Stabreimes den Endreim bringt; gedichtet von dem fränkischen Mönche Otfrid zu Weißenburg im Elsaß, ums Jahr 868.

Buch I, Kap. I. Cur scriptor hunc librum theotisce dictaverit.

(Weglassungen sind durch † angezeigt.)

Was líuto filu in flíze,	Es waren der Leute (Völker) viele beflissen
in managemo ágaleizo,	in großem Eifer,
si thaz in scríp gikleiptin,	(daß) sie das in Schrift befestigten,
thaz sie iro námon breittin.†	durch was sie ihren Namen (Ruhm) ausbreiteten.
Sar Kríachi joh Románi	Sogleich die Griechen und Römer
iz máchont so gizámi,	fügen es in so geziemender Weise,
iz máchont sie al girústit	Sie machen es so gerüstet (geschmückt),
so thíh es wola lústit.	daß dich es wohl erlustet.
Si máchont iz so réhtaz	Sie machen es so richtig
joh so filu sléhtaz:	und so viel schlicht,
iz ist gifúagit al in éin	Es ist gefüget ganz in Eins
selp so hélphantes béin. †	gerade so wie Elfenbein(=arbeit).
Sie dúent iz filu súazi,	Sie thun (machen) es viel süße
joh mézent sie thic fúazi,	und sie messen die Füße,
thie léngi ioh thie kúrti,	Die Längen und die Kürzen,
theiz gilústichaz wúrti. †	daß es annehmlich würde.

Nu es fílu manno inthíhit,
  in sína zungun scríbit,
joh ilit, er gigáhe,
  thaz sínaz io gihóbe:
	Nun es vielen Männern (Völkern) gelinget,
	  daß in ihrer Zunge sie schreiben
	Und eilen (streben) sie wirksam,
	  daß das Ihre sie erhöhen:

Wánana sculun Fránkon
  éinon thaz biwánkon,
ni sie in frénkisgon bigínnen,
  sie gotes lób singen?
	Warum sollen die Franken
	  allein dies unterlassen,
	Daß sie nicht in fränkischer Sprache beginnen,
	  Gottes Lob zu singen?

Níst si so gisúngan,
  mit régulu bithuúngan:
si hábet thoh thia ríhti
  in scóneru slíhti. †
	Ist sie nicht so gesungen (b. i. eingesungen),
	  * mit Regeln bezwungen (gebildet),
	Doch hat sie geraden Ausdruck
	  in schöner Einfachheit.

Wil thú thes wola dráhton,
  thu métar wolles áhton,
in thína zungun wirken dúam
  joh sconu vérs wolles dúan:
	Willst du darnach wohl trachten,
	  daß du ein Metrum willst beachten,
	In deiner Zunge wirken rühmliche That,
	  und schöne Verse willst machen:

Il io gótes willen
  állo ziti irfúllen:
so scribent gótes thegana
  in frénkisgon thie regula.
	Dann strebe stets Gottes Willen
	  allezeit zu erfüllen,
	So schreiben Gottes Degen (die Evangelisten)
	  im Fränkischen die Regel (vor).

In gótes gibotes súazi
  laz gángan thine fúazi;
ni laz thir zít thes ingán:
  theist sconi férs sar gidán.†
	Auf Gottes Gebotes Süße
	  laß gehen beine Füße,
	Nie laß bir die Zeit dazu entgehen;
	  da ist (sind) schöne Verse sogleich gemacht!

Thaz Krístes wort uns ságetun
  joh drúta sine uns zélitun,
bifora lázu ih iz ál,
  so ih hi réhtemen scal;
	Was Christi Worte uns sagten
	  und seine Trauten uns erzählten,
	Voran lasse ich das durchaus (b. h. es ist mir das Höchste),
	  wie ich mit Recht soll.

I. Althochdeutsch und Altniederdeutsch.

Wánta sie iz gisúngun
 hárto in édilzungun,
 mit góte iz allaz ríatun,
 in wérkon ouh gizíartun.

Theist súazi joh ouh núzzi
 inti lérit unsih wízzi,
 hímilis gimácha:
 bi thiu ist thaz ánder racha.

Ziu sculun Fránkon, so ih
  quád,
 zi thiu éinen wesan úngimah?
 thic líut es wiht ni duáltun,

 thic wir hiar óba zaltun!

Sie sint so sáma chuani,
 sélb so thic Románi,
 ni thárf man thaz ouh rédinon,

 thaz Kríachi in thes giwí-
  darou.

ɩi éigun in zi núzzi
 so sámalicho wízzi;
 ia félde joh in wálde
 so sint sie sáma balde;

Rihiduam ginúagi,
 joh sint ouh fílu kuani:
 zí wáfane suelle
 so sínt thie thégana alle.

Sie búent mit gizíugou.

 joh warun io thes giwón,
 in gúatemo lánte:
 bi thíu sint sie únscante. †

Sie sint fílu redie
 sih fíanton zirrettinue.
 ni gidúrrun sies bigínnan:
 sie éigun se ubarwúnnau. †
 Welder.

Denn sie haben es gesungen
 in sehr en Zubelngen,
 Mit Gott es alles berathen,
 durch Werke auch gezieret.

Da ist Süße und auch Nutzen,
 und lehret uns Witz (Weisheit),
 Seligkeit des Himmels;
 darum ist das (ein) ander Ding.

Weßhalb sollen die Franken, wie
  ich sagte,
 dazu allein sein untauglich?
 Die hinter keinem der Völker in
  nichts zurückblieben,
 die wir hier oben aufzählten!

Sie sind eben so kühn,
 ebenso wie die Römer;
 Nicht darf man das auch reden
  (behaupten),
 daß die Griechen ihnen darin
  Widerpart halten.

Ihnen eignet, ihnen zu nütze,
 eben solcher Witz (Verstand);
 Im Felde und im Walde
 sind sie eben so bald (kühn).

Reichthum genug,
 und sind auch viel kühn,
 Zu den Waffen schnell:
 so sind die Degen alle.

Sie wohnen mit Gezeug (Kriegs-
  geräthen),
 und waren von je das gewohnt,
 In gutem Lande;
 deßhalb sind sie ohne Schande.

Sie sind viel rasch,
 sich von Feinden zu erretten,
 Nicht dürfen die es beginnen:
 und sie haben sie überwunden.

Nist líut, thaz es biginne,
  thaz widar íu ringe:
in éigun sie iz firméinit,
    mit wáfanon gizéinit.
	Kein Volk ist, daß es beginne,
	  daß es wider sie ringe;
	Ihnen haben sie es zu erkennen
	    gegeben,
	    mit Waffen es gezeiget.

Sie lértun sie iz mit swérton,
  nálas mit then wórton;
mit spéron fîlu wásso:
  bi thiu fórahten si se nóh
    so. †
	Sie lehrten sie es mit dem
	    Schwerte,
	  nicht mit Worten,
	Mit Speeren, gar scharf:
	  deßhalb fürchten sie sie noch so.

Nist untar ín, thaz thúlte,
  thaz kúning iro wálte,
in wórolti nihéine,
  ni si thíe sic zugun héime. †
	Keiner ist unter ihnen, der es
	    dulde,
	  daß ein König ihrer walte,
	In der Welt nicht einer,
	  als die, die sie zogen in der
	    Heimat.

Er ist gizál ubar ál,
  io so édilthegan skál,
wíser inti kúani:
  thero éigun sie ío ginúagi.†
	Er ist erzählt (besprochen, ge-
	    feiert) überall,
	  wie so edel Degen soll,
	Weise und kühn;
	  solcher haben sie stets genug.

Ni sínt, thie ímo ouh derien,
  in thiu nan Fránkon werien;
thie snélli sino irbiten,
  thaz sie nan umbiriten.
	Nicht gibt es (Feinde), die ihm
	    auch schaden,
	  wenn Franken ihn wehren (ver-
	    theidigen);
	Seiner Kühnheit stand halten,
	  wenn sie (die Franken) ihn um-
	    reiten.

Wanta állaz, thaz sies thén-
    kent,
  sie iz al mit góte wirkent;
ni dúent sies wíht in noti
  ána sin girati. †
	Denn alles, was sie denken,
	  mit Gott sie alles wirken;
	Nie thun sie es nicht, nothwen-
	    diger Weise,
	  ohne seinen Rath.

Nu will ih scríban unser héil,
  evangéliono deil,
so wír nu hiar bigúnnun,
  in frénkisga zungun;
	Nun will ich schreiben unser Heil,
	  der Evangelien einen Theil,
	So wir nun hier begonnen
	  in fränkischer Zunge;

I. Althochdeutsch und Altniederdeutsch.

Thaz sié ni wesen éino thes selben ádeilo, ni man in íro gizungi Kristes lób sungi;	Damit nicht sie seien allein des selben untheilhaftig, Daß niemand in ihrer Zunge Christi Lob sänge;
Ioh er ouh íro worto gilóbot werde hárto, ther sie zímo holeta, zi gilóubou sinen ládota. †	Sondern er durch ihre Worte gelobet werde hart (sehr innig), Der sie zu ihm holete, zu seinen Gläubigen sie lud.
Nu fréwen sih es álle, so wer so wóla wolle, joh so wér si hold in múate Fránkono thiote:	Nun mögen freuen sich dessen alle, so jemand wohl es wollte, Und so jemand hold ist im Ge- müthe fränkischem Volke;
Thaz wir Krísto sungun in únsera zungun, joh wír ouh thaz gilébetun, in frénkisgon nan lóbotun!	Daß wir Christus gesungen in unserer Zungen, Und wir auch das erlebten, auf Fränkisch ihn lobten!

(Text nach O. Erdmann.)

Zwei Segen.

Altniederdeutsch. 10. Jahrhundert.

I.

Vísc flôt áftar uuatare, verbrustun sîna vetherûn; tho gihêlda ina ûse druhtín. Thê selvo druhtín, thie thena visc gihêlda, gihêle that hors theru spuri- helti. Amen.	Der Fisch floß (schwamm) das Wasser entlang, Zerbarsten seine Federn(Flossen)[1]; Da heilte ihn unser Herr. Derselbe Herr, Der den Fisch heilte, Heile das Roß vom Lahmen. Amen.

(Wiener Handschrift, M. Heyne, Altniederd. Denkm. 88.)

---

[1] „Ein Schwert=Bisch — — habbe negest dem Koppe twe Bedderu, und eine grote Beddern up dem Rugge." Neocorus, Dithmarscher Chronik, II, 423.

II.

Gang ût, nesso, mid nigun nessiklînon, ût fana themo marge an that bên, fan themo bêne an that flêsg, ût fan themo flêsge an thia hûd, ût fan thera hûd an thesa strâla. Drohtin, uuerthe sô!	Geh' aus Wurm¹, mit neun Würmlein, Aus von dem Marke an den Knochen, Von dem Knochen an das Fleisch, Aus von dem Fleische an die Haut, Aus von der Haut an dieses Rohr. Herr, es geschehe so!

(Text nach *Müllenhoff* und *Scherer*, S. 10.)

Altheidnisches Zauberlied.

Althochdeutsch des 10. Jahrhunderts,
ostfränkisch?

(Merseburger Handschrift.)

Phol ende Uuodan vuorun zi holza. dû uuart demo Balderes volon sîn vuoz birenkit. thû biguolen Sinthgunt, Sunna erâ suister, thû biguolen Volla, Frija, erâ suister, thû biguolen Uuôdan, sô hê uuola conda, sôse bênrenkî, sôse bluotrenkî, sôse lidirenkî:	Fol (Balder) und Wodan fuhren zu Holze. Da ward dem Balders Fohlen sein Fuß verrenket. Da besang (besprach) ihn Sinth- gunt, (und) Sunna, ihre Schwester, Da besprach ihn Volla, (und) Frija, ihre Schwester, Da besprach ihn Wodan, so er wohl kundig war, Sowol die Beinverrenkung, wie die Blutverrenkung, Wie die Gliedverrenkung:

---

¹ Fingerübel mit bohrendem Schmerze (**Panaritium**), vom Volke noch heute als „Wurm" bezeichnet.

I. Althochdeutsch und Altniederdeutsch.

bên zi bêna,
bluot zi bluoda,
lid zi geliden,
sôse gelîmida sîn.

Bein zu Beine,
Blut zu Blut,
Glied zu Gliedern,
als ob sie geleimt wären.

(Text nach Müllenhoff und Scherer, S. 9.)

Weingartner Reisesegen.

Althochdeutsch des 11. (?) Jahrhunderts,
fränkisch[1].
(Handschrift des 12. Jahrhunderts, zu Stuttgart.)

Ic dir nâch sihe,
ic dir nâch sendi
mit mînen funf fingirin
funvi undi funfzic engili.

Ich dir nach sehe,
ich dir nach sende
Mit meinen fünf Fingern
fünf und fünfzig Engelein.

Got mit gisundi
heim dich gisendi!
offin sî dir diz sigidor;
sami sî dir diz selgidor!
bislozin sî dir diz wâgidor;

sami sî dir diz wâfindor!

Gott mit Gesundheit
heim dich sende!
Offen sei dir das Siegesthor,
ebenso sei dir das Glücksthor!
Verschlossen sei dir das Wogen-
thor,
ebenso sei dir das Waffenthor!

(Text nach Müllenhoff und Scherer, S. 11.)

---

[1] Mit niederdeutschen Einmischungen („ic").

II. Mittelhochdeutsch und Mittelniederdeutsch.

Minnelieder.
Mittelhochdeutsch des 12. Jahrhunderts.

I.

Dû bist mîn, ih bin dîn:
des solt dû gewis sîn.
dû bist beslozzen
in mînem herzen;
verlorn ist daz sluzzelîn:
dû muost immer dar inne sîn.

Aufzeichnung Wernher's von Tegernsee († 1197).
(Wilmanns, Des Minnesanges Frühling, S. 3.)

II.

Ich wil trûren varen lân;
ûf die heide sulwir [1] gân,
vil liebe gespilen mîn
da sehwir der blumen schin [2].
  Ich sage dir, ich sage dir,
  min geselle, chum mit mir.
Suziu minne, raine min [3],
mache mir ein chrenzelin,
daz sol tragen ein stolzer man,
der wol wîben dienen chan. [4]

(I. A. Schmeller, Carmina Burana).

---

[1] sollen wir. [2] Schein, Glanz. [3] süße Minne, reine mein.
[4] In beiden Stücken findet sich, und zwar an bevorzugter Stelle, die S. 132 erwähnte Reimfolge:

    Dû bist mîn,   Ich sage dir,
    ich bin dîn   ich sage dir,
    des solt dû   min geselle
    gewis sîn.   chum mit mir.

II. Mittelhochdeutſch und Mittelniederdeutſch.

Aus dem Nibelungenliede.
Mittelhochdeutſch des 13. Jahrhunderts.

Aventiure I.

Uns ist in alten mæren   wunders vil geseit
von heleden lobebæren[1],   von grôzer arebeit[2]:
von freude unt hôchgezîten,   von weinen unde klagen,
von küener recken strîten   muget ir nu wunder hœren sagen.

Ez wuohs in Buregonden   ein vil edel magedîn,
daz in allen landen   niht schœners mohte sîn,
Kriemhilt geheizen: diu wart ein schœne wîp.
dar umbe muosen[3] degene[4]   vil verliesen[5] den lîp.

Ir pflâgen drî künege   edel unde rîch,
Gunther unde Gêrnôt,   die recken lobelich,
unt Gîselher der junge,   ein wætlicher[6] degen.
diu frowe was ir swester: die helde hêtens in ir pflegen.

Ein rîchiu küneginne   frou Uote ir muoter hiez:
ir vater der hiez Dancrât,   der in[7] diu erbe liez
sît nâch sîme lebene,   ein ellens richer[8] man,
der ouch in sîner jugende   grôzer êren vil gewan.

Die herren wâren milte,   von arde hôh erborn,
mit kraft unmâzen küene,   die recken ûzerkorn.
da zen Burgonden   sô was ir lant genant.
si frumten[9] starkiu wunder   sît[10] in Etzelen lant.

Ze Wormze bî dem Rîne   si wonten mit ir kraft[11],
in diente von ir landen   vil stolziu ritterschaft
mit lobelichen êren   unz an ir endes zît.
si sturben jæmmerliche   sît von zweier frowen nît[12]. †

In disen hôhen êren   troumte Kriemhilde,
wie si züge einen valken   starc, schœn unt wilde,
den ir zwêne arn[13] erkrummen[14];   daz si daz muoste sehen,
ir enkünde[15] in dirre[16] werlde   leider nimmer geschehen.

---

¹ berühmten („lobtragenden"). ² Beſchwerde, Anſtrengung. ³ mußten.
⁴ Helden. ⁵ verlieren. ⁶ ſtattlicher. ⁷ ihnen. ⁸ an Muth reicher. ⁹ förderten,
bewirkten. ¹⁰ ſpäter. ¹¹ Anhang, Dienſtmannen. ¹² Haß (nicht etwa Neid).
¹³ Adler. ¹⁴ mit den Krallen zerriſſen. ¹⁵ en-künde = konnte nicht, bildet
mit dem darauffolgenden „nimmer" eine doppelte Verneinung (ſehr gewöhnlich
im Altdeutſchen; ſo in der folgenden Strophe: Si ne kundes niht). ¹⁶ dieſer.

Den troum si dô sagete ir muoter Uoten.
sine kundes niht beschaiden baz der guoten:
„der valke, den du ziuhest, daz ist ein edel man:
in welle got behüeten, du muost in schiere vloren hân."

„Waz saget ir mir von manne, vil liebiu muoter mîn?
âne recken minne¹ sô wil ich immer sîn.
sus² schœn ich wil beliben unz³ an minen tôt,
daz ich von recken minne sol gewinnen nimmer nôt."

„Nune versprich ez niht ze sêre," — sprach ir muoter dô —
„soltu immer herzenlîche zer werlde werden vrô,
daz kumt von mannes minne: du wirst ein schœnc wîp,
ob dir got gefüeget⁴ eins rehte guoten ritters lîp."

„Die rede lât beliben, vil liebiu frowe mîn.
ez ist an manegen wîben vil dicke worden schîn⁵,
wie liebe mit leide ze jungest⁶ lônen kan:
ich sol si mîden beide, sone kan mir nimmer missegân."

Kriemhilt in ir muote⁷ sich minne gar bewac⁸.
sit lebete diu vil guote vil manegen lieben tac,
daz sine wesse⁹ niemen den minnen wolde ir lîp.
sit wart si mit êren eines vil werden recken wîp.

Der was der selbe valke, den si in ir troume sach,
den ir beschiet ir muoter. wie sêre si daz rach¹⁰
an ir næhsten mâgen¹¹, di in sluogen sint!
durch sîn eines¹² sterben starp vil manec muoter kint.

Aus Aventiure XVI.

Gunther und Hagene, die recken vil balt¹³,
lobten mit untriuwen ein pirsen in den walt:
mit ir scharpfen gêren si wolden jagn swîn,
pern unt wisende¹⁴. waz mohte küeners gesîn?

---

¹ Liebe (ursprünglich Erinnerung). ² so. ³ bis. ⁴ bescheret. ⁵ offenbar.
⁶ zuletzt. ⁷ Stimmung, Wille. ⁸ sagte sich (bewegte sich) ganz von Minne
los. ⁹ wußte. ¹⁰ rächte. ¹¹ Verwandten. ¹² durch seine des Einen. ¹³ kühn.
¹⁴ Bären und Büffel.

11. Mittelhochdeutsch und Mittelniederdeutsch.

Dû mite reit ouch Sîvrit   in vrœlichem site [1]:
herrenlîche spîse   die fuorte man in mite.
zeinem kalten brunnen   nâmens im den lîp:
daz hêt gerâten Prünhilt,   des künec Gunthers wîp. †

— Di Sîvrides tugende   wâren harte [2] grôz:
den schilt leit er nidere   al dâ der brunne vlôz;
swie harte sô in durste,   der helt doch niene tranc
ê daz der künec kœme.   daz dûhte Sîvriden lanc.

Der brunne was vil küele   lûter unde guot.
Gunther sich dô legete   nider zuo der fluot:
daz wazzer mit dem munde   er von der fluote nam.
si gedâhten daz ouch Sîvrit   nach im müese tuon alsam [3].

Do engalt er sîner zühte [4].   den bogen unt daz swert
daz truog allez Hagene   von im danewert [5]:
dô spranger hin widere   dâ er den gêr dâ vant:
er sach nâch eime kriuze [6]   an des küneges gewant.

Dô der herre Sîvrit   ob dem brunnen tranc,
er schôz in durch daz kriuze,   daz ûz der wunden spranc
daz bluot im von dem herzen   an die Hagenen wât [7].
sô grôze missewende [8]   ein helt nu nimmer mêr begât.

Den gêr gegen dem herzen   stecken er im lie;
alsô angestlîchen   ze flühten Hagene nie
gelief noch in der werlde   vor decheinem [9] man,
dô sich der herre Sîvrit   der starken wunden versan.

Der recke toblîche   von dem brunnen spranc:
im ragete von dem herzen   ein gêrstange lanc.
der fürste wânde vinden   bogen oder swert:
sô müese wesn Hagene   nâch sîme dienste gewert.

Dô der sêre wunde [10]   des swertes niht envant,
done hêt er niht mêre   wan [11] des schildes rant:
den zuhter von dem brunnen: dô lief er Hagenen an:
done kunde im niht entrinnen   der vil ungetriwe man.

---

[1] fröhlichem Verhalten (Muthe). [2] sehr. [3] ebenso. [4] da büßte er seiner guten Sitte (büßte für seinen Edelsinn). [5] von da weg. [6] bem Zeichen, durch welches Kriemhild auf Anstiften Hagen's die verwundbare Körperstelle Siegfried's bezeichnet hatte. [7] Gewand. [8] Schandthat. [9] keinem. [10] schmerzhaft Verwundete. [11] als.

Swie wunt er was zem tôde, sô krefteclîch er sluoc,
daz ûzer dem schilde dræte¹ genuoc
des edelen gesteines: der schilt vil gar zebrast.
sich hête gerne errochen der vil hêrliche gast.

Hagene muose vallen von sîner hant zetal.
von des slages krefte der wert² vil lûte erhal.
hêt er daz swert enhende, sô wær ez Hagenen tôt:
der helt entran vil kûme ûz der angestlîchen nôt.

Sin kraft was im gewichen ern kunde niht³ gestân:
sînes lîbes sterke diu muose gar zergân,
wand er des tôdes zeichen bî liehter varwe truoc.
sît wart er beweinet von schœnen vrouwen genuoc.

Dô viel in die bluomen der Kriemhilde man:
daz bluot von sînen wunden sach man vaste⁴ gân.
dô begunder schelten — des twanc in michel⁵ nôt —
die ûf in gerâten hêten den vil ungetriwen tôt.

Dô sprach der sêre wunde „jâ, ir vil bœse zagn⁶,
waz hilfet mich mîn dienest, daz ir mich habt erslagen?
ich was iu ie getriuwe: des ich engolten hân.
ir habt an iwern mâgen leider übele getân.

Die sint dâ von bescholten, swaz ir wirt geborn,
her nâch disen zîten. jâ habt ir iwern zorn
vil übele gerochen an dem lîbe mîn:
mit laster⁷ ir gescheiden sult von guoten recken sîn."

Die liute liefen alle dâ er erslagen lac.
ez was ir genuogen ein freudelôser tac:
die iht⁸ triwe hêten, von den wart er bekleit.
daz hête wol gedienet der ritter küen unt gemeit.

Der künec von Burgonden klagete sînen tôt.
dô sprach der verchwunde⁹ „daz ist âne nôt,
daz der nâch schaden weinet, der in dâ hât getân.
der dienet¹⁰ michel schelten: ez wære bezzer verlân".

---

¹ herausflog. ² die Aue. ³ = er en kunde niht. ⁴ fest, heftig. ⁵ große.
⁶ Feiglinge. ⁷ Schande. ⁸ irgend. ⁹ Todwunde. ¹⁰ verdienet.

II. Mittelhochdeutsch und Mittelniederdeutsch.

Dô sprach der grimme Hagene „jane weiz ich waz ir kleit¹.
ez hât nu allez ende, uuser sorge unt unser leit:
wir vinden ir vil kleine² die türren³ uns bestân.
wol mich deich siner hêrschaft hân ze râte getân⁴."

„Ir mugt iuch lihte rüemen," — sprach dô Sivrit —
„hêt ich an iu erkennet den mortlichen sit⁵,
ich hête wol behalten vor iu minen lip.
mich enriwet⁶ niht sô sêre sô frou Kriemhilt min wip.

Nu mueze got erbarmen, deich⁷ je gewan den suon,
dem man solch itewizen⁸ sol nâch den ziten tuon,
daz sine mâge iemen mit morde habn erslagn.
möht ich", — sô sprach Sivrit — „daz solt ich billiche klagn.†

Dô sprach vil seneliche⁹ der verchwunde man
„welt ir, künec rîche, triwen iht begân
iu der werlt an iemen, lât iu bevolhen sin
ûf triwe unt ûf genâde die lieben triutinne¹⁰ min,

Unt lât si des geniezen, daz si iuwer swester si:
durch aller fürsten tugende wont ir mit triwen bî.
mir müezen warten lange¹¹ min vater unt mine man¹²:
ez enwart nie frowen mêre an friunde leider getân."

Er rampf¹³ sich bitterliche, als im diu nôt gebôt,
unt sprach dô jæmerliche „der mortliche tôt
mag iuch wol geriuwen her nâch disen tagen:
geloubt an rehten triuwen, daz ir iuch selben habt erslagn."

Die bluomen allenthalben von bluote wâren naz.
dô ranger mit dem tôde: unlange tet er daz,
wande in des tôdes wâfen al ze sêre sneit:
dô mohte reden niht mêre der recke küen unt gemeit.

(Ausgabe von **F. Barndt.**)

---

¹ klaget. ² wenige. ³ wagen, sich getrauen. ⁴ weggeschafft habe. ⁵ Art.
⁶ schmerzt. ⁷ = daz ich. ⁸ vorwerfen. ⁹ wehmüthig. ¹⁰ Gattin. ¹¹ mir
(auf mich) müssen lange warten. ¹² Mannen. ¹³ zog sich zusammen.

Lieder von Walther von der Vogelweide.

Mittelhochdeutsch des 13. Jahrhunderts.

> Wer leitet nû die lieben schar[1]?
> wer wiset diz gesinde?
> ich wæne, ich si wol vinde,
> diu di baniere füeren sol:
> ir meisterinne kan ez wol,
> diu von der Vogelweide.
> hei, wie diu über heide
> mit hôher stimme schellet! —
>   Gottfried von Straßburg, Tristan, VIII.

I.

Ir sult sprechen willekomen:
der iu mære bringet[2], daz bin ich.
Allez, daz ir habt vernomen,
daz ist gar ein wint: nû frâget mich.
Ich wil aber miete[3]:
wirt mîn lôn iht guot,
ich sage iu vil lîhte daz iu sanfte tuot.
seht, waz man mir êren biete.

Ich wil tiuschen[4] frouwen sagen
solhiu mære, daz si deste baz
Al der werlte suln behagen;
âne[5] grôze miete tuon ich daz.
Waz wold ich ze lône?
si sint mir ze hêr;
sô bin ich gefüege, und bite si nihtes mêr,
wan daz si mich grüezen schône.

Ich hân lande vil gesehen
unde nam der besten gerne war:
Übel müeze mir geschehen,
kunde ich ie mîn herze bringen dar,
Daz im wol gevallen
wolde fremeder site.
nû waz hulfe mich, ob ich unrehte strite[6]?
tiuschiu zuht gât vor in allen.

Von der Elbe unz an den Rîn
und her wider unz[7] an Ungerlant,
Mugen wol die besten sîn,
die ich in der werlte hân erkant.

---

[1] die Schar der „nahtegalen", d. i. der Liederdichter. [2] der euch Nachricht bringet. [3] Belohnung (Miethe). [4] deutschen. [5] ohne. [6] unrecht stritte (Unwahres sagte). [7] und wieder zurück bis.

Kan ich rehte schouwen
guot gelâz¹ unt lip,
sem mir got, sô swüere ich wol, daz hie diu wîp
bezzer sint, danne ander frouwen.
Tiusche man sint wol gezogen,
rehte als engel sint diu wîp getân.
Swer si schildet, derst betrogen,
ich enkan² sîn anders niht verstân.
Tugent und reine minne,
swer die suochen wil,
der sol komen in unser lant: da ist wünne³ vil:
lange müeze ich leben dar inne!

II.

Under der linden
an der heide,
dâ unser zweier bette was,
Dâ mugent ir vinden
schône beide
gebrochen bluomen unde gras.
Vor dem walde in einem tal
   tandaradei,
schône sanc diu nahtegal.

Ich kam gegangen
zuo der ouwe⁴,
dô was mîn friedel⁵ komen ê.
dâ wart ich enpfangen
hêre frouwe,
daz ich bin sælic iemer mê⁶.
Kuster mich? wol tûsentstunt:
   tandaradei,
seht wie rôt mir ist der munt.

Dô het er gemachet
alsô rîche
von bluomen eine bettestat.
Des wirt noch gelachet
innecliche,
kumt iemen an daz selbe pfat.
Bî den rôsen er wol mac
   tandaradei,
merken wâ mirz houbet lac⁷.

---

¹ Gestalt, Ansehen. ² nicht kann (en..ne=nicht; „niht enkan", doppelte Verneinung). ³ Wonne. ⁴ Aue. ⁵ Geliebter. ⁶ (iemer mêre) immer.
⁷ wo mir das Haupt lag.

Daz er bi mir læge,
wessez iemen¹
(nu enwelle got!), sô schamt ich mich.
Wes er mit mir pflæge,
niemer niemen
bevinde daz, wan er unt ich,
Und ein kleinez vogellîn.
 tandaradei,
daz mac wol getriuwe² sîn.

       (Ausgabe von H. Wilmanns.)

I ift „das erfte Lied in deutfcher Zunge zum Preife des großen Vater=
landes". Zu II bemerkt **Scherer** (Literaturgefchichte, 208): „Ein Lied, ein=
zig an Naivetät, Grazie, Schalthaftigkeit. Man wäre geneigt, es für das fchönfte
Lied des ganzen Minnefanges zu erklären, fo voll Leben und überrafchendem
Reichthum ift es — wenn nicht die Grundvorausfetzung eine conventionelle
wäre: denn ein Mädchen wird ein folches Erlebniß überhaupt nicht oder
nicht fo erzählen." Wilmanns entgegnet: „Aber doch! Walther's Kunft täufcht
uns über die innere Unwahrfcheinlichkeit hinweg." Uns fcheint es, daß Ein=
wurf und Schutzrede hinfällig werden, wenn man das Lied nicht als eine Erzäh=
lung, fondern als die unausgefprochenen Herzensgedanken des Mädchens auffaßt.

Aus Gottfried's Triſtan.
Mittelhochdeutſch,
gebichtet um 1210.

Der Minnetrank (XVI, 11711).

— Nu daz diu maget unde der man,
Îsôt unde Tristan,
den tranc getrunken beide, sâ
was ouch der werlde unmuoze³ dâ
Minn', aller herzen lâgærîn⁴,
und sleich z'ir beider herzen în⁵.
ê si's ie wúrdén gewar,
dô stiez si ir sigevanen dar⁶
und zôch si beide in ir gewalt:
si wurden ein und einvalt⁷,
die zwei und zwivalt wâren ê;
si zwei enwâren⁸ dô niht mê

---

¹ jemand. ² getreu, verschwiegen. ³ Plage. ⁴ Nachstellerin. ⁵ schlich zu
ihrer beider Herzen ein. ⁶ da pflanzte fie ihre Siegesfahne auf. ⁷ eins und
einträchtig. ⁸ „en" in enwâren = nicht.

II. Mittelhochdeutsch und Mittelniederdeutsch.

widerwarten [1] under in:
Îsôte haz der was dô hin.
diu süenærinne [2] Minne
diu hæte ir beider sinne
von hazze alsô gereinet,
mit liebe alsô vereinet,
daz ietweder dem andern was
durchlûter [3] alse ein spiegelglas.
si hæten beide ein herze:
ir swære [4] was sîn smerze,
sîn smerze was ir swære;
si wâren beide einbære [5]
an liebe unde an leide
und hâlen [6] sich doch beide,
und tete daz [7] zwîvel unde scham:
si schamte sich, er tete alsam;
si zwîvelte an im, er an ir.
swie blint ir beider herzen gir [8]
an einem willen wære [9],
in was doch beiden swære
der urhap [10] unde der begin:
daz hal ir willen under in [11].

Tristan, dô er der minne empfant,
er gedâhte sâ zehant [12]
der triuwen unde der êren
und wolte dannen kêren:
„nein", dâhte er allez wider sich,
„lâ stân, Tristan, versinne [13] dich,
niemêr genim es keine war."
sô wolte êt ie daz herze dar;
wider sînem willen kriegete [14] er,
er gerte wider sîner ger:
er wolte dar und wolte dan.
dér vergángéne man [15]
versuochte ez in dem stricke [16]
ofte unde dicke
und was des lange stæte [17].
der getriuwe der hæte

---

[1] feindlich. [2] Versöhnerin. [3] durchsichtig. [4] Beschwerde, Leid. [5] einträchtig. [6] hehlten, verbargen. [7] und das that. [8] wie blind auch ihrer beider Herzen Verlangen. [9] an einem Wunsche hing. [10] Anfang. [11] das verbarg ihr Willen unter ihnen. [12] sogleich. [13] besinne. [14] kämpfte. [15] der Mann, der sich vergangen, verirrt hatte. [16] Netze, in der Verstrickung. [17] fest.

zwei nâhe géndiu ungemach ¹:
swenn' er ir under ougen sach,
und ime diu süeze Minne
sîn herze und sîne sinne
mit ir begunde sêren ²,
sô gedâhte er ie der Éren,
diu nam in dánné dervan ³.
hie mite sô kêrte in aber an ⁴
Minnè, sîn erbevogetîn ⁵:
der muose er aber gevolgec ⁶ sîn.
in muoten ⁷ harte sêre
sîn triuwe und sîn êre,
sô muote in aber diu Minne mê,
diu tete ime wirs danne wê ⁸:
si tete im mê ze leide
dan Triuwe und Êre beide.
sîn herze sach si lachende an
und nam sîn ougé dervan.
als er ir aber niht ensach,
daz was sîn meistez ⁹ ungemach.
dicke besazte er sînen muot ¹⁰,
als ¹¹ der gevángéne tuot,
wie er ir möhte entwenken ¹²,
und begúnde ofte denken:
„kêre dár óder her,
verwándéle dise ger ¹³,
minn' unde meine anderswâ ¹⁴!"
sô was ie dirre stric ¹⁵ dâ.
er nam sîn herze und sînen sin
und suochte anderunge in in ¹⁶,
sone wás ie niht dar inne
wan Îsôt unde minne.

Alsam geschach Îsôte,
si versúochte ez ouch genôte ¹⁷:
ir was diz leben ouch ande ¹⁸,
dô si den lîm ¹⁹ erkande
der gespénstigen ²⁰ Minne,

---

¹ zwei nahegehende Leiden. ² mit ihr zu verwunden begann. ³ die brachte ihn dann davon ab. ⁴ griff ihn wieder an. ⁵ seine Erbherrin. ⁶ folgsam. ⁷ bekümmerten, beschwerten. ⁸ die that ihm schlimmer als weh. ⁹ größtes. ¹⁰ er setzte fest, faßte den festen Entschluß. ¹¹ wie. ¹² entweichen, entfliehen. ¹³ Begierde. ¹⁴ minne und meine anderswo. ¹⁵ diese Bestrickung. ¹⁶ Aenderung in ihnen. ¹⁷ angelegentlich. ¹⁸ widerwärtig, verleidet. ¹⁹ Leim. ²⁰ zauberisch, verführerisch.

und sach wol, daz ir sinne
dar în versenket wâren.
si begúnde staten vâren ¹,
si wolte ûz unde dan:
sô klebete ir ie der lîm an;
der zôch si wider unde nider.
diu schœne strebete allez wider
und stuont² an iegelîchem trite³.
si volgete ungerne mite;
si versúochte ez manegen enden:
mit füezen und mit henden
nam si vil manege kêre⁴
unde versancte ie mêre
ir hende unde ir füeze
in die blinden süeze⁵
des mannes unde der minne.
ir gelimeten⁶ sinne
die enkúnden niender hin gewegen⁷
noch gebrucken noch gestegen⁸
halben fuoz noch halben trite,
diu minne enwære ie dâ mite⁹.
Isôt swar sî gedâhte,
swaz gedánke sî vür brâhte,
sone wás ie diz noch daz dar an
wan minne unde Tristan:
und was daz allez tougen¹⁰.
ir herze unde ir ougen
diu missehullen under in¹¹:
diu schame diu jagete ir ougen hin,
diu minne zôch ir herze dar.
diu widerwartige schar¹²
maget únde man, minn' unde scham
diu was an ir sêr' irresam¹³:
diu maget diu wólté den man
und warf ir ougen dar van;
diu schame diu wolte minnen
und brâhte es niemen innen.

---

¹ Gelegenheiten zu erlauern. ² blieb stehen. ³ Schritt. ⁴ machte ſie gar manche Wendung. ⁵ blinde Süßigkeit. ⁶ gefeſſelten. ⁷ nirgends hin bewegen. ⁸ weder Brücke, noch Steg bereiten (keinen Ausgang finden). ⁹ ohne daß die Minne dabei wäre. ¹⁰ heimlich. ¹¹ die waren mißhellig untereinander. ¹² die widerſtrebende „Schar" (d. i. die beiden und ihre Empfindungen). ¹³ ſtörend, quälend.

Welcker.

wuz truoc daz vür [1]? scham unde maget,
als al diu werlt gemeine saget,
diu sint ein alsô hæle [2] dinc,
sô kurze wernde ein ursprinc [3],
sine hábent sich niht lange wider [4].
Îsôt diu leite ir kriec dernider
und tete, als ez ir was gewant [5]:
diu sigelôse [6] ergap zehant
ir lîp unde ir sinne
dem manne unde der minne.
si blicte underwîlen [7] dar
und nam sîn tougenlîche war [8]:
ir klâren ougen unde ir sin [9]
die gehúllen dô wol under in [10].
ir herze unde ir ougen
diu schâcheten [11] vil tougen [12]
und lieplîchen an den man.
der man der sach si wider an
suoze und inneclîchen.
er begúnde ouch entwîchen [13],
des in diu minne niht erlie [14].
man unde maget si gâben ie [15]
ze iegelîchen stunden,
sô sî mit fuogen kunden,
ein ander ougenweide.
die gelîeben dûhten beide
ein ander [16] schœner vil dan ê [17].
deist liebe reht, deist minnen ê [18]:
ez ist hiure und was ouch vert [19]
und ist, die wîle [20] minne wert [21],
undèr gelieben allen,
daz s' ein ánder baz [22] gevallen,
sô liebe an in wahsende wirt [23],

---

[1] was war die Veranlassung? [2] glattes, vergängliches. [3] ein so kurz währendes Geschöpf („Ursprung"). [4] sie leisten nicht lange Widerstand. [5] wie es um sie stand. [6] sieglose (in ihrem Streit unterlegene). [7] öfters. [8] nahm heimlich seiner wahr. [9] ihre Absicht. [10] die stimmten da wol miteinander überein. [11] raubten. [12] viel heimlich. [13] zu entweichen. [14] wovon ihn die Liebe nicht freiließ. [15] immer. [16] die beiden Lieben dünkten einander. [17] vorher. [18] das ist der Liebe Recht, das ist der Minne Gesetz („ê" = Gesetz, Bündniß, Ehe. Auch am Schlusse des Gedichtes zweimal der Wechsel der Reime „ê"= vorher und „ê"= Gesetz). [19] es ist (so) in diesem Jahre („heuer") und war auch vorjährig. [20] so lange. [21] währt. [22] besser. [23] bei ihnen zunimmt.

diu¹ bluomen unde den wuocher birt²
lieplicher dinge,
dan³ an dem urspringe.
diu wuocherhafte⁴ minne
diu schœnet⁵ nâch beginne:
daz ist der sâme, den si hât,
von dem⁶ si niemér zergât.
   Si dunket schœner sît dan ê⁷.
dâ von sô tiuret minnen ê⁸.
gediuhte minne sît als ê⁹,
so zergienge schiere¹⁰ minnen ê.
           (Nach der Ausgabe von R. Bechstein.)

Van dem manne unde sinem wive.
(Aus den Fabeln Gerhard's von Minden, XXVIII.)

Mittelniederdeutsch,
Anfang des 15. Jahrhunderts.

Ein gût man hadde ein bose wif,
der herte, tunge unde al or lif¹¹
so bose was, dat ni ne¹² wart
so boses nicht van minschen art,
went¹³ al or sin de stunt na were¹⁴.
Was he in hogen¹⁵, so was se ere¹⁶,
was he cre, so was se in hogen,
entwei se aldus sere togen¹⁷.
Do vêl it so to ener tît¹⁸,
dat se mit scheltwort euen strit
begunden aldus to gadere bringen¹⁹.
De twei dor ene wische²⁰ gingen,
daruppe nochten lach²¹ dat gras,

---

¹ welche. ² reichen Ertrag trägt. ³ als. ⁴ fruchttragende. ⁵ verschönt sich. ⁶ infolge dessen sie. ⁷ später, als vorher. ⁸ davon verschönt sich das Wesen der Liebe. ⁹ wenn die Liebe ebenso erschiene, wie am Anfange. ¹⁰ schnell. ¹¹ deren Herz, Zunge und ganzes Wesen ("all ihr Leib"). ¹² nie ("nie nicht"). ¹³ denn. ¹⁴ Zwietracht. ¹⁵ erfreut. ¹⁶ ärgerlich. ¹⁷ so zogen sie sehr nach verschiedenen Richtungen. ¹⁸ da fiel es (begab es sich) so zu einer Zeit. ¹⁹ so zu Stande zu bringen. ²⁰ Wiese. ²¹ noch lag.

dat ninges gemeiget¹ was;
he sprak: „Got ere dussen man²,
wo rechte wol he meigen kan,
de dut gras gemeiget hevet;
it is wol vrome³, dat he levet."
Se sprak: „Gi leget⁴ mit uneren,
it is beschoren mit ener scheren
beide ane segede unde ane swaden⁵."
He sprak echt⁶: „Hirmede wil gi laden⁷
bi wane⁸ uppe ju schande unde schaden."
Se sprak to ome⁹: „Wil gi gân baden¹⁰,
ik achte klene¹¹ up juwe druwen¹²."
He sprak: „Jo doch, so is se truwen¹³
gemeiget." Se sprak: „It is unwâr,
ik woldet herden¹⁴ noch ein jâr,
êr ik mi lete ju vorkrigen¹⁵."
He sprak: „Noch radik¹⁶, dat gi swigen,
ofte ik vorkorte¹⁷ ju dat blat¹⁸."
Se sprak: „Nu varet an Godes hât¹⁹,
wil gi de tungen mi vorsniden,
dat scholde ik ôk vil gerne liden,
de drouwe schole gi wol vormiden²⁰,
ofte ik vorgeldet ju mit niden²¹."
Mit torne he to or lêp;
bi oren²² haren he se grêp
unde warp dar neder dat bose wif
unde vêl²³ mit slegen up or lif,
dat se mit were²⁴ klene wrak²⁵.
Ein holt²⁶ he or in den munt stack,
hir ût he ir de tungen tôch
unde hêlt de vaste ungevôch²⁷.
„Noch sprek ik, dat it nein segete²⁸ were,"
se sprak, alse se do mochte, schere²⁹,
„ein chere ein chere". He hêlt se vaste,
na sinem meste³⁰ he do taste,

---

¹ das neulich gemähet. ² Gott segne diesen Mann. ³ nützlich, gut. ⁴ ihr lüget. ⁵ sowol ohne Sense als auch ohne „Schwaden" (b. i. die Reihen, in welchen gemähtes Heu liegt). ⁶ erwiderte (echt = abermals). ⁷ hiermit werbet ihr laden. ⁸ vermuthlich. ⁹ zum andern, wiederum. ¹⁰ wollt ihr baden gehn? (wol eine höhnische Bemerkung.) ¹¹ wenig. ¹² drohen. ¹³ gewiß. ¹⁴ erhärten. ¹⁵ ehe ich mich ließe durch euch unterkriegen. ¹⁶ rathe ich. ¹⁷ oder ich verkürze. ¹⁸ Zunge. ¹⁹ nun treffe euch Gottes Haß. ²⁰ die Drohung sollt ihr wol unterlassen. ²¹ Haß. ²² ihren. ²³ fiel. ²⁴ Vertheidigung. ²⁵ wenig ausrichtete. ²⁶ Holz. ²⁷ hielt sie ungebührlich fest. ²⁸ keine Sense. ²⁹ so gut sie da vermochte: Schere. ³⁰ Messer.

II. Mittelhochdeutsch und Mittelniederdeutsch. 373

do se den weke nicht en gaf[1],
do snêt he or de tungen af
unde sprak to ore: „Unreine pute[2],
nu is al juwe scheldent ute,
dor nôt[3] mote gi nu mere vorswigen,
doch wustik gerne umme juwe krigen,
of des noch icht ein ende were."
Do schôp[4] se de hant als ene schere
up unde to, oft se screde[5].
Do he do dat gesach, he sede,
dat dat wif jo ân twifel
was noch erger vil wen de duvel[6],
went men on wol mochte vorkrigen[7]
unde on mit worden dicke swigen[8].

We scheltwort wil van bosen wiven
met wederscheldene vordriven[9],
de revet sik[10]. Wen he schal ankliveu[11],
oft he ane meicheit[12] wille bliven,
sin dink[13], alse dusse bederve man[14],
nicht bat he ir gesturen kan.
Dat ergeste creature,
dat levet, is ein wif ungehure[15].
Dat gude wif is, we de hevet[16],
dat beste, dat up erden levet.

(Niederdeutsche Denkmäler, II, 41.)

---

[1] ihm nicht nachgab. [2] Schimpfwort. [3] nothgedrungen. [4] bewegte. [5] als ob sie schnitte. [6] viel ärger als der Teufel. [7] weil man ihn wol unterkriegen könnte. [8] oft zum Schweigen bringen. [9] vertreiben. [10] der ist unsinnig. [11] beginnen. [12] Verdruß. [13] seine Sache (zusammengehört: „ankliven sin dink"). [14] wie dieser biedere Mann. [15] bös (nicht geheuer). [16] wer die hat.

Weingruß.

Gedichtet von Hans Rosenblut, um 1450.
Mittelhochdeutsch.

Dô huob er ûf unde trank.
Weinschwelg.

Nu grusse dich got, du edels getrank!
Frisch mir mein lebern, sie ist krank,
Mit deinen gesunten heilsamen tropfen:
Du kanst mir all mein trawer verstopfen.
Selig sei der hecker, der umb dich hackt;
Selig sei der leser, der dich abzwackt
Und dich in ein kubel legt;
Selig sei der, der dich in die kaltern tregt;
Selig sei der putner[1] und die hant,
Der dich mit reifen umbpant
Und dir da macht ein hulzein hauss;
Selig sei der, der dich rufet aus;
Selig sei der wirt, der schenken erdacht;
Selig sei der pot, der dich here bracht;
Selig sei der, der dich hat eingeschenkt:
Unselig sei der, der ein sollichs erdenkt,
Das man die mass soll machen clein.
Nu behut dich got vor dem hagelstein
Und vor des kalten reifes frost,
Du ganz labung, du halbe kost.
Nu mussen alle die selig sein,
Die do gern trinken wein;
Den muss got allzeit wein bescheren
Und speise, damit sie den leib erneren.
So wil ich der erst sein, der anfecht[2],
Und wil einen trunk wol tun und recht.

(Wackernagel, S. 1371.)

De seven vroude[3] unser leven vrouwen.

Mittelniederdeutsch, 15. Jahrhundert.

Vrouwe dy[4], Maria, eddele vrucht[5],
dyner groten ere unde juncfrouweliken tucht[6],
dattu byst in werdicheyt[7] clar
vorhoget boven[8] alle der engel schar.

---

[1] Büttner, Böttcher. [2] anfängt. [3] die sieben Freuden. [4] freue dich.
[5] edler Sproß. [6] Zucht, Sitte. [7] Würdigkeit. [8] erhöhet über.

Vrouwe dy, juncfrouwe Maria, godes brut,
negest gode[1] dat alder hogeste[2] gud;
also de sunne der werlt gyft eren schyn,
also is de hemmele vorluchtet[3] myt der clarheyt dyn.

Vrouwe dy, Maria, en vath vul[4] aller ere,
dat Christus, dyn sone unde dyn here,
unde syn hilligen alghemeyne[5]
al synt se dy underdan unde eren dy, juncfrouwe reyne.

Vrouwe dy, Maria, dat godes wille unde dyn[6]
nummer twydrachtich syn[7];
wat du byddest unde hevest gebeden[8],
des bystu alle tyd getweden[9].

Vrouwe dy, Maria, aller creaturen ene crone,
dat god na dynen willen gyfft to lone
alle den, de dy denen vlytliken[10],
tydtlik[11] gud unde eyn ewych ryke.

Vrouwe dy, Maria, eyn spegel der otmodicheyt[12],
dattu sittest negest der hillighen drevaldicheyt
unde byst gecledet myt dyneme licham[13] clar,
des nemen alle de hillighen war.

Vrouwe dy, Maria, dat dyn grote werdicheyt
bliven schal in ewycheyt,
unde du byst seker unde wys[14],
dat dyner vroude nummer nen[15] ende ys.

(Aus einem bremer Gebetbuch mitgetheilt von
Lübben, Mittelniederdeutsche Gedichte, 20.)

---

[1] nächst Gott. [2] allerhöchste. [3] erleuchtet. [4] Gefäß voll. [5] insgesammt. [6] und der beine. [7] nimmer zwieträchtig sind. [8] hast gebeten. [9] ist dir gewährt. [10] allen benen, die dir bienen fleißig. [11] zeitlich. [12] Spiegel der Demuth. [13] Leibe. [14] sicher und gewiß. [15] nimmer kein.

Herr Hinrich und seine Brautfahrt.

**Mittelniederdeutsch des 16. Jahrhunderts,
Dithmarscher Mundart.**

Her Hinrich und sine bröder(,) alle drê(,)
   Vull grone [1],
Se buweden ein schepken [2], ein schepken tor sê
   Umb de adeligen rosenblomen.

Do dat schepken, dat schepken rede wer [3],
   Vull grone,
Se setteden sick darin, se forden [4] all darhen
   Umb de adelige rosenblome.

Do se westwarts averquemen
   Vull grone,
Do stunt dar ein goltschmedes son vor der dör
   Mit der adeligen rosenblomen.

„Weset nu willkamen, gi heren alle drê [5]
   Gar hübsch und gar schone!
Wille gi nu mede efte wille gi nu win [6]?"
   Sprak de adelige rosenblome.

„„Wi willen nenen [7] mede, wi willen nenen win,
   Vull grone,
Wi willen eines goltschmedes dochterlin han,
   De van adeligen rosenblomen.""

„Des goltschmedes dochter krige gi nicht,
   Gar hübsch und gar schone,
Se is Lütke Loiken [8] all togesegt [9],
   De adelige rosenblome."

„„Lütke Loike, Lütke Loike de krigt se nicht,
   Vull grone,
Da wille wi drê [10] unse helse umme wagen,
   Umme de adeligen roseublome.""

---

[1] voll gewaltsamen Muthes (gronen = knurren, murren). [2] bauten ein Schiffchen. [3] bereit war. [4] fuhren. [5] Aus dieser Anrede geht hervor, daß Hinrich nicht, wie die erste Zeile des Gedichts erwarten läßt, drei, sondern nur zwei Brüder hat, weshalb ich das „alle drê" der ersten Zeile zwischen Kommas stellen möchte. [6] wollt ihr nun Meth oder wollt ihr Wein?
[7] keinen. [8] Klein-Ludwig (Loike, ähnlich Lücke, Diminutiv von Ludwig).
[9] schon zugesagt. [10] da wollen wir drei.

II. Mittelhochdeutsch und Mittelniederdeutsch.

Lütke Loike tôg ût sin blankes swert
Vull grone,
He houw her Hinrik sinen lütken Finger af
Umb de adeligen rosenblome.

Her *H*inrik tôg ût sin blankes swert,
Gar *h*übsch und gar schone,
He *h*ouwd lütke Loiken sin *h*övet wedder[1] af
Umb de adeligen rosenblomen.

„„Ligge du aldar[2], ein krûsekrol[3]
Vull grone!
Min *h*erte dat is *h*undert dusent freuden vull
Umb de adeligen rosenblomen."

Lütke Loiken sine kinder de weenden al so sêr:
Vull grone:
„Morgen scholn wi unsen vader begraven
Umb de adeligen rosenblomen."

Altes Tanzlied, dithmarscher Chronik, II, 569.

(Nach der Wiedergabe von Müllenhoff in „Sagen, Märchen und Lieder der Herzogthümer Schleswig=Holstein und Lauenburg", S. 43. Vergl.: Uhland, Alte hoch= und niederdeutsche Volkslieder, I, 309; Simrock, Deutsche Volksbücher, VIII, 53; Wunderhorn, II, 172.)

Das Lied wurde zum „Trümmelentanz" (Trommeltanz) gesungen, der „mit Treten und Handgebarden sonderlich ausgerichtet wurde". Daß das Lied neben dem Kehrreime Alliterationen enthält, wurde von Böhme hervorgehoben.

---

[1] „wieder", b. i. als Erwiderung. [2] liege du hier. (Mit Unrecht setzt Böhme [Altdeutsches Liederbuch, S. 55] ein Komma: „Ligge, du aldar" und übersetzt: „Nun liege, du Alter".) [3] Kraußtopf (Krulle = Haarlocke).

III. Neuhochdeutsch und Neuniederdeutsch.

Ain new lied herr Ulrichs von Hutten
(gedichtet 1521).

Neuhochdeutsch.

— Von warhait ich wil nimmer lan,
das sol mir bitten ab kain man,
auch schafft, zu schrekken mich, kain wehr,
kain ban, kein acht, wie fast und sehr
man mich damit zu schrekken maint.
Obwol main frumme mutter weint,
da ich die sach het gfangen an:
got wöll sie trösten, es muss gahn;
und sollt es brechen auch vor'm end,
wils got, so mags nit werden gwendt,
darumb wil brauchen füss und händ:
    Ich habs gewagt!
(Hutten im Vorworte zur Verdeutschung
seiner „Dialogi", 1520.)

Ich habs gewagt mit sinnen
und trag des noch kain rew,
mag ich nit dran gewinnen,
noch muss man spüren trew;
  dar mit ich main   nit aim allein,
wen man es wollt erkennen:
  dem laud zů gůt,   wie wol man tůt
ain pfaffenfeint mich nennen.

Da lass ich jeden liegen [1]
und reden was er wil;
het warhait ich geschwigen,
mir wären hulder vil [2]:

---

[1] lügen.   [2] viele.

nun hab ichs gsagt, bin drumb verjagt,
das klag ich allen frummen,
wie wol noch ich nit weiter fleich
villeicht werd wider kummen.

Umb gnad wil ich nit bitten,
die weil ich bin on schult;
ich het das recht gelitten,
so hindert ungedult
dass man mich nit nach altem sit
zû ghör hat kummen lassen;
villeicht wils got und zwingt sie not
zû handlen diser massen.

Nun ist oft diser gleichen
geschehen auch hie vor
dass ainer von den reichen
ain gûtes spil verlor,
oft grosser flam von fünklin kam,
wer waiss ob ichs werd rechen!
stat schon im lauf, so setz ich drauf:
mûss gan oder brechen!

Wil nun ir selbs nit raten
dis frumme nation,
irs schadens sich ergatten
als ich vermanet han,
so ist mir laid; hie mit ich schaid,
wil mengen bass die karten,
bin unverzagt, ich habs gewagt
und wil des ends erwarten.

Ob dan mir nach tût denken
der curtisanen list:
ain herz last sich nit krenken,
das rechter mainung ist;
ich waiss noch vil[1], wöln auch ins spil
und soltens drüber sterben:
auf, landsknecht gût und reuters mût,
lasst Hutten nit verderben!

(Uhland, Alte hoch- und niederdeutsche Volkslieder, S. 917. Orig. 7 Strophen.)

---

[1] viele.

M. Luther.

Der 46. Psalm
(Deus noster refugium et virtus)
gedichtet zu Speier 1529.

Neuhochdeutsch.

Ein feste burg ist unser gott,
ein gute wehr und waffen,
er hilft uns frei aus aller not,
die uns itzt hat betroffen;
der alt böse feind
mit ernst ers itzt meint,
gross macht und viel list
sein grausam rüstung ist,
auf erd ist nicht seins gleichen.

Mit unser macht ist nichts getan,
wir sind gar bald verloren,
es streit für uns der rechte man,
den gott hat selbs erkoren
fragstu wer der ist?
er heisst Jesus Christ,
der herr Zebaoth,
und ist kein ander gott,
das feld muss er behalten.

Und wenn die welt vol teufel wer
und wolt uns gar verschlingen,
so fürchten wir uns nicht so ser,
es soll uns doch gelingen;
der fürst dieser welt
wie saur er sich stelt
tut er uns doch nicht,
das macht: er ist gericht,
ein wörtlin kan ihn fellen.

Das wort sie sollen lassen stan
und kein dank dazu haben,
er ist bei uns wol auf dem plan
mit seinem geist und gaben:
nehmen sie den leib,
gut, er, kind und weib:
lass fahren dahin!
sie habens kein gewin,
das reich muss uns doch bleiben.

Martin Luther's geistliche Lieder, herausgegeben von Philipp Wackernagel (Stuttgart 1848). Vgl. daselbst über die Entstehung des Liedes S. 155.

III. **Neuhochdeutsch und Neuniederdeutsch.**

Die röslein sind zu brechen zeit.
Neuhochdeutsch, 16. Jahrhundert.

Die röslein sind zu brechen zeit,
Derhalben brecht sie heut!
Und wer sie nicht im sommer bricht,
Der brichts im winter nicht.

Und brichst du sie im sommer nicht,
Das rewet dich, ja dich;
Es get ein frischer sommer herein,
Dasselbig frewet mich.

Der sommer bringt uns kühlen taw
Ins grüne gras, ja gras;
Wär ich bei meinem feinen lieb,
So wär mir desto bass.

„Wilt du zu mir, saum dich nicht lang
In diesem zil, ja zil!
Es get ein frischer sommer herein,
Bringt uns der röslein vil."

Da brachen sie der röslein vil
Mit grosser frewd, ja frewd;
Wolauf mit mir, brauns mägetlein!
Es ist iezt an der zeit.

Sie brachen in[1] der röslein ab
Zu einem kranz, ja kranz,
Sie g'lobten einander trew und er[2],
Das macht ir lieb erst ganz.

Wer ist der uns das liedlein sang
Auss freiem mut, ja mut?
Das tet eins reichen bauren son,
War gar ein junges blut.

(Uhland, Alte hoch= und niederdeutsche Volkslieder, I, 63.)

In Fischart's „Geschichtklitterung" (S. 143) ist die erste Strophe dieses Ge=
dichtes — dort ein „Alt Lieblin" genannt — abgedruckt. Hiernach 16. Jahr=
hundert oder älter.

---

[1] ihnen (sich). [2] Ehre.

Nu vall, du rip[1].

Nenniederdeutsch (Oldenburgisch?), 17. Jahrhundert.

Nu vall, du rip, du kolde schne,
Und vall up minen voot[2]!
Dat megtlin is aver hundert mile[3]
Und dat mi werden moot.

Ick quam to leves kemerlin,
Ick mende ick wer allein,
Do quam de hertallerleveste min
Wol to der dör henin.

Got gröte di, min fines lef!
Wo steit unser beider sak[4]?
Ick set an dinen brunen öglin wol,
Du drechst grot ungemak.

Die sünne is vorblicket[5],
Is nümmer so klar alse vörn;
It is nicht ein halves jar,
Als ick se erst lef wan.

Wat schal mi denn min fines lef,
Wenn se nicht danzen kan?
Wo ick se denn tom danze vöer,
Dar spottet min iderman.

Wol wil mi[6] helpen truren,
De richte dre vinger up!
Ick sehe vel vinger und weinich truren,
Adde! ick far darhen.

(Uhland, Alte hoch= und niederdeutsche Volkslieder, I, 94. Nach S. 1002 und 977 „vermuthlich vom Eingang des 17. Jahrhunderts".)

---

[1] Reif. [2] Fuß. [3] über hundert Meilen (entfernt). [4] wie steht unser beider Sache. [5] verbleichet. [6] wer will mir.

Martin Opitz' Aufruf an die Deutschen
(am Schlusse des 3. Buches seiner Trostgedichte).

Neuhochdeutsch, erste Hälfte des 17. Jahrhunderts.

Die güldne Freiheit nun lässt kein Mann eher fahren,
Als seine Seele selbst; dieselbe zu verwahren,
Derselben Schutz zu thun, ist allzeit gut und recht;
Wer sie verdrücken lässt, wird billig auch ein Knecht.
Wer kann sein Vatterland dann wüste sehen stehen,
Dass er nicht tausendmal muss einen Tag vergehen?
Die Gunst, die jedermann zu ihm von Herzen trägt,
Wird selbst durch die Natur von Kindheit an erregt.
Das liebe Vatterland hat erstlich uns erzeuget
Und auf die Welt gebracht, hat erstlich uns gesäuget;
Von dieser Mutter kömpt uns alles Gut und Nutz,
Drumb sucht sie wiederumb bei uns auch billig Schutz.

Ach, Teutschland, folge nach! lass doch nicht weiter kommen
Die, so durch falschen Wahn so viel schon eingenommen,
Zu Schmach der Nation: Erlöse deinen Rhein,
Der jetzund Waffen trägt vor seinen guten Wein!

O werthes Volk, wolan, das du durch dieser Zeiten
Gewitter, Wind und Sturm, durch so viel Müh und Streiten
Der rechten Sachn hilfst, gieb ja den Muth nicht auf,
Halt feste, wanke nicht, vollende deinen Lauf!
Hilft ja nichts anders zu, und muss es sein gestorben,
So weichet der Verlust doch dem, was wird erworben.
Das Lob, dem Neid und Zeit gar keinen Schaden thut,
Wird wohlfeil eingekauft umb eine Handvoll Blut.
Lasst doch den fremden Stolz uns nicht mit Füssen treten,
Der auch der Sonnen Bahn gedenkt mit einer Ketten
Zu schliessen in sein Reich; befreiet unser Recht
Von solcher Hoffart doch, der eine Welt zu schlecht.
Lasst uns doch herzhafft sein, den Namen unsrer Alten,
Der unvergänglich ist, auch jetzund zu behalten,
Die ewigen Triumph mit ihrer Macht ereilt
Und unter sich den Raub der Völker ausgetheilt;
Von denen man hernach viel Lieder hat erdichtet
Auf unser Mutterteutsch, wie Tacitus berichtet,
Und wie man auch jetzund in Cimbrien hier [1] find,
Da sehr viel Reimen noch von alters ubrig sind.

---

[1] Die „Trostgedichte in Widerwärtigkeit des Kriegs" sind 1633 in Jütland gedichtet.

Ei folgt, ei folget nach, begebt euch bei die Helden,
Von derer kecken Sinn auch noch die Schriften melden;
Bewahrt der Eltern Ruhm und werthen Namen rein,
Dass wir von teutscher Art und Alle-Männer sein.
Dass eure Tapferkeit Die[1] jetzt und künftig leben
Bis an den Himmel sich bemühen zu erheben,
Und das Gerüchte sei weit über Meer und Land:
Noch hat die gute Sach' am letzten Oberhand!

Martin Opitz,
geb. zu Bunzlau in Schlesien 1597, † 1639.

Lauremberg's Vorwort zu seinen Scherzgedichten.

Niederdeutsch, Mitte des 17. Jahrhunderts.

Mundart von Rostock.

Woor ein Miuschenkind henwandert
In der Werrelt wit und breet,
Merket men mit groot Verdroet[2],
Dat sick alle Dink verandert:
Man moot sick verwundern sehr,
Nichtes blifft bestendig mehr.

Aller Minschen Doont[3], Gedanken,
Rede, Mening, Sinn und Waan
Als ein Wind- und Wedderhaan
Hen und her unstedig wanken.
Wat dar was ein nie[4] Gesank,
Dat is nu de olde Klank.

Wat vörm Jahr was Allemode[5]
Und van jederm[6] wart geehrt,
Dat is itzund nicht mehr werth,
Als dat Schimmel van dem Brode:
Nie[7] wert old und old wert nie,
Kaken[8] moot men frischen Brie[9].

---

[1] „Die" für: die, so. [2] Verdruß. [3] Thun. [4] neuer. [5] modisch (à la mode).
[6] flectirt nach dem Klange von „anderm" (in der Pfalz: „ein britterer").
[7] neu. [8] kochen. [9] Brei.

Solke Doorheit wert gehalet[1]
All ut Frankrick, darvör is
Mennig Schilling, ja gewis
Mennig Tunne Gold betalet.
Vör Vernunft und Wiesheit goot
Gifft men kuum ein Stücke Broot.

Nemand hölt sick na dem Stande,
Dar en Gott hefft tho gebracht,
Nemand blifft bi siner Dracht,
De gebrüklick is im Lande;
Schlichtes[2] Volk ein Levend föhrt,
Als dem Adelstand geböhrt.

Underscheet der Ständ und Orden[3]
Is den Lüden man[4] ein Spot,
Welker doch wieslick van Gott
Sülvest is gestiftet worden.
Börgers willen holden[5] sick
Nach der Hogen Wiese und Schick.

Kleeder, Sprake, Versche schrieven
Endert sick fast alle Jahr,
Man ick achte idt[6] nicht ein Haar;
Bi dem Olden will ick blieven.
Höger schal min Styll nicht gahn,
Als mins Vaders hefft gedahn.

Johann Lauremberg,
geb. zu Rostock 1590, † 1659.

Aus Paul Flemming's erstem Buch der Oden.
Neuhochdeutsch, Anfang des 17. Jahrhunderts.

Lass dich nur nichts tauren[7]
  Mit Trauren,
    Sei stille!
Wie Gott es fügt,
So sei vergnügt
  Mein Wille.

---

[1] geholet. [2] geringes. [3] Ordensgesellschaften. [4] nur. [5] wollen halten. [6] es. [7] bauern, betrüben.

Welcker.

Was willst du heute sorgen
Auf morgen?
 Der eine
 Steht allem für[1],
Der giebt auch dir
 Das Deine.

Sei nur in allem Handel
Ohn' Wandel,
 Steh feste!
Was Gott beschleust,
Das ist und heisst
 Das Beste.

Paul Flemming,
geb. zu Hartenstein im sächsischen Erzgebirge 1609,
† 1640.

An Sich.

Neuhochdeutsch, 17. Jahrhundert.

Sei dennoch unverzagt, gieb dennoch unverloren,
Weich' keinem Glücke nicht, steh höher, als der Neid;
Vergnüge dich an dir und acht' es für kein Leid,
Hat sich gleich wider dich Glück, Ort und Zeit verschworen.

Was dich betrübt und labt, halt' alles für erkoren,
Nimm dein Verhängniss an, lass alles unbereut;
Thu' was gethan muss sein und eh' man dir's gebeut;
Was du noch hoffen kannst, das wird noch stets geboren.

Was klagt, was lobt man doch? sein Unglück und sein Glücke
Ist ihm ein jeder selbst. Schau alle Sachen an:
Dies alles ist an dir; lass deinen eiteln Wahn,
Und eh' du fürder[2] gehst, so geh' in dich zurücke.
Wer sein selbst Meister ist und sich beherrschen kann,
Dem ist die weite Welt und alles unterthan.

Paul Flemming.

[1] der allein allem vorsteht (wenn nicht: der Eine [Gott] steht allem vor).
[2] so die Ausgabe von Schwab; die älteren Ausgaben haben „förder".

Germanische Sprachen.

Das Verwandtschaftsverhältniß, in welchem die einzelnen auf dem Titel kurz als „germanische Schwestersprachen" bezeichneten Idiome zueinander stehen, ist ein sehr verschieden nahes.

I. Als ältester Zweig der allen germanischen Sprachen zu Grunde liegenden Ursprache gilt das **Gothische**.

II. Ein zweiter Sproß ist der **nordische** oder **skandinavische** Sprachstamm, mit seinen Tochtersprachen: Norwegisch, Schwedisch, Dänisch.

III. Alle übrigen germanischen Idiome (Angelsächsisch, Friesisch, Sächsisch, Niederländisch, Hochdeutsch) werden, da sie aus dem Gothischen, wie aus dem Nordischen nicht ableitbar, unter sich aber nächstverwandt sind, einer dritten, gemeinsamen Wurzel, dem **westgermanischen** Sprachstamme, zugerechnet, wobei über die Zeit der einzelnen Abspaltungen und über das nähere Verknüpfungsverhältniß der einzelnen Sprossen volle Einigung bei den Sprachforschern nicht besteht.

1. Das **Angelsächsische** ist durch die Zumischung romanischer Elemente in seiner Endform, dem Englischen, der deutschen Sprache am unähnlichsten geworden.

2. **Friesisch**, einst in den deutschen Nordseeländern weitverbreitet (Ostfriesisch), lebt in seinen westlichen und nördlichen Töchtern (Nord- und Westfriesisch). Ostfriesische Reste nur noch im Saterlande (Oldenburg).

3. Das **Niederländische** (Holländisch und Vlämisch), obwol aus fränkischem Stamme erwachsen und somit dem Niederfränkischen am nächsten verwandt, theilt doch mit dem Niedersächsischen den Mangel der zweiten Lautverschiebung, welche das Hochdeutsche von allen anderen germanischen Sprachen unterscheidet und wird deshalb auch wol den „niederdeutschen Mundarten" in weiterem Sinne zugerechnet.

I. Gothisch.

Aus Ulfila's Bibelübersetzung,
dem ältesten germanischen Sprachdenkmale (4. Jahrhundert — um 360 bis 380).

Atta unsar thu in himinam,
veihnai [1] namo thein.
qvimai thiudinassus [2] theins.
vairthai [3] vilja theins,
sve [4] in himina, jah [5] ana airthai.
Hlaif unsarana [6] thana sinteinan [7] gif uns himma [8] daga.
jah aflet uns [9] thatei skulans sijaima [10],
svasve jah veis [11] afletam thaim skulam unsaraim [12].
Jah ni briggais [13] uns in fraistubnjai [14],
ak lausei [15] uns af thamma [16] ubilin.
unte theina ist thiudangardi [17],
jah mahts [18], jah vulthus [19], in aivins [20].
    Amen.
(Wackernagel, Lesebuch, S. 8.)

---

[1] es werde geweihet. [2] es komme die Herrschaft. [3] es werde. [4] wie. [5] auch. [6] Brot unseres. [7] das fortwährende. [8] an diesem. [9] und ablasse uns. [10] daß wir Schuldige seien. [11] so auch wir. [12] diesen Schuldigen unseren. [13] und nicht bringest. [14] Versuchung. [15] sondern erlöse. [16] von diesem. [17] und dein ist das Reich. [18] und Macht. [19] Herrlichkeit. [20] Ewigkeit.

II. Nordisch.

Das Lied von Ólafur Liljuros.

Altisländisch, 15. (?) Jahrhundert.

Vers 2 und 4 sind Kehrreime, die sich in jeder Strophe wiederholen. Die sich deckenden oder ungefähr einander entsprechenden Strophen dieses und des folgenden Stückes sind mit gleichen Ziffern bezeichnet.

1 Ólafur reidh medh björgum fram,
— raudhur loginn brann —
hitti fyrir sèr álfa rann.
—thar lá búinn byrdhíng undan björgunum fram.

Olaf ritt an Bergen (Felsen) einher,
— roth die Flamme brannte —
er fand vor sich der Elfen Haus.
— Da lag bereit das Fahrzeug unter den Felsen.

2 Thar kom út ein álfa mær,

gulli snúidh var hennar hár.

Da kam heraus eine Elfenjungfrau,

goldgeflochten war ihr Haar.

Thar kom út hin önnur,
hèlt á silfurkönnu.

Da kam heraus die andere,
hielt eine Silberkanne.

Thar kom út hin thridhja,
silfurlinda um sig midhja.

Da kam heraus die dritte,
einen Silbergurt um sich mitten.

Thar kom út hin fjórdha,
henni vardh skjótt til ordha:

Da kam heraus die vierte,
ihr ward sogleich zum Sprechen:

3 „Velkominn, Ólafur liljurós,
gakk í búdh og drekk hjá oss!"

„Willkommen, Olaf Lilienrose,
gehe in das Zelt und trink' mit uns."

II. Nordisch.

4 „„Eg vil ei medh álfum búa,
heldur vil eg á gudh minu trúa."“

„„Ich will nicht mit Elfen wohnen,
lieber will ich auf meinen Gott vertrauen."“

5 „Thó thú vilir medh álfum búa,
samt máttú á gudh thinu trúa.

„Dennoch du willst mit Elfen wohnen,
zugleich magst du auf deinen Gott vertrauen.

„Bídhtu mín um litla stund,
medhan eg geng í græna lund."

„Warte du mein eine kleine Weile,
während ich gehe in grünen Hain."

6 Hún gekk sig til kistu,
axladhi yfir sig skikkju.

Sie ging sich zur Kiste,
schulterte über sich einen Mantel.

7 Hún gekk sig til arkar,
greip upp saxidh snarpa.

Sie ging sich zur Arche (Truhe),
griff auf das Schwert, scharfe.

8 „Thú munt ei svo hèdhan fara,
adh thú munir oss kossinn spara."

„Du wirst nicht so von hinnen gehen,
daß du werdest uns den Kuß sparen (vorenthalten)."

9 Ólafur laut um södhulboga,
kysti hann frú medh hálfum huga.

Olaf beugte sich über den Sattel-
bogen,
küßte er die Frau mit halbem Sinne.

10 Hún lagdhi undir hans herdharbladh,
í hjarta rótum stadhar gaf.

Sie senkte (das Schwert) unter sein Schulterblatt,
in des Herzens Wurzeln (ihm) Stelle gab.

Hún lèt honum svídha
sára sax medh sídhu.

Sie ließ ihm brennenden Schmerz verursachen
das Wunden-Schwert in der Seite.

Ólafur leit sitt hjartablódh,
undir fæti á fola stódh.

Olaf sah sein Herzblut,
unter dem Fuße des Pferdes es stand.

11 Ólafur keyrdhi hest medh spora,
svo reidh hann til módhur dyra.

Olaf stieß das Roß mit dem Sporne,
so ritt er zu der Mutter Thüre.

Klappar á dyr medh lófa sín:
„„ljúktu upp ástar-módhirin mín!"""

Klopft an die Thüre mit seiner flachen Hand:
„„Schließe auf, liebe Mutter mein!""

„Hvadhan komstu sonurinn minn?
hvernig ertu svo fölur á kinn?

„Woher kommst du, mein Sohn?
wie bist du so fahl auf der Wange?

12 „Svo ertu blár og svo ertu bleikur,
sem thú hafir veridh í alfa leik."

„So bist du blau und so bist du bleich,
gleichwie du seist gewesen in der Elfen Spiel."

13 „„„Mèr tjáir ekki adh dylja thig:
álfamærin blekkti mig.

„„„Mir glückt nicht zu verhehlen dir:
die Elfenjungfrau betrog mich.

14 „„Módhir, ljádhu mèr mjúka sæng;
systir, ljádhu mèr sídhuband.""

„„Mutter, leihe du mir ein weiches Bett;
Schwester, leihe du mir ein Seitenband (Wundbinde).""

15 Leiddi hún hann í loptidh inn,
daudhan kysti hún soninn sinn.

Führte sie ihn in das hohe Stockwerk hinein,
sie küßte ihren todten Sohn.

16 Thar var meiri grátur en gaman:
— raudhur loginn brann—
thrjú fóru lík í steinthró saman.
— thar lá búinn byrdhing undan björgunum fram.

Da war mehr Weinen als Freude:
— Roth die Flamme brannte —
Drei fuhren der Leichen in einen Steinsarg zusammen.
— Da lag bereit das Fahrzeug unter den Felsen.

Altisländisches Volkslied, dessen Inhalt in allen nordischen und mehreren anderen Sprachen wiederholt und variirt ist.
(Islensk fornkvædhi... ved Svend Grundtvig og Jón Sigurdhsson, Kjøbenhavn 1854.)

Das Lied von Olavur Riddaros.

Färöisch.

<table>
<tr><td>

1 Ólavur ridhur efter björgu-
    num fram,
— Kol og smidhur vidh —
fann hann uppá eitt álvarann.
— Ungir kallar, kátir kal-
    lar! gangidh uppá gólv,
    dansidh lystulig!

</td><td>

Olav reitet fort nach den Bergen,
— Kohlen und der Schmied
    dabei —
er stieß auf ein Elfenhaus.
— Junge Männer, frohe Män-
    ner! geht hinauf auf den
    Boden und tanzt lustig!

</td></tr>
<tr><td>

2 Út kom eitt tadh álvafljódh,
    flættadh hár á herdhar dró.

</td><td>

Heraus kam ein Elfenmädchen,
geflochtenes Haar fiel auf die
    Schultern.

</td></tr>
<tr><td>

Út kom ein av álvum tá,
flættadh hár á herdhar lá.

</td><td>

Heraus kam eine von den Elfen da,
geflochtenes Haar auf den Schul-
    tern lag.

</td></tr>
<tr><td>

3 „Ver vælkomin, Ólavur Rid-
    darós,
tú gakk í dans og kvödh
    fyri os!"

</td><td>

„Sei willkommen, Olav Ritter-
    rose,
geh' in den Tanz und singe vor
    uns!"

</td></tr>
<tr><td>

4 „„Tá tarft ikki flætta títt
    hár fyri meg,
eg eri ikki komin at bidhja
    teg.""

</td><td>

„„Du brauchst nicht dein Haar
    für mich zu flechten,
ich bin nicht gekommen, um dich
    zu werben.""

</td></tr>
<tr><td>

5 „Ert tú ikki komin at
    bidhja meg,
eg havi ikki ætladh at eiga
    teg."

</td><td>

„Bist du nicht gekommen, um
    mich zu werben,
so habe ich nicht daran gedacht,
    dich zu nehmen."

</td></tr>
<tr><td>

„„Eg kann ikki meiri hjá
    álvum vera,

</td><td>

„„Ich kann nicht mehr bei den
    Elfen sein,

</td></tr>
</table>

i morgin lati eg mitt brúdleyp gera.""	morgen lasse ich meinen Brautlauf (Hochzeit) machen.""
"Vilt tú ikki longur hjá álvum vera, sjúkur skalt tú títt brúdleyp gera."	"Willst du nicht länger bei den Elfen sein, krank sollst du deinen Brautlauf machen."
6 Hon bar fram eitt drykkjukar, eiturkornidh í tí var.	Sie brachte herbei ein Trinkgefäß, das Giftkorn war darin.
7 Hon bar fram eitt drykkjusteyp, eiturkornidh í tí fleyt.	Sie brachte herbei einen Trinkkrug, das Giftkorn schwamm darin.
Hon skonkti honum í drykkjuhorn, har fór í tadh eiturkorn.	Sie schenkte ihm in ein Trinkhorn, hier kam hinein das Giftkorn.
Tann fyrsta drykkin idh Ólavur drakk, hans breidha belti um hann sprakk.	Den ersten Trank so Olaf trank, sein breiter Gürtel ihm zersprang.
8 "Hoyr tú Ólavur frídhi, tú kyss meg, ádhrenn tú rídhur!"	"Höre du, schöner Olav, Küsse mich, ehe du reitest!"
9 Ólavur studdist vidh sadhilbuga, hann kysti ta moy av lítlum huga.	Olav stützte sich auf den Sattelbogen, er küßte das Mädchen mit geringer Liebe.
10 Hon kysti hann so mjúkan, hon sveik hann so sjúkan.	Sie küßte ihn so sanft, sie machte durch Trug ihn krank.
"Tú sig tíni módhur, tá idh tú kemur heim, tín foli snávadhi um ein stein!"	"Sage du deiner Mutter, wenn du heim kommst, daß dein Füllen an einem Steine stolperte."

II. Nordisch. 395

11 Ólavur heim í gardhin fór,
úti hans módhir fyri honum
stód.

Olav ritt heim in den Hof,
draußen stand seine Mutter vor
ihm.

12 „Hví ert tú so fölin, hví
ert tú so bleik',
sum tú hevdhi veridh i álva-
leik?"

„Warum bist du so fahl, warum
bist du so bleich,
als wärst du gewesen im Elfen=
spiel?"

13 „„Mín kæra módhir, eg
sigi tær sann:
míu foli snávadhi um ein
stein.

„„Meine liebe Mutter, ich sage
dir die Wahrheit:
mein Füllen stolperte an einem
Steine.

„„Tí eri eg fölin, tí eri
eg bleik',
igjár var eg í álvaleik.

„„Darum bin ich fahl, darum
bin ich bleich,
gestern war ich im Elfenspiel.

14 „„Mín kæri fadhir, tú
heinta mær prest',
min kæra módhir, ver tú
mær næst."''

„„Mein lieber Vater, hole mir
einen Priester,
meine liebe Mutter, sei du mir
nahe."''

15 Ólavur vendist til veggin
brátt,
han doydhi langt fyri mid-
nátt.

Olav wendete sich alsbald zur
Wand,
er starb lange vor Mitternacht.

16 Har komu av tí bú
líkini try', tey vóru so prúdh.

Hier kamen aus diesem Gehöfte
drei Leichen, die waren so ansehn=
lich.

Tadh fyrsta var Ólav, tadh
annadh hans vív,
tadh tridhja hans módhir,
hon læt sítt lív.

Die erste war Olav, die zweite
sein Weib,
die dritte seine Mutter, sie ließ
ihr Leben.

Tadh fyrsta var Ólav, tadh
annadh hans moy,
— Kol og smidhur vidh —
tadh tridhja hans módhir, av
sorg hon doydhi.

Die erste war Olav, die zweite
seine Maid,
— Kohlen und der Schmied dabei —
die dritte seine Mutter, vor
Kummer sie starb.

— Ungir kallar, kútir kallar! gangidh upp á gólv, dansidh lystulig! — Junge Männer, frohe Männer! geht hinauf auf den Boden und tanzt lustig!

(Færøsk anthologi... ved V. U. Hammershaimb, Kjøbenhavn 1886.)

Original 38 Strophen. Unter den 13 hier weggebliebenen ist keine, die in der isländischen Fassung ein näher entsprechendes Gegenstück hätte, sodaß der gesammte Inhalt der isländischen Fassung, soweit die färöische ihn wiederholt, hier gegeben ist. — Der Eingang des färöischen Textes enthält die von der Mutter gesprochenen, mit dem Fortgange nicht stimmenden Worte:

Weiß ist das Hembe, weiß ist es gewaschen,
In Blut wird es von dir abgezogen.

Haust.

Neuisländisch.

Alt fram streymir endalaust, — Alles vorwärts strömt ohne Ende (d. i. ohne Rast),
ár og dagar lídha; — Jahre und Tage vergehen;
nú er komit hrímkalt haust, — nun ist gekommen der reifkalte Herbst,
horsin sumarblídha. — geschwunden die Sommerwonne.

Fölna grös, en blikna blóm, — Es wird gelb das Gras, es verbleichen die Blumen,
af björkum laufin detta; — von den Birken die Blätter fallen;
daudhalegum drynur óm — todbringendes Getöse (óm) läßt erschallen
dröfn vidh fjardharkletta. — die Woge an den Klippen der Meerbucht.

Alt er kalt og alt er dautt, — Alles ist kalt und alles ist todt,
eilífur ríkir vetur; — immerwährend herrscht der Winter;
berst mjer negg í brjósti snautt, — es schlägt mir das arme (snautt) Herz in der Brust,
en brostidh ekki getur. — aber zerspringen nicht kann es.

Aus einer Sammlung neuisländischer Gedichte: „Snót (das Mädchen), Akureyri 1877".

Die neuisländische Poesie ist interessant durch die Beibehaltung der Alliteration, neben dem Endreime.

Paa Fjellet.
Norwegisch (Mundart).

Hu hei! kor er det vel friskt og lett [1]
    upp aa Fjellet [2]!
Her leikar Vinden i kaate Sprett [3]
    upp aa Fjellet!
og Foten dansar [4], og Augat lær [5],
og Hjartat kveikjande Hugnad fær [6]
    upp aa Fjellet.

Kom upp! kom upp fraa den tronge Dal [7]
    upp aa Fjellet!
Her blæs [8] ein Blaaster [9] so frisk og sval [10]
    upp aa Fjellet;
og Lidi skin utav Blomar full [11],
og Soli drys alt sitt fagra Gull [12]
    upp aa Fjellet!

I Dalen starvar du tung og heit [13],
    kom paa Fjellet!
Kor fint her er, inkje nokon veit [14] —
    her paa Fjellet!
Ditt Auga flyg yver Nut og Tind [15],
det er, som flyg det [16] i Himlen inn
    upp fraa [17] Fjellet.

Og naar no Soli til Kvila gjeng [18]
    attum [19] Fjellet,
da reida Skuggarne upp si Seng [20]
    attmed [21] Fjellet.
Daa giddrar alt i ein Straalestraum [22],
og Hjartat sveipar seg inn i Draum [23]
    upp aa Fjellet.

B. Janson.

(Nordiske Toner. Digte af norske, svenske
og danske Forfattere, Christiania 1875.)

---

[1] Hei, wie ist es doch frisch und frei. [2] auf dem Gebirge. [3] hier spielt der Wind in muntren Sprüngen. [4] und der Fuß tanzt. [5] und das Auge lacht. [6] und das Herz empfängt erfrischende Luft. [7] aus dem engen Thal. [8] hier bläst. [9] Lüftchen. [10] kühl. [11] und die Halde glänzt von Blumen erfüllt. [12] und die Sonne verbreitet all ihr glänzendes Gold. [13] im Thale mühst du dich schwer und heiß. [14] wie schön es hier ist, nicht einer es weiß — [15] dein Auge fliegt über Gipfel und Bergspitze. [16] es ist, als flöge es. [17] hinauf vom. [18] und wenn nun die Sonne zur Ruhe ging. [19] hinter. [20] so breiten die Wolken aus ihr Bett. [21] am. [22] da zittert alles in einem Strom von Glanz. [23] und das Herz hüllt sich in einen Traum.

Kriſtallen dänn fina.
Schwediſch.
Mundart im Kirchſpiele Orſa.

Kristallen dänn fina,
Summ solä månd' stjina,
Summ stärnurna blanka i stjin.

Der Kryſtall, der feine,
Wie die Sonne möchte glänzen,
Wie die Sterne die blinkenden
    am Himmel.

Ig uet av en' flicka,
Rätt ärlig åg kärlig,
Ajt i issu'-jan bim.

Ich weiß von einem Mädchen,
Recht ehrlich und liebreich,
Ganz und gar hier in dieſem Dorfe.

Ack umm ui kum til älskogs,
    Blåmma!
Umm du uäri uännen männ!
Åg allräkärästan maj!
Färr räda, räda rosur färr-
    djillande gullskrin!

Ach wenn wir kämen zur Liebe,
    Blume!
Wenn du wäreſt mein Freund
    (Freundin)!
Und die Allerliebſte mein!
Für rothe, rothe Roſen ein ver-
    goldender Goldſchrein!

(Bei Firmenich, III, 883.)

Till ſvenſka foſterjorden.[1]
Schwediſch (Schriftſprache).

Du gamla[2], du friska, du fjällhöga[3] nord,
  du tysta, du glädjerika, sköna[4]!
Jag helsar dig, vänaste land uppå jord[5],
  din sol, din himmel, dina ängder gröna[6]!

Du tronar på minnen från fornstora da'r[7],
  då frejdadt ditt namn flög öfver jorden[8],
Jag vet, att du är och du blir, hvad du var[9]:
  ack, jag vill lefva, jag vill dö[10] i norden!

R. Dybeck.
(Nordiske Toner.)

---

[1] An die ſchwediſche Heimat. [2] du alter. [3] berghoher. [4] du ſchweigſamer, du freudenreicher, ſchöner. [5] ich grüße dich, holdeſtes Land auf Erden. [6] grünen Wieſen. [7] du thronſt auf den Erinnerungen an verfloſſene große Tage. [8] wo gefeiert dein Name flog über die Erde. [9] ich weiß, daß du biſt und du bleibſt, was du warſt. [10] ach ich will leben, ich will ſterben.

Den norske Qvinde.

Dänisch (Schriftsprache).

Man priser bestandig det
  norske Fjeld,
Og det er vel værdt at ære;
Men Steen er Steen alli-
  gevel,
Hvor stor den end maa være.
Ret gjerne jeg stiger med
  lystigt Mod
Til Fjeldets överste Tinde,

Men heller jeg dvæler dog
  ved dets Fod,
Thi der er den norske
  Qvinde.

Og det er min Tro, at Alt
  hvad Smukt
Et Lands Natur har ig-
  jemme,
Det bæreri Folkets Hjerte
  Frugt,
Det klinger i Folkets
  Stemme;
I kraftige Træk, men spredt
  og vildt
Hos Mændene man det finder,
Men samlet i Krands, har-
  monisk og mildt,
Hos Landets ypperste
  Qvinder.

Og derfor, skjöndt kjær er
  mig Granens Duft
Og Skyggen af Birkens
  Kroner,
Skjöndt gjerne jeg indsuger
  Fjeldtoppens Luft
Og lytter til Fossens Toner,

Man preist beständig das nor-
  wegische Gebirg,
Und das ist wohl werth zu ehren;
Aber Stein ist Stein gleich-
  wohl,
Wie groß er auch mag sein.
Recht gern ich steige mit lusti-
  gem Muth
Zu des Gebirges obersten
  Zinnen,
Aber lieber ich weile doch bei
  dessen Fuß,
Denn da ist das norwegische
  Weib.

Und das ist mein Glaube, daß
  alles, was schön
Eines Landes Natur hat in
  Verwahrung,
Das trägt in des Volkes
  Herzen Frucht,
Das klingt in des Volkes
  Stimme;
In kräftigen Zügen, doch zer-
  streut und wild
Bei Männern man das findet,
Aber gesammelt im Kranze,
  harmonisch und mild
Bei des Landes obersten (treff-
  lichsten) Frauen.

Und deshalb, obschon lieb ist
  mir der Fichte Duft
Und der Schatten von der
  Birken Kronen,
Obschon gern ich einsauge der
  Bergspitze Luft
Und lausche des Wasserfalles
  Tönen,

Saa vil jeg dog heller paa Eventyr gaae, Hvor Alt er samlet at finde, Og granske det Norge i det Smaa, Som boer i den norske Qvinde.	So will ich doch lieber auf Abenteuer gehen, Wo alles ist gesammelt zu finden, Und suchen Norwegen im Kleinen („en miniature"), Welches wohnt in dem norwegischen Weibe.
Livstræt og mödig herop jeg treen, At qvæges i Norges Sommer, Jeg Lægedom sögte hos Fjeldets Steen Og fandt den hos Dalens Blommer; Og Glæden, jeg nöd paa denne Plet, Det Hjem, de her lod mig finde, Har gjort mig det kjært, har gjort mig det let At prise den norske Qvinde.	Lebensmüde und matt herauf ich schritt, Um erquickt zu werden in Norwegens Sommer, Ich Heilung suchte bei des Gebirges Stein, Und fand sie bei des Thales Blumen. Und die Freude (welche) ich genoß auf diesem Fleck, Das Heim, das hier sie ließen mich finden, Hat gemacht mir das lieb, hat gemacht mir das leicht, Zu preisen das norwegische Weib. C. Hostrup.

III. Angelsächsischer Sprachzweig.

Aus Beowulf.
IV, 194—228.
7. Jahrhundert. — Aufzeichnung des 10. Jahrhunderts.

Thæt fram hâm gefrægn Higelâces thegn, gòd mid Geátum, Grendles dæ̀da: sê wæs moncynnes mægenes strengest on thæ̂m dæge thysses lifes, æðhele ond eácen. Hêt him ŷdhlidan gòdne gegyrwan, cwæd hê gûdhcyning ofer swanrâde sêcean wolde, mæ̀rne theóden, thâ him wæs manna thearf. thone sìdhfæt him suotere ceorlas lŷthwôn lôgon, theáh hê him leóf wǽre: hwetton higerôfne, hǽl sceáwedon. Hæfde sê gòda Geáta leóda cempan gecorene, thâra thê hê cênoste findan mihte: fiftêna sum sundwudu sôhte: secg wîsade, Welcker.	Das zu Hause erfuhr des Higelac Held, Der gute unter den Geaten, Grendels Thaten: Der war des Menschengeschlechtes an Kraft der stärkste zu jener Zeit dieses Lebens, edel und gewaltig. Er hieß sich einen Wogengänger einen guten bereiten, sagte (daß) er den Kampfkönig über den Schwanenweg hin aufsuchen wollte. den berühmten Herrn, da ihm war der Mannen Noth. Diese Reise ihm kluge Männer gar wenig tadelten, obwol er ihnen lieb war: sie trieben an den Sinnkühnen, schauten Vorzeichen. Es hatte der gute der Geatenleute Kämpfer gewählt, die er als die kühnsten finden konnte: von fünfzehn einer er das Meerholz aufsuchte: ein Mann zeigte,

lagucræftig mon, landgemyrcu. Fyrst fordh gewât: flota wæs on ȳdhum, bât under beorge. Beornas gearwe on stefn stigon: streámas wundon,	ein seekundiger Mann, die Landgrenzen. Die Zeit ging hin: das Schiff war auf den Wogen, das Boot unter der Bergklippe. Die Helden bereit auf den Steven stiegen: die Strömungen wanden (kräuselten sich),
sund widh sande. Secgas bǣron on bearm nacan beorhte frætwe, gûdhsearo geatolic: guman ût scufon weras on wilsîdh	das Meer gegen den Sand. Die Männer trugen in den Schos des Schiffes strahlende Kleinode, Kampfrüstungen stattlich: die Männer schoben hinaus die Helden auf die erwünschte Fahrt.
wudu bundenne. Gewât thâ ofer wǣgholm winde gefȳsed flota fâmigheals fugle gelicost, odh thæt ymb andtîd ôdhres dôgres wundenstefna	Das gebundene Holz Es ging da über das Wogenmeer, vom Winde getrieben, das schaumhalsige Schiff, einem Vogel gleich, bis daß in dieselbe Stunde des anderen Tages das (Schiff) mit dem gewundenen Steven
gewaden hæfde, thæt thâ lidhende land gesâwon, brimclifu blican beorgas steâpe, side sænæssas: thâ wæs sund liden, eóletes æt ende. thanon up hradhe Wedera leóde on wang stigon, sǣwudu sǣldon: syrcan hrysedon, gûdhgewǣdo: gode thancedon thæs thē him ȳdhlâde eádhe wurdon.	(soweit) gegangen war, daß die Reisenden Land sahen, Wogenklippen blinken, steile Berge, große Seevorgebirge: da war das Meer überschritten, die Wasserfahrt zu Ende. Von da hinauf rasch der Weberer Leute auf das Gefilde stiegen, das Seeholz anseilten: die Panzer erklirrten, die Kampfgewänder: Gott dankten sie dafür daß ihnen die Wogenpfade leicht geworden. (Text nach M. Heyne. Uebersetzung von E. Sievers.)

Kuckukslied.

Altenglisch, aus der 2. Hälfte des 13. Jahrhunderts.

Sumer is icumen in [1],
Lhude sing [2] cuccu!
Groweth sed [3]
And bloweth med [4]
And springth the wde nu [5]
Sing cuccu!

Awe bleteth after lomb [6],
Lhouth after caluc cu [7],
Bulluc sterteth [8],
Bucke uerteth [9],
Murie [10] sing cuccu!
Cuccu, cuccu!
Wel [11] singes thu cuccu.
Ne swik thu nauer nu [12]!
Sing cuccu nu,
Sing cuccu, sing cuccu!
Sing cuccu nu!

Altenglisches Lesebuch von R. P. Wülcker, I, 103.

Die Altersbestimmung dieses und des nächstfolgenden Stückes verdanke ich einer gütigen Mittheilung Prof. Wülcker's. „Das Kuckukslied, auch von ten Brink in die Mitte des 13. Jahrhunderts gestellt, ist uns mit den Musiknoten überliefert; es wurde kanonartig gesungen."

Liebeslied.

Altenglisch, Anfang des 14. Jahrhunderts.

When the nyhtegale singes [13], the wodes waxen grene [14],
Lef ant gras and blosme springes [15] in Averyl, y wene [16],
Ant love is to myn herte gon with one spere so kene [17],
Nyht ant day my blod hit drynkes [18], myn herthe deth me tene [19].

---

[1] gekommen an. [2] laut singt. [3] es wächst (keimt) der Samen. [4] es blühet die Wiese. [5] es knospet der Wald neu (wde = wode). [6] das Schaf blökt nach dem Lamme. [7] es brüllt nach dem Kalbe die Kuh. [8] der Stier springt. [9] der Bock schreit. [10] fröhlich. [11] gut. [12] nicht schweige du nimmer nun. [13] singt. [14] die Wälder werden (wachsen) grün. [15] Laub und Gras und Blüten springen. [16] so wähne ich. [17] und Liebe ist in mein Herz gegangen mit einem Speere so scharf. [18] sie trinkt. [19] thut mich schmerzen.

Ich have loved al this yer¹, that y may love namore²,
Ich have siked moni syk³, lemmon⁴, for thin ore⁵,
Me nis⁶ love never the ner⁷ ant that me reweth sore⁸,
Suete lemmon⁹, thench on me¹⁰, ich have loved the yore¹¹.

Suete lemmon, y preye the of love one speche¹²,
Whil y lyve, in world so wyde other nulle y seche¹³,
With thy love¹⁴, my suete leof¹⁵, mi blis thou mihtes eche¹⁶,
A suete cos of thy mouth mihte be my leche¹⁷.

Altenglisches Lesebuch von R. P. Wülcker,
I, 110. — Original 4 Strophen.

„Die Handschrift stammt aus der ersten Hälfte des 14. Jahrhunderts; das Lied scheint nach Anlage und Form dem Anfang des 14. Jahrhunderts anzugehören."

Come o'er the sea.

Englisch.

Come o'er the sea,
Maiden, with me,
Mine through sunshine,
    storm and snows;
Seasons may roll,
 	
But the true soul
Burns the same, where 'er
    it goes.
Let fate frown on, so we love
    and part not;
'Tis life where thou art, 'tis
    death where thou 'rt not.
Then come o'er the sea,
Maiden, with me,
	Komm über die See,
	Mädchen, mit mir,
	Mein durch Sonnenschein,
	    Sturm und Schnee;
	Die Jahreszeiten mögen dahinrollen,
	Aber die treue Seele
	Brennt gleicherweise, wo immer
	    sie geht.
	Laßt das Schicksal zürnen, so wir
	    lieben und uns verlassen
	    nicht;
	Es ist Leben, wo du bist, es ist
	    Tod, wo du nicht bist.
	Darum komm über die See,
	Mädchen, mit mir,

---

¹ all diese Jahre. ² nicht länger. ³ ich habe geseufzet manchen Seufzer. ⁴ Liebling (leofman). ⁵ um deine Gnade. ⁶ nis = ne is. ⁷ mir ist die Liebe nicht näher gekommen. ⁸ reuet (schmerzt) mich sehr. ⁹ süßes Liebchen. ¹⁰ denke an mich. ¹¹ ich habe geliebt dich einst. ¹² ich bitte dich mit Liebesrede. ¹³ so lange ich lebe in der Welt so weit, eine andere will ich nicht suchen. ¹⁴ mit deiner Liebe. ¹⁵ Liebchen. ¹⁶ mein Glück du möchtest vermehren. ¹⁷ ein süßer Kuß auf deinen Mund möchte sein mein Arzt.

Come wherever the wild wind blows;	Komm, wo immer der wilde Wind sauft:
Seasons may roll,	Die Jahreszeiten mögen dahinrollen,
But the true soul	Aber die treue Seele
Burns the same, where 'er it goes.	Brennt gleicherweise, wo immer sie geht.
Was not the sea	War nicht die See
Made for the Free,	Gemacht für die Freien,
Land for courts and chains alone?	Land für Höfe und Ketten allein?
Here we are slaves,	Hier sind wir Sklaven,
But, on the waves,	Aber auf den Wellen
Love and Liberty's all our own.	Liebe und Freiheit ist all unser eigen.
No eye to watch, and no tongue to wound us,	Kein Auge zu bewachen und keine Zunge zu verwunden uns,
All earth forgot, and all heaven around us —	Die ganze Erde vergessen und der ganze Himmel um uns:
Then come o'er the sea, Maiden, with me,	Darum komm' über die See, Mädchen, mit mir,
Mine through sunshine, storm and snows;	Mein durch Sonnenschein, Sturm und Schnee:
Seasons may roll,	Die Jahreszeiten mögen dahinrollen,
But the true soul	Aber die treue Seele
Burns the same, where 'er it goes.	Brennt gleicherweise, wo immer sie geht.

Th. Moore,
Poetical works, Irish melodies, S. 110.

My bonnie Mary.

Schottisch.

Go, fetch to me a pint o' wine,	Geh' hole mir eine Kanne Weines
An' fill it in a silver tassie;	Und fülle ihn in einen silbernen Becher,
That I may drink, before I go,	Daß ich mag trinken, bevor ich gehe,
A service to my bonnie lassie;	Aufs Wohl meines holden (hübschen) Mädchens.

The boat rocks at the Pier o' Leith,	Das Boot schaukelt am Damme von Leith,
Fu' loud the wind blaws frae the Ferry;	Sehr laut der Wind bläst von der Fähre her,
The ship rides by the Berwick-law,	Das Schiff schwankt (vor Anker liegend) am Berwick-Felsen
And I maun leave my bonnie Mary.	Und ich muß lassen meine holde Mary.
The trumpets sound, the banners fly,	Die Trompeten ertönen, die Banner fliegen,
The glittering spears are ranked ready;	Die blinkenden Speere sind gereihet fertig (bereit),
The shouts o' war are heard afar,	Die Rufe des Krieges werden gehört von ferne,
The battle closes deep and bloody;	Das Treffen schließt sich dicht und blutig.
It 's not the roar o' sea or shore,	Es ist nicht das Getöse der See oder der Küste,
Wad make me langer wish to tarry,	Was macht mich länger wünschen zu verweilen,
Nor shouts o' war that 's heard afar —	Noch der Schlachtruf, der ist gehört von ferne:
It 's leaving thee, my bonnie Mary!	Es ist, zu lassen dich, meine holde Mary!

R. Burns,
Songs, chiefly in the Scottish Dialect, Kilmarnock 1869, S. 168.

IV. Friesisch.

Aus den „XXIV friesischen Landrechten".
Mundart des Hunsingo.
Handschrift des 14. oder 15. Jahrhunderts.

Altfriesisch.

Huasa thet kind bifiuch ieftha birawat oppa sine eine erwe, sa brect hi ene merc witha liude and thriu pund tha frana; hit ne se thet thiu modergheselt ieftha seth hebbe, thruch thera thrira hauuednede huuelic, thet hiu thes liuues mithe behulpe.

Thet is thiu forme ned: huuersa en kind fen and efiterad werth north ur hef ieftha suther inur berch; sa mot thiu moder hire kindes eruue setta and sella, and hire kind lesa and thes liwes helpe.

Thiu other ned istet: ief ther erghe ier werthe, anthi heta hungher ur theth lond fare, and thet kind hungher sterwa wille, sa moet thiu moder hire kindes eruue setta and sella, and capia him ther mithe ku and korn, anda alsa dene ting, ther hiu him thes liwes mithe helpe.

Wer das Kind angreift oder beraubt um sein eigenes Erbe, so büßt er eine Mark an die Volksgemeinde und drei Pfund dem Schultheißen; es sei denn, daß die Mutter es verkauft oder verpfändet habe infolge einer der drei Hauptnöthe, daß sie sein Leben damit erhalte.

Das ist die erste Noth: falls ein Kind gefangen oder gefesselt wird nordwärts über das Meer oder südwärts über das Gebirge, so darf die Mutter ihres Kindes Erbe versetzen und verkaufen und ihr Kind lösen und sein Leben erhalten.

Die zweite Noth ist das: wenn ein schlimmes Jahr eintritt und der heiße Hunger über das Land fährt, und das Kind Hungers sterben will, so darf die Mutter ihres Kindes Erbe verpfänden und verkaufen und ihm dafür Kuh und Korn kaufen und so jegliche Sache, womit sie es am Leben erhalte.

Thiu thredde ned isted: huuersa thet kind is stoknakad ieftha huslas, and thenna thiu thiustera nacht and thi nedt-kalda winter ur tha thuner hleth; sa farther alra monna hwelic inna sin hof and inna sin hus, and theth wilde diar secht thene hola bam and thera berga hli, alder hit sin lif on behalde; sa weniath thet uniereghe barn, and wepth thenna tha sine nakeda lite and sin huuslase, and sinne feder, ther him reda scholde with thene winther kalda and with thene heta hungher, theth hi sa diape and sa dimme is under eke and under eerthe, bislaghen and biseten and bitacht. Hir umbe sa mot thiu moder hire kindes cruue setta and sella, umbe theth hiu aget pli and plicht, alsa longhe sa hit unierich is.	Die britte Noth ift das: wenn das Kind ftocknackt oder hauslos ift, und dann die düftre Nacht und der nothkalte Winter über die Zäune herabfteigt; fo fährt dann jeglicher Mann in feinen Hof und in fein Haus, und das wilde Thier fucht den hohlen Baum und der Berge Klüfte, damit es fein Leben darin errette; fo weint das unmündige Kind und beklagt dann feine nackten Glieder und feine Obdachlofigkeit, und feinen Vater, der ihm Rath fchaffen follte wider den kalten Winter und wider den heißen Hunger, daß er fo tief und fo dunkel liegt unter Eichenholz und unter Erde, befchlagen und befeffen (eingehegt) und bedeckt. Und beßwegen darf die Mutter ihres Kindes Erbe verpfänden und veräußern, denn fie hat es in der Obhut und Pflege, fo lange es unmündig ift.

(Text nach K. v. Richthofen, Friefifche Rechtsquellen, S. 44.)

Skippers fankje.

Weftfriefifch. Mundart von Ground.

Forjit my net as bolle wyntjes waie,
In ik oen 't roer myn saukje sjong,
As kroese weagen 't gledde skip omaie:
    Forjit my net!
 	
Forjit my net, as millionen stjerren
	Vergiß mich nicht, wenn fanfte Winde wehen
	Und ich am Steuerruder mein Lieblein finge,
	Wenn kraufe Wogen das glatte Schiff umftreicheln:
	    Vergiß mich nicht!
	
	Vergiß mich nicht, wenn Millionen Sterne

IV. Friesisch.

In 't frjeunlik my moantje bescynt, In dou swiet droum hest yn'e seafte fjerren: Forjit my net!	Und der freundliche Mond mich bescheint, Und du süße Träume hast in den weichen Federn: Vergiß mich nicht!
Forjit my net, as wrede tonwerfleagen My slingerje, dear God it wol; As ik ompolskje, mei de dead foar eagen: Forjit my net!	Vergiß mich nicht, wenn starke Windstöße Mich schleudern, wohin Gott es will; Wenn ich umhergetrieben werde, mit dem Tod vor Augen: Vergiß mich nicht!
Forjit my net, as wreed de stormen byljc In 't libben hinget oen ien tried; As wy forslein oon't neadtou ryde in fylje: Forjit my net!	Vergiß mich nicht, wenn stark die Stürme brausen (bellen), Und das Leben hängt an einem Faden; Wenn wir verschlagen auf dem Nothtau reiten und geschüttelt werden: Vergiß mich nicht!
Forjit my net, as swarte tommelweagen Oertrusfelje it wearleas scip, In alle elleminten tjen ues teagen: Forjit my net!	Vergiß mich nicht, wenn schwarze Tummelwogen Ueberstürzen das wehrlose Schiff, Und alle Elemente ziehen uns entgegen: Vergiß mich nicht!
Forjit my net, as we einling yet forsinke In tere yn 'e djippe see; Wol den mei trjinnen om my tinke: Forjit my net!	Vergiß mich nicht, wenn wir endlich noch versinken Und rollen in die tiefe See; Wolle dann mit Thränen an mich denken: Vergiß mich nicht!

Dr. Eeltje Halbertsma, Arzt in Grouud.
Mitgetheilt in „De Lapekoer", Sammlung friesischer Dichtungen, Deventer 1834, S. 85.

Ik konn nit sitte.[1]

**Oſtfrieſiſch, Mundart des Saterlandes,
Dorf Scharrel im Großherzogthum Oldenburg.**

„Ik konn nitt sitte, konn nitt ston,
Ik mout weil tou min Ljowste gon[2],
Mout kloppje sinnig[3] on hir Dor[4],
Det't heirt[5] in Hus ja nemens mor[6]."

„„Well kloppt dann deir[7] so sinnig on,
Det ik so licht opwakje[8] konn?""
„Det is ja, Allerljowste min,
Din Fent[9], stound op un leit[10] mi in!"

„„Ik stound nit op, ik konn det nitt,
S'long[11] Bab un Memm' noch oppe sitt[12];
Wann Bab un Memme sünt in't Bur[13],
Falt mi det Eipeujen[14] nitt stur[15].""

„Ik konn nit longer butte[16] ston,
Ik sjou det Meidnljacht opgon[17],
Di Meidnstihrn[18] so blek all[19] schint:
Mak eipen dach[20] de Dor geswind!"

Ju stude[21] weil op, mak'de los de Klink[22],
Nom in do wokn Eirm him flink[23];
Dann deil do roude Soke ronn[24]
Do Trone, bittrer as 't nitt konn[25].

„Hul'[26] nitt, hul' nitt, min ljowe Wucht[27]!
Ur 't Jeir schel't eipen oun dat Ljucht[28],
Un du schast weid[29] min ljowe Wiw,
So weir un God[30]! man trjou mi blihw[31]!

---

[1] Ich kann nicht ſitzen. [2] ich muß wol zu meiner Liebſten gehn. [3] muß klopfen leiſe. [4] ihre Thüre. [5] daß es hört (det't = det det). [6] niemand mehr. [7] wer klopft denn da. [8] ſo leicht aufwachen. [9] Burſche (Freund). [10] laß. [11] ſo lange. [12] noch auf ſind (aufſitzen). [13] Kammer. [14] Oeffnen. [15] ſchwer. [16] draußen. [17] ich ſehe das Morgenlicht aufgehen. [18] Morgenſtern. [19] ſo bleich ſchon. [20] mache offen doch. [21] ſie ſtand. [22] machte frei die Klinke. [23] nahm in die weichen Arme ihn flink. [24] dann herab die rote Wange rann. [25] die Thräne, bittrer, als es nicht kann. [26] weine (heule). [27] Mädchen. [28] übers Jahr ſoll es offen an das Licht. [29] ſollſt werden. [30] ſo wahr ein Gott (lebt). [31] nur bleibe mir treu.

IV. Friesisch.

„Ik weid Soldat un luk¹ in't Feild,
So fir², so fir fon hir in't Feild,
Wie slaoht di Krich do Trumm so lud³,
Un wann ik deir ok bliwe schoud.⁴"

„„Un Biilde leit ik⁵ makje mi,
Min allerljowste Fent, fon di,
Un drege woll⁶ ik't Nacht un Dej⁷,
Det ik di nitt ferjete mej⁸.""

Deutsches Volkslied, auf Veranlassung des Herausgebers von einem Saterländer, Herrn Th. Borgmann in Apen, in das Idiom seines Heimatsortes Scharrel übertragen. Eine andere Bearbeitung desselben Textes findet sich bei Firmenich, I, 233.

De lukkelke Skapper.

Nordfriesisch, Mundart von Stedesand.

Wer Westsi-Waghe brüsse⁹,
Der lait de freske Strönd¹⁰;
Wer Tragder-Stourme süsse¹¹,
Der brat ham üt¹² min Lönd.
Trinnam sen Wia's Winge¹³,
De grene, göllne Ringe¹⁴,
De huger gunge¹⁵ as de Frest¹⁶:
Dat es min Hüs, min Stear¹⁷ est!

M. Nissen.

Toid er ewer Paske¹⁸ Iss an Sni,
Swewe ale Skappre aw a Si¹⁹;
Sille ön a Framde widd ambai²⁰,
Törre uller bilke: Halla Hai!²¹
Kame lukkelk²² wither am.

---

¹ ziehe. ² ferne. ³ wo schlägt der Krieg die Trommel so laut. ⁴ dort auch bleiben sollte. ⁵ ein Bildchen laß ich. ⁶ will. ⁷ Nacht und Tag. ⁸ möge. ⁹ wo Westsee=Wogen brausen. ¹⁰ da liegt der friesische Strand. ¹¹ wo Wirbelstürme sausen. ¹² da breitet sich aus. ¹³ ringsum sind Wia's (Wodan's) Flügel. ¹⁴ „Ringe", d. i. Deiche. ¹⁵ die höher gehen. ¹⁶ Dachfirst. ¹⁷ Stern. ¹⁸ thaut nach Ostern. ¹⁹ schweben alle Schiffer auf der See. ²⁰ segeln in der Fremde weit umher. ²¹ brauchen nie zu rufen: Hallah Hai! (der Nothruf) ²² kommen glücklich.

Krüssede[1] Waghe sköme am a Kill[2],
An de blethe Moune[3] skinnt sö mill;
Nent to hiren as dat Skapp san Gong[4],
As de blethe Simons[5] hadre Song:
  Kame lukkelk wither am!

Lökk man, hü de Winn de Seile spand[6],
Hü min Skapp der dör de Waghe rand[7];
Wagde laght jint henne to üs Mül[8];
Hat all bai de neiste Huwen: Hül![9]
  Kame lukkelk wither am!

Kamm er fon a Rin me'n Westen Winn[10],
Siller seker[11] ön a Huwen in.
An min Fomen stond an woitet all[12],
A ik wit et nog, wat jü der wall[13]:
  Spank me her trinnam awd Stal.[14]

M. Nissen, Küster und Lehrer in Stebesand.
(De freske Sjemstin [der friesische Spiegel], Altona 1868, S. 164.)

Uck an fresk Stemm tu a Könnang[15].

Mundart von Amrum.
(Von dem übrigen Nordfriesischen erheblich abweichend; „Nordsächsisch"
nach O. Bremer.)

Diar a Dünner stunn[16]
Trinj am Omrams Strunn[17],
Diar Strum[18] an Winj[19]
Nian Jinnwer finj[20],

---

[1] gekräuselte. [2] um den Kiel. [3] freundliche Mond. [4] nichts zu hören, als des Schiffes Gang. [5] fröhlichen Seemanns. [6] sieh nur, wie der Wind die Segel spannt. [7] durch die Wogen rennt. [8] wir erreichen leicht unsern Boden. [9] es heißt schon bei dem nächsten Hafen: Halt! [10] komme da von dem Rheine mit dem Westwinde. [11] segle sicher. [12] und mein Mädchen steht und winket schon. [13] O, ich weiß es wohl, was sie da will. [14] wandle mit ihr herum an dem Gestade. [15] Auch eine friesische Stimme an den König (Christian VIII). [16] wo die Dünen stehn. [17] rings um Amrums Strand. [18] wo Strom. [19] Wind. [20] keine Gegenwehr finden.

IV. Friesisch.

Diar a Sian rolliu [1]
An un Sturmer bolliu [2]
Fan Skottlun kemm [3]:
U Könnang, diar min Stemm förnemm! [4]
Frei an huuch san wi bären [5],
Well söstag Futt [6],
Noch ei ufskären [7]
Fan di [8] wiar fresk Rutt. [9]
Ick kon ei gichli [10],
Ick kon ei smichli [11]:
So lät mi kemm [12].
U Könnang, an min Stemm förnemm!
Tred [13] henn tu mi!
Lucki trinj ambi [14]!
Diar 's loong gratt Waant [15]
Un das bütjenst Kaant [16].
Ual Weten san swünjan [17],
Nei Funtjis apfünjan [18].
Lät fresk Wetten [19] wedderkemm,
U Könnang, an das Stemm förnemm!

A. 2. Clement aus Norddorf.
(Dr. Otto Bremer: Ferreng an ömreng Stacken üb Rimen,
Halle 1888, S. 110.)

An hiamelken Braddgung [20].

Mundart von Westerland-Föhr.
(Nordfächfisch.)

Wann a [21] Naacht bigannt tu kemmen,
Glüpp ick letjem bütjen för [22],
An troch 't Weder [23], troch at Slobber [24]
Kemm ick tu min Bridj hör Dörr [25].
Tralala, tralala!

---

[1] wo die Seen rollen. [2] und in Stürmen brausend. [3] von Schottland kommen. [4] o König, da meine Stimme vernimm! [5] frei und hoch sind wir geboren. [6] wol sechzig Fuß. [7] nicht abgeschnitten. [8] der wahren. [9] Wurzel. [10] nicht geigen. [11] schmeicheln. [12] so laß mich kommen. [13] tritt. [14] schau rings herum! [15] da ist lange großer Mangel. [16] an dieser äußersten Kante. [17] alte Gesetze sind geschwunden. [18] neue Findsels (Erfindungen) aufgefunden. [19] laß friesische Gesetze. [20] ein heimlicher Bräutigam. [21] die. [22] schlüpf' ich leise draußen vor. [23] und durch das Wasser. [24] Schlamm. [25] meiner Braut (ihre) Thüre.

Man hirr un a Koll [1] tu stunnen
As woraftcg [2] niau Plassiar;
Jü mutt wedd [3], dat ick san [4] kimmen.
Diaram lät [5] min Stemm ick hiar [6]:
    Tralala, tralala!

An jü hiart min lasteg Sjongen,
Hä's [7] mi würtelk uck ei senn [8],
Halpt mi frinjelk [9] dör 't Slaiwönneng [10],
Brangt [11] mi tu a Sufa henn.
    Tralala, tralala!

Aatj [12] an Mamm jo lei [13] tu snarken;
Wi ha 't Sköl hirr gans allian [14],
An wi bliw un Fres [15] hirr satten
Henn tu [16] Maddnaacht of [17] Klok ian —
    Tralala, tralala!

Wat wi snaki [18], hiart [19] 'r nämen,
An daat gungt jam [20] gor niks un.
Wi brück nedder [21] Laacht of Lampen,
Üssens Ljochter [22] as a Mun.
    Tralala, tralala!

Man [23] nü där 'k dach ball ei linger [24];
Bluat an Kleb [25] lät mi noch nemm!
Do gung'k ütj [26], diar 'k in [27] san kimmen;
Noch fan firens [28] klangt min Stemm:
    Tralala, tralala!

                        Newert Knudsen aus Utersum.
(Dr. **Otto Bremer**: Ferreng an ömreng Stacken üb Rimen, Halle 1888, S. 105.)

---

[1] aber hier in der Kälte. [2] ist wahrhaftig. [3] sie muß wissen. [4] bin. [5] darum lasse. [6] hören. [7] hat sie. [8] wirklich auch nicht gesehen. [9] hilft mir freundlich. [10] Schlagfenster. [11] bringt. [12] Vater. [13] sie liegen. [14] wir haben die Gesellschaft hier ganz allein. [15] in Frieden. [16] hin bis. [17] ober. [18] plaudern. [19] hört. [20] euch. [21] weder. [22] unser Leuchter. [23] aber. [24] nicht länger (bleiben). [25] blos einen Kuß. [26] hinaus. [27] wo ich hinein. [28] ferne.

V. Niederländisch.

Wilhelmus van Nassou.
Lied der Geusen.

Wilhelmus van Nassouwe
ben ik van duitschen bloet,
den vaderlant ghetrouwe
blijf ik tot[1] in den doot;
een prince van Oraengien
ben ik vry onverveert[2],
den coninc van Hispaengien
heb ik altijt gheeert.

In godes vrees[3] te leven
heb ik altijt betracht[4],
daer om[5] ben ik verdreven[6],
om lant, om luit ghebracht.
maer god sal my regheren[7]
als een goet instrument,
dat ik sal wederkeren
in mijnen reghiment.

Lijdt u[8], mijn ondersaten[9],
die oprecht[10] sijn van aert[11];
god sal[12] u niet verlaten,
al sijt ghij nu beswaert[13].

---

[1] bis. [2] ganz furchtlos. [3] Furcht. [4] getrachtet. [5] darum. [6] vertrieben. [7] aber Gott wird mich lenken. [8] duldet ihr. [9] Unterthanen, Vasallen. [10] aufrichtig, unverfälscht. [11] von Sinn. [12] wird. [13] bedrängt.

die vroom begheert te leven
bid ¹ god nacht ende dach,
dat hy my cracht² wil gheven,
dat ik u helpen mach.

Mijn schilt ende betrouwen³
sijt ghy, o god⁴ mijn heer!
op u so wil ik⁵ bouwen,
verlaet my nimmermeer,
dat ik doch vroom mach blijven
uw dienaer t' aller⁶ stont,
die tyranney verdrijven,
die my mijn hert doorwont⁷.

(Aus „Een nieu Geusen Lieden Boecxken, 1581" mitgetheilt von Hoffmann von Fallersleben in Horae belgicae, II, 96. Orig. 15 Strophen.)

Dieses Lied, das „berühmteste aller holländischen Lieder", wurde wahrscheinlich 1568 gedichtet, bereits in den siebziger Jahren in Holland allgemein gesungen und 1581 zuerst gedruckt. Die Melodie desselben stimmt, wie H. v. F. erwähnt, mit der des bekannten Jägerliedes: „ Frisch auf zum fröhlichen Jagen" nahe überein; beiden scheint diejenige eines altfranzösischen Liedes: „ Pour aller à la chasse" zu Grunde zu liegen.

Van drie ghespeelkens⁸.

Het ghinghen drie ghespeelkens goet
spaceren in dat wout,
sy waren alle drie bervoet⁹,
den haghel ende sne was cout¹⁰.

Die een die wende¹¹ sere,
die ander hadde hupschen moet¹²,
die derde begonste¹³ te vraghen,
wat heimelick boelschap¹⁴ doet.

---

¹ bittet. ² Kraft. ³ Vertrauen. ⁴ bist du (seib Ihr) o Gott. ⁵ auf Euch so will ich. ⁶ Euer Diener zu jeder. ⁷ durchschneidet. ⁸ Gespielinnen. ⁹ barfuß. ¹⁰ kalt. ¹¹ weinte. ¹² frohen Muth. ¹³ begann. ¹⁴ Liebschaft, Liebe.

V. Niederländisch.

Wat hebt ghy [1] my te vraghen,
wat heimelick boelschap doet?
het hebben drie ruitersche cnechten
gheslaghen mijn lief ter [2] doot.

Hebben drie ruitersche cnechten
gheslaghen uw lief ter doot,
een ander boel sult ghy kiesen [3]
ende draghen hupschen moet.

Soude ik een ander boel kiesen,
dat doet mijnder [4] herten so we —
adieu, mijn vader ende moeder,
ghy en siet my nemmermeer.

Adieu, mijn vader ende moeder,
ende mijn jongste susterkijn [5],
ick wil gaen ter linden groene,
daer leit die [6] alderliefste mijn.

(Aus „Liedekens-Boek", t'Antwerpen 1544 mitgetheilt von Hoffmann
v. Fallersleben, Horae belgicae, II, 110.)

Dansliedje.

Daar ging een patertje langs de kant [7],
hei, 't was in de mei!
hij vatte zijn zoetelief [8] bij de hand,
hei, 't was in de mei
    zoo blij [9],
hei, 't was in de mei!

Pater, gij moet knielen gaan [10],
hei, 't is in de mei!
nonnetje [11], gij moet blijven stan,
hei, 't is in de mei
    zoo blij,
hei, 't is in de mei!

---

[1] ihr. [2] zu. [3] wählen. [4] meinem. [5] Schwesterchen. [6] der (die = der und die). [7] da ging ein Mönchlein längs der Meeresfante. [8] er faßte sein süßes Lieb (z hier und in „zoo, zwart, zeemaal" etc. dieses und der folgenden Gedichte ist das weiche s). [9] (sprich: blei) lustig. [10] du mußt knien gehn. [11] Mönnchen.

Welcker.

Pater, spreid uw zwarte kap[1],
  hei, 't is in de mei!
daar uw heilige non op stap[2],
  hei, 't is in de mei
    zoo blij,
  hei, 't is in de mei!

Pater, geef uw non een zoen[3],
  hei, 't is in de mei!
dat moogje nog wel zesmaal doen[4],
  zesmaal, zesmaal, zesmaal doen!
    zoo blij,
  hei, 't is in de mei!

Pater beur uw non weêr op[5],
  hei, 't is in de mei!
en dans nu[6] met uw kermispop[7]!
  hei, 't is in de mei
    zoo blij,
  hei, 't is in de mei!

Pater, gij moet scheiden gaan,
  hei, 't is in de mei!
en moet uw nonnetje laten staan.
  hei, 't is in de mei
    zoo blij,
  hei, 't is in de mei!

Nonnetje, wilt nu kiezen[8] gaan,
  hei, 't is in de mei!
neem nu een' anderen pater aan,
  hei, 't is in de mei!
    zoo blij,
  hei, 't is in de mei!

Altes, in den Niederlanden sehr verbreitetes Volkslied.
(Hoffmann von Fallersleben, Horae belgicae,
III, 178.)

---

[1] breitet eure schwarze Kutte hin. [2] da eure heilige Nonne darauf trete. [3] Kuß. [4] das möget ihr noch wol sechsmal thun. [5] hebet eure Nonne wieder empor. [6] tanzet nun. [7] Kirmeßpuppe. [8] wählen.

Halewyn en het kleyne kind.

Franzöſiſch Flandern.

Een kind, en een kind, en een kleyne kind,
En een kind van zeven jaren,
't had in een konings warandetje geweest¹,
Waer dat alle de konyntjes² waren.

Een kind, en een kind, en een kleyne kind,
En dat kind die hadde een boogje³;
Het schoter⁴ het schoonste konyntje dood,
Die daer was in de g'heele⁵ warande.

„Mynheere, mynheere van Brussel en Kasteelen⁶,
En uw kleyne kind moet hangen;
Hy moeter⁷ hangen aen den hoogsten boom,
Die daer staet in de g'heele warande."

„„O koning, o koning, o koning Halewyn,
Laet myn kleyne kind nog leven;
Ik heb menig tonnen vol rood en fyn goud⁸:
Wil ye z'hebben⁹, ik zal ye ze geven!""

„Uwe tonnen vol goud en willen ik niet h'en,
En uw kleyne kind moet hangen:
Hy moeter hangen aen den hoogsten boom,
Die daer staet in de g'heele warande."

„„O koning, o koning, o koning Halewyn,
Laet myn kleyne kind nog leven;
Ik hebbe nog zeven schoon dochteren t' huys¹⁰,
Wil ye z' hebben, ik zal ye ze geven.""

„Uw zeven dochters en willen ik niet h'en,
En uw kleyne kind moet hangen;
Hy moeter hangen aen den hoogsten boom,
Die daer staet in de g'heele warande."

---

¹ es iſt in eines Königs Thiergarten (Park) geweſen. ² Kaninchen. ³ Bogen (hier folgt im Original ein überzähliger, nach Melodie des vorhergehenden geſungener Vers: „En dat boogje was gespande;"). ⁴ es ſchoß da (schoter = schot daer). ⁵ ganzen. ⁶ in der Conſſemaker's franzöſiſcher Ueberſetzung: „Seigneur, seigneur de forêts et de châteaux". ⁷ hier muß es. ⁸ Gold. ⁹ wollt Ihr es haben. ¹⁰ zu Hauſe.

't eerste traptje ¹, dat 't kind op de leere klom ²,
Het keek zoo dikwyls omme ³,
Als 't van verre zyn moeder niet zag ⁴;
En van naren ⁵ zag hy haer komen.

„Liefste moeder", zeyd hy, „ende moeder van my,
En uw kleyne kind moet hangen,
En had gy nog een uertje ⁶ langer geweest ⁷,
Myn jong leventje die wasser gelaten ⁸."

't tweede traptje, dat 't kind op de leere klom,
Het keek zoo dikwyls omme,
Als 't van verre zyn vader niet en zag;
En van naren zag hy hem komen.

„Liefsten vader", zeyd hy, „ende vader van my,
En uw kleyne kind moet hangen,
En had gy nog dry kaertjes ⁹ langer geweest,
Myn jong leventje die wasser gelaten."

't derde traptje, dat 't kind op de leere klom,
Het keek zoo dikwyls omme,
Als 't van verre zyn broeder niet en zag;
En van naren zag hy hem komen.

„Liefste broeder", zeyd hy, „ende broeder van my.
En uw broedertje moet hangen,
En had gy nog een half uertje weg geweest,
Myn jong leventje die wasser gelaten."

't vierde traptje, dat 't kind op de leere klom,
Het keek zoo dikwyls omme,
Als 't van verre zyn zuster niet en zag;
En van naren zag hy haer komen.

„Liefste suster", zeyd hy, „ende suster van my,
En uw broedertje moet hangen;
En had gy noch een kaeretje weg geweest,
Myn jong leventje die wasser gelaten."

---

¹ Stufe, Sproſſe. ² auf der Leiter klomm. ³ es ſchaute ſo oftmals um. ⁴ ob es von ferne ſeine Mutter nicht ſähe. ⁵ und von nahem (aus der Nähe). ⁶ Stündchen. ⁷ länger (weg) geweſen. ⁸ mein junges Leben das wäre gelaſſen. ⁹ Viertelſtündchen (von holl. kwartier, engl. quarter).

V. Niederländisch.

Het is de glans van heldre [1] blikken,
Die als de hemel, blaauw en zacht,
Mijn mijmrend [2] hoofd, mijn hart verkwikken,
Een zoete mond, die geeft en lacht;
't zijn frische rozen, frische wangen,
't is dwaas gesnap [3], en druk gedruisch [4]
Van kinderspelen en gezangen,
De weelde van het vrolijk huis!

O! 'k weet wel dat het brood der smarte
Ook mij, als ieder stervling [5], wacht [6];
Maar [7] nu — vergeef mij, zoo mijn harte
Niet aan het oude vonnis [8] dacht: —
Ik mag van 't brood der weelde zingen,
Van zegen, dien mij God bereidt
In 't zweet [9] — van verre wandelingen,
Met tranen, ja — van dankbaarheid!

P. A. de Génestet,
Dichtwerken, 1871. (Orig. 8 Strophen.)

---

[1] hellen. [2] grübelnd. [3] thörichtes Geplauder. [4] flüchtiges Geräusch. [5] Menschen („Sterbling"). [6] wartet, erwartet. [7] doch. [8] Urtheil, Bestimmung. [9] Schweiß.

Deutsches Schlußwort.

Treue Liebe bis zum Grabe
Schwör' ich dir mit Herz und Hand!
Was ich bin und was ich habe,
Dank' ich dir, mein Vaterland!

Nicht in Worten nur und Liedern
Ist mein Herz zum Dank bereit,
Mit der That will ich's erwidern
Dir in Noth, in Kampf und Streit.

In der Freude wie im Leide
Ruf' ich's Freund' und Feinden zu:
Ewig sind vereint wir beide,
Und mein Stolz, mein Glück bist du.

Treue Liebe bis zum Grabe
Schwör' ich dir mit Herz und Hand!
Was ich bin und was ich habe,
Dank' ich dir, mein Vaterland!

Hoffmann von Fallersleben.

Druck von F. A. Brockhaus in Leipzig.

Berichtigungen.

Seite 36, Zeile 10 v. o., statt: gfässe, lies: gesässe
» 36, » 14 v. u., st.: hänt' s', l.: hänt s'
» 285, » 4 v. o., st.: Un, l.: Un
» 306, » 3 v. u., st.: schnappet, l.: gaffet. (Die S. 306 bei 5 angegebene Bedeutung: „schnappen" u. s. w. kommt dem niedersächsischen Worte „jappen" zu, während „jaapen" gaffen bedeutet. Vgl. J. H. Voß, a. a. O., S. 365 und 368.)
Seite 344, Zeile 1 v. u., statt: und., lies nud.
» 345, » 5 v. u., st.: Vater, l.: Fater
» 347, » 2 v. o., st.: ôdre, l.: ôdrê
» 383, » 20 v. u., st.: Sachn, l.: Sachen

www.ingramcontent.com/pod-product-compliance
Lightning Source LLC
Chambersburg PA
CBHW020739020526
44115CB00030B/272